U0084255

古典文獻研究輯刊

三九編

潘美月・杜潔祥 主編

第33冊

梅村詩清人注之二
——吳詩集覽（第二冊）

陳開林 整理

國家圖書館出版品預行編目資料

梅村詩清人注之二——吳詩集覽（第二冊）／陳開林　整理 -- 初版 -- 新北市：花木蘭文化事業有限公司，2024〔民 113〕

目 4+202 面；19×26 公分

（古典文獻研究輯刊　三九編；第 33 冊）

ISBN 978-626-344-953-4（精裝）

1.CST：（清）吳偉業　2.CST：清代詩　3.CST：作品集

011.08　　113009886

古典文獻研究輯刊

三九編　第三三冊　　ISBN：978-626-344-953-4

梅村詩清人注之二

——吳詩集覽（第二冊）

作　　者　陳開林（整理）

主　　編　潘美月、杜潔祥

總 編 輯　杜潔祥

副總編輯　楊嘉樂

編輯主任　許郁翎

編　　輯　潘玟靜、蔡正宣　美術編輯　陳逸婷

出　　版　花木蘭文化事業有限公司

發 行 人　高小娟

聯絡地址　235 新北市中和區中安街七二號十三樓

電話：02-2923-1455／傳真：02-2923-1400

網　　址　http://www.huamulan.tw　信箱　service@huamulans.com

印　　刷　普羅文化出版廣告事業

初　　版　2024 年 9 月

定　　價　三九編 65 冊（精裝）新台幣 175,000 元

梅村詩清人注之二
——吳詩集覽（第二冊）

陳開林 整理

目次

第二冊

吳詩集覽　卷二下

五言古詩二之下

題河渚圖送胡彥遠南歸〔註 1〕

《錢塘縣志》:「河渚本名南漳湖，又曰蒹葭。深

〔註 1〕紀映鍾《送胡彥遠南歸》(載陳維崧《篋衍集》卷二、魏憲《百名家詩選》卷四十八、陳田《明詩紀事》辛籤卷二十八。其所著《戇叟詩鈔》四卷未載此詩。):
記昔乙酉歲，斷發出奔走。城西黃葉邨，安禪傍枯柳。潭風送早秋，山雨墮窗牖。零單兩瘦僧，煮茶自相耦。趺坐無他言，一卷常在手。問為誰氏詩，賞之不容口。展帙覺異色，竟讀嗟歎久。鏗然聲律高，定識精力厚。既道姓名罷，行藏更非苟。澹比松下禪，堅類柏舟婦。一家河渚棲，梅花帶左右。入林恐不密，數峰當戶守。內子亦苦吟，研山問井臼。置君神仙中，無廼圖畫醜。此語今十年，夢魂未嘗負。犖犖千秋名，淪落同敝帚。投刺長安道，錯愕辨真否。燒燈韓子廬，濁醪傾幾瓿。平生性命歡，獨此堪不朽。長歌貽蹇修，再歌示良友。環堵生煙雲，真懷動星斗。何意超古初，秖不落人後。春到理歸鞍，故人備粻糗。卻恨邢臺令，敓我西山偶。離合固難期，曰歸勿回首。湖上多桃花，澗中贏南畝。莫帶長安塵，輕點溪頭酒。
龔鼎孳《胡彥遠歸武林吳梅村紀伯紫各有詩贈別步原韻二首》其一《和梅村》:
素士若名山，到門忘爾汝。幽溪如美人，含情澹容與。六年西子湖，吾夢落中渚。蒼然南屏月，投老已心許。相思不相見，明河耿芳杼。豈意湖上客，京華等羈旅。振衣嵩雒塵，林澗不遑處。斗酒話今夕，是閒猶有侶。韓紀尚云臥，吳曹竟霞舉。予懷在冥鴻，誰甘嚇腐鼠。寺門三月花，歸棹一江雨。悠悠行路人，安知此中語。雙屐破苔蘚，群木交庭墅。春水添幾尺，白鷗過前嶼。為歌招隱詩，清歡共延佇。
其二《和伯紫》〔時方有瀨水之獄。〕:
風雨起平津，白日蛟螭走。飛沙過庭樹，春樽負初柳。月朔坐松扉，茶香浮晴牖。惆悵采蘭約，芳辰復不偶。世事付彈劍，悲歌代擊缶。千仞尚鸞翮，一跌

處又曰渦水，俗稱河水，又名秋雪。」　梅村《送胡彥遠南歸序》:「詩人胡彥遠於長安每酒酣詫客，曰:『吾家在武林之河渚。』」《明詩綜》:「胡介，初名士登，字彥遠，錢塘儒學生。」

竟虎口。范蔡亦何常，浮雲自翻手。周顒草堂在，惜哉為誰有。高車帶傾覆，靜者觀已久。浩然賦歸休，夫子誠善誘。過從歷冬春，情親與我厚。惜別重踟躕，合離俱不苟。君薄纓組儔，吾慚巾幗婦。英遊翩京雒，大雅疇能右。譚深病間作，木榻坐相守。熒熒燈火青，窗花對藥臼。攬鬢各問年，一歲增老醜。太息平生心，艱難頓成負。飄搖如落葉，群態更揮帚。空巖梧竹深，斯志能酬否。未抱漢陰甕，虛耽子雲瓿。冠蓋爛天衢，何者不衰朽。言尋霞外駕，豁此區中友。鼎鼎天壤間，娛親托升斗。柴桑固真潔，扣門義熙後。乾坤紛金鐵，僕馬猶芻糗。黃綺不可作，沮溺恒堪耦。滄海急中流，相期唯白首。為問五朱輪，何如宮一畝。

（清）曹溶《靜惕堂詩集》卷四《酬胡彥遠兼以送別四首》(清雍正三年李緯鈞刻本):

明月羅北牖，遙照西山岑。客居情抱難，地氣恒見侵。朝彥獲多譽，下澤無好音。何意覯斯人，嘉秀挺重林。入座投來章，美義使我深。素袂清塵起，雙闕懷芳陰。潛處不慕羶，孰能令荒淫。盤桓車馬跡，不異丘中琴。努力堅後圖，喻德如南金。

攬衣出高阜，臨望有所期。所期幽且邈，安能至京師。果諧傾蓋語，千里還見之。形影靜相接，甘醴振清思。虛簷飄積雪，燃膏照春枝。同聲不易得，友愛非溢詞。愛子剖中素，極論存妍媸。苟無連城璧，礱錯將焉施。仰絕冥鴻翔，返顧奮鈍姿。軒車等雲逝，此樂不自持。長當表殷勤，乃覿合與離。嬿婉在重陰，忽覺景已移。繁憂塞天地，何時復歡悽。

豐草被元阪，餘風拂羅纓。大志薄朝市，篤誼仍友生。浹觀舊京俗，含意多所成。孤身念鄉井，好鳥向南鳴。劇戲繁臺側，轉望燕昭城。平蕪不可極，戰壘何縱橫。妙詠乏故儔，據鞍涕已盈。居者困塵慮，惆悵難合併。蘭茝雖異植，所貴全芳馨。哲人原其初，無為計浮名。

廣塞絡洪河，春木鬱芊芊。白日麗澄暉，游子不得閒。道路限阡陌，軍旅出其間。俯仰時勢殊，聊復存田園。單衣冒長棘，飲馬臨前川。入門告我去，執手不少延。信知孤往易，勇退良獨難。寥寥見城郭，羅帳生寒煙。沉思安所益，發子以鄙言。佳藻願無窮，徐使尺素傳。

卷十一《送胡彥遠還錢塘歌》:

三春日日風吹沙，眼中不見城南花。出騎羸馬遠相看，病隨古寺眠京華。布囊無錢芒屩裂，如云意氣難為誇。一朝別我走何處，茫然世事同飛絮。瑣闥金閨客不懽，蕭條海宇空歸去。憶子草堂背河渚，水禽戛戛向人語。浮�連山蕩雙槳，石陰窈靄不得曙。只今長臥豈復出，忍饑自愛蓬蒿密。金石重懸戶牖間，翻令噍殺憂相失。子有故人能賞音，披瑕剔垢傷人心。得子新詩十回讀，落落元氣傳清琴。沽酒曾呼共閒夜，寒爐屋角明霜林。但坐不知兵革惡，出門何況泥途深。長松裂網應茲始，子歸念我獨留此。吳越迢迢日月間，山中結友終誰是。

馬背話江南，春山吾負汝。白雲能容人，猿鳥不我與。此詩是在京而送彥遠也，故先從己之不能南歸說起。○劉仲晦詩：「萬里嵐光乘馬背。」〔註2〕王詩：「夜靜春山空。」〔註3〕《魏書・賈彝傳》：「吾不負汝。」〔註4〕《晉書・周顗傳》：「足容卿輩數百人。」〔註5〕孔德璋《北山移文》：「蕙帳空兮夜鶴怨，山人去兮曉猿驚。」《唐書・吳武陵傳》：「獨子厚與猿鳥為伍。」〔註6〕《詩》：「不我與。」〔註7〕**西泠有高士，結廬在河渚。讀書尚感激，平生慎推許。**此言彥遠先居河渚也。○《西湖雜記》：「西陵橋一名西泠。」《史記・魯仲連傳》：「齊國之高士也。」〔註8〕陶詩：「結廬在人境。」〔註9〕《後漢書・朱穆傳・論》：「專諸、荊卿之感激。」〔註10〕《齊書・王儉傳》：「物議咸相推許。」〔註11〕**獨坐長微吟，清言出機杼。秋風忽乘興，千里長安旅。**此言彥遠辭河渚入京師也。○魏文帝詩：「短歌微吟不能長。」〔註12〕《世說》：「謝鎮西少時聞殷浩能清言。」〔註13〕《魏書・祖瑩傳》：「文章須自出機杼。」〔註14〕《晉書・王徽之傳》：「乘興而來。」〔註15〕**同好四五人，招尋忘出處。寄跡依琳宮，雙松得儔侶。雖入侯王門，不受公卿舉。**此言彥遠雖在京師，仍抱雅志也。○《左傳・僖四年》：「與不穀同好如何？」李詩：「與爾相招尋。」〔註16〕杜詩：「乘興杳然迷出處。」〔註17〕陶詩：「寄跡風雲。」〔註18〕韓詩：「珠館青童宴，琳宮阿母歌。」〔註19〕紀伯紫有《慈仁寺訪彥遠》詩。周青士《析津日記》：「慈仁寺俗呼報國寺。」《六研齋筆記》：

〔註2〕劉秉忠《九日滿坦山》。
〔註3〕《鳥鳴澗》。
〔註4〕卷三十三。
〔註5〕卷六十九。
〔註6〕《新唐書》卷二百三《文藝列傳下》。
〔註7〕《召南・江有汜》。
〔註8〕卷八十三。
〔註9〕《飲酒二十首》其五。
〔註10〕卷七十三。
〔註11〕《南齊書》卷二十三。
〔註12〕《燕歌行二首》其一。
〔註13〕《文學》。
〔註14〕卷八十二。「自」，乙本誤作「目」。
〔註15〕卷八十。按：早見《世說新語・任誕》。「來」，《世說新語》、《晉書》俱作「行」。
〔註16〕《贈臨洺縣令皓弟》。
〔註17〕《題張氏隱居二首》其一。
〔註18〕《命子》。
〔註19〕按：非韓愈詩，出鄭畋《題緱山王子晉廟》。原詩押蕭韻，「歌」作「朝」。

「京師報國寺古松二株，在佛殿前。」子建《洛神賦》:「命儔嘯侶。」　仲長公《理樂志論》:「豈美入帝王之門哉？」　《晉書・夏侯湛傳》:「而受卿尹之舉。」〔註20〕**登高見遺廟，頹垣竄鼯鼠。悲歌因臥病，歸心入春雨。從此謝姓名，問之了不語。**此段是彥遠南歸之由。〇杜詩:「遺廟丹青落。」〔註21〕按:「登高」句應指昌平山水也。　宋武帝詩:「古木秀頹垣。」〔註22〕鼯鼠，見《松鼠》。《古詩》:「悲歌可以當泣。」〔註23〕劉公幹詩:「臥病清漳濱。」〔註24〕　賈閬仙詩:「歸心日夜憶咸陽。」〔註25〕子山《豆盧公碑》:「春雨潤木，自葉流根。」　杜詩:「問之不肯道姓名。」〔註26〕**我為作此圖，彷彿梅花墅。蒼然開南軒，飛泉落孤嶼。想見君山中，相思日延佇。**點出題圖作結。〇按:《一統志》:「梅花塢在宜興縣東南三十六里。」然《西湖志》「上乘院在西溪之東梅花塢中」，當是此詩所指。《後漢書・延篤傳》:「詠詩南軒。」〔註27〕　陸士衡詩:「飛泉漱鳴玉。」〔註28〕謝靈運詩:「孤嶼媚中川。」〔註29〕　「想見君山中」，顧瞻泰謂君字彥遠，不必指江陰之君山。今從之。　《離騷》:「延佇乎吾將反。」

仇注杜詩極講段落勻停之法，《梅村集》中固不拘拘於此，然勻停者甚多。如此詩前三段各四句，後三段各六句，當不為滄柱之所訶矣。　彥遠《送吳梅村被徵》四律有云:「身隨杞宋留文獻，代閱商周重鼎彝」〔註30〕；「歸心更度桑乾水，伏櫪重登郭隗臺」〔註31〕；能寫得梅村身份出，更寫得梅村心事出。「馬背話江南」五字殊非泛泛。　萬年少《贈胡彥遠》詩:「河渚經營把釣綸，乾坤草莽一閒身。南陽高臥真名士，東漢餘生舊黨人。十載苾〔註32〕蘅同人夢，三冬冰雪獨傷神。荷鉏歸去田廬閉，莫向人間學問津。」　按:紀伯紫《送胡彥遠南歸》有云:「澹比松下禪，堅類柏舟婦。一家河渚棲，梅花帶左右。入林恐不

〔註20〕卷五十五。
〔註21〕《武侯廟》。
〔註22〕「古」，劉駿《登作樂山詩》作「拱」。
〔註23〕《悲歌》。
〔註24〕劉楨《贈五官中郎將四首》其二:「餘嬰沉痼疾，竄身清漳濱。」
〔註25〕《渡桑乾》。
〔註26〕《哀王孫》。
〔註27〕卷六十四。
〔註28〕陸機《招隱詩》。
〔註29〕《登江中孤嶼詩》。
〔註30〕出其一。
〔註31〕出其二。
〔註32〕「苾」，《明詩別裁集》卷十作「荃」。

密，數峰當戶守。內子亦苦吟，研山間〔註 33〕井白。置君神仙中，無乃圖畫醜。此語今十年，夢魂未嘗負」，而終之以「莫帶長安塵，輕點溪頭酒」，則彥遠蓋逸民之流，年少伯紫亦能以道義相勗者。

送何省齋《篋衍集》作《送何第五》。按：張敦復相國《祭何恭人文》：「于歸姑父太守公，為相國文端公之冢婦，中表兄弟皆極一時之盛。辨齋先生為名孝廉，省齋先生為館閣前輩。」〔註 34〕篇中所云「君初丞相家，祖德簪纓繼」指文端，而「君家好兄弟」指辨齋、省齋也。「花發龍沙醉。高堂剖符竹」，蓋省齋之父為贛州守，而省齋於罷官後往省任所，「高堂」字指其父而言也。梅村《送何蓉菴出守贛州》詩〔註 35〕有「師恩衰境負」之句，亦指文端。而此詩之「剖符」、「龍沙」者，即蓉菴耳。《明史・何如寵傳》：「字康侯，桐城人。武英殿大學士。崇禎四年，副延儒總裁會試。謚文端。」〔註 36〕按：梅村以崇禎四年成進士，則如寵其座主也。《安慶府志》：「何采，字敬輿，號醒齋，相國文端孫。文端予告後，居秦淮，采遂以江寧籍試，順治戊子、己丑聯捷，由庶常歷遷侍讀。氣節高峻，不諧於時。甫三十，即棄官歸。何亮功，字次德，號辨齋。順治丁酉舉人。」又於「任子」內載「何應璜父如寵蔭戶部郎中」。「本朝贛州知府」又於「列女」內載「方氏大學士何如寵妻。子：應璜，知府。孫：亮功，舉人；采，翰林侍讀」。按此則醒齋即省齋，應璜即蓉菴矣。

哲人尚休官，取志不在歲。賢達恃少年，輕心撥名勢。神仙與酒色，皆足供蟬蛻。在己本歡娛，富貴應難累。婆娑彼頹老，匪止妻孥計。棲棲守腐鼠，自信無餘技。嗟我豈其然，今也跡相類。此篇是梅村自作小傳，而因省齋以發之也。首段言哲人當蟬蛻於富貴之外。彼頹老而不知止者，計妻孥仍是貪腐鼠，已非其人而適有其跡也。〇《詩》：「其維哲人。」〔註 37〕李義山詩：「青袍御史擬休官。」〔註 38〕　張景陽詩：「取志於陵子。」〔註 39〕《漢書・韋賢傳》注：「古者七十懸車致仕。」〔註 40〕謝靈運詩：「謝病不待年。」〔註 41〕　《後漢書・李固傳》：「是以賢達功遂

〔註 33〕「間」，紀映鍾（字紫伯）《送胡彥遠南歸》（載陳維崧《篋衍集》卷二，安徽師範大學出版社 2015 年版，第 38 頁）作「問」。

〔註 34〕張英《篤素堂文集》卷十《祭誥封恭人何姑母文》。（《張英全書》，安徽大學出版社 2013 年版，第 415 頁）

〔註 35〕其三。

〔註 36〕卷二百五十一。

〔註 37〕《大雅・抑》。

〔註 38〕《天平公座中呈令狐令公時蔡京在坐京曾為僧徒故有第五句》。

〔註 39〕張協《雜詩十首》其十。

〔註 40〕卷七十三。

〔註 41〕《還舊園作見顏范二中書詩》。

身退。」〔註42〕《漢書・廣陵厲王胥傳》:「其人輕心。」〔註43〕《後漢書・鄧禹傳》:「常欲遠名勢。」〔註44〕《史記・留侯世家》:「願棄人間事,欲從赤松子游耳。乃學辟穀,道引輕身。」〔註45〕又,《信陵君傳》:「公子自知再以毀廢,乃謝病不朝,與賓客為長夜飲,飲醇酒,多近婦女。」〔註46〕又,《屈原傳》:「蟬蛻於濁穢,以浮遊塵埃之外。」〔註47〕按:留侯以神仙為蟬蛻,李鄴侯近之;信陵以酒色為蟬蛻,郭汾陽近之。蘇子卿詩:「歡娛在今夕。」〔註48〕《詩》:「婆娑其下。」〔註49〕《爾雅・釋訓》:「虺,頹,病也。」 腐鼠,見《松鼠》。 陳季詩:「自知報國無他技。」〔註50〕《詩》:「嗟我懷人。」〔註51〕■**同事有何郎,英懷託深契。三十拜侍中,向人發長嘯。拂袖歸去來,故園有松桂。世網敢自由,鄉心偶然遂。樗散卻見留,送之以流涕。**此段言省齋去而己偏留,點明送字。○《南史・楊公則傳》:「要與同事。」〔註52〕宋廣平《梅花賦》:「儼如傅粉,是謂何郎。」此借用。 陸士衡《周處碑》:「英情天逸。」王無功詩:「故人有深契。」〔註53〕《宋書》:「《豔歌・羅敷行》:『三十侍中郎。』」〔註54〕 朱希晦詩:「臨風發長嘯。」〔註55〕《宋史・劉沆傳》:「沆醺醉拂袖起。」〔註56〕《南史・陶潛傳》:「賦歸去來以遂其志。」〔註57〕 杜詩:「故園松桂發。」〔註58〕 陸士衡詩:「世網嬰我身。」〔註59〕《廬江小吏詩》:「汝豈得自由。」曹元寵詞:「淒涼只恐鄉心起。」〔註60〕杜詩:「生還偶然遂。」〔註61〕《莊子》:「吾

〔註42〕卷九十三。
〔註43〕卷六十三。按:早見《史記》卷六十《三王世家》。
〔註44〕卷四十六。
〔註45〕卷五十五。
〔註46〕卷七十七。
〔註47〕卷八十四。
〔註48〕《李陵錄別詩二十一首》其五(結髮為夫妻)。
〔註49〕《陳風・東門之枌》。
〔註50〕陳孚《燕山除夜簡唐靜卿待制張勝非張幼度編修》。
〔註51〕《國風・卷耳》。
〔註52〕卷五十五。
〔註53〕王績《薛記室收過莊見尋率題古意以贈》。
〔註54〕卷二十一《樂志三》。
〔註55〕《寫懷》。
〔註56〕卷二百八十五。
〔註57〕卷七十五《隱逸列傳上》。
〔註58〕《月圓》。
〔註59〕陸機《赴洛道中作詩二首》其一。
〔註60〕曹組《青玉案》(碧山錦樹明秋霽)。
〔註61〕《羌村》其一。

有大樹，人謂之樗。」〔註 62〕又：「匠石之齊，見櫟社樹。匠伯不顧，曰：『散材也。』」〔註 63〕**我昔少壯時，聲華振儕輩。講舍雞籠巔，賓朋屢高會。總角能清談，君家好兄弟。緩帶天地寬，健筆江山麗。**此段言少壯意氣之盛而與省齋兄弟早共會談也。○杜詩：「憶昔少壯日。」〔註 64〕　聲華，見《哭志衍》。《北史・羊深傳》：「儕輩中獨蒙引聽。」〔註 65〕《南史・雷次宗傳》：「宋元嘉十五年，徵至都，開館於雞籠山，聚徒教授。」〔註 66〕餘見《遇南廂園叟》。　高會，見《遇劉雪舫》。《詩》：「總角之宴。」〔註 67〕《禮記注》：「總角，總聚其髮而結束之為丱角也。」《後漢書・鄭太傳》：「孔公緒清談高論。」〔註 68〕　李賓之詩：「君家好兄弟。」〔註 69〕《晉書・羊祜傳》：「嘗輕裘緩帶，身不被甲。」〔註 70〕岑參詩：「九州天地寬。」〔註 71〕　健筆，見《哭志衍》。杜詩：「遲日江山麗。」〔註 72〕**憑闌見湓口，傳烽響笳吹。海寓方紛紜，虛名束心意。夜半話掛冠，明日扁舟繫。問余當時年，三十甫過二。**此段言遭亂勇退之事，見己未頹老已撥名勢也。○韓致光詩：「紫泥封後獨憑闌。」〔註 73〕何平叔《九江志》：「青湓山有井，形如盆，因號湓水城，浦曰湓浦。」　虞伯生詩：「稱使不傳烽。」〔註 74〕劉孝威詩：「櫪馬悲笳吹。」〔註 75〕　張如哉曰：「宇，籀文作寓。張平子《東京賦》『德寓天覆』是也。」按：《書》：「至於海隅蒼生。」〔註 76〕徐孝穆《九錫文》：「遂矣水寓之鄉。」則宇、寓、隅、寓其義略同。《古詩》：「無復重紛紜。」〔註 77〕　《史記・平原君傳》：「事不成，以虛名得君。」〔註 78〕《古詩》：「以

〔註 62〕《逍遙遊》。
〔註 63〕《人間世》。
〔註 64〕《垂老別》。
〔註 65〕卷三十九。按：早見《魏書》卷七十七《羊深傳》。
〔註 66〕卷七十五《隱逸列傳上》。按：早見《宋書》卷九十三《隱逸列傳》。
〔註 67〕《衛風・氓》。
〔註 68〕卷一百。
〔註 69〕（明）李東陽《鼎儀宅分韻送其兄武儀還崑山得倪字》。按：宋人詩多有此句。如梅堯臣《答韓三子華韓五持國韓六玉汝見贈述詩》、崔子方《江上逢晁適道》、李石《送楊德源》等。
〔註 70〕卷三十四。
〔註 71〕《送張秘書充劉相公通汴河判官便赴江外覲省》。
〔註 72〕《絕句二首》其一。
〔註 73〕韓偓《中秋禁直》。
〔註 74〕虞集《次韻馬伯庸少監四首》其二。
〔註 75〕《侍宴賦得龍沙宵月明詩》。
〔註 76〕《益稷》。
〔註 77〕《孔雀東南飛》。
〔註 78〕卷七十六。

此下心意。」〔註79〕《莊子》:「夜半有力者負之而走。」〔註80〕《後漢書・逢萌傳》:「解冠掛東都城門。」〔註81〕 孔文舉《與曹操書》:「融又過二。」**採藥尋名山,筋力正強濟。濯足滄浪流,白雲養身世。長放萬里心,拔腳風塵際。昔為雲中鵠,翩翻九皋唳。今為轅下駒,局促長楸轡。梗楠蟠枯根,天陰蟲蟻萃。縱抱淩霄姿,蕭條斧斤畏。時命苟弗諧,貧賤安可冀。過盡九折艱,咫尺俄失墜。**此言掛冠之樂,又引起被徵之事也。○《後漢書・韓康傳》:「常採藥名山。」〔註82〕《禮》:「老者不以筋力為禮。」〔註83〕《南史・庾登之傳》:「少以彊濟自立。」〔註84〕 身世,見《贈願雲師》。 萬里心,見《贈家侍郎》。《晉書・庾翼傳》:「自不能拔腳於風塵之外。」〔註85〕《古詩》:「昔為娼家女,今為蕩子婦。」〔註86〕鮑詩:「昔如韝上鷹,今似檻中猿。」〔註87〕杜詩:「昔如水上鷗,今為罝中兔。」〔註88〕《南史・劉訏傳》:「矯矯出塵,如雲中白鶴。」〔註89〕《正字通》、《轉注古音》、《讀書通》俱云鵠通作鶴。 司馬長卿《上林賦》:「翩翻互經。」《詩》:「鶴鳴于九皋。」〔註90〕《史記・武安侯傳》:「今日廷論,局趣效轅下駒。」〔註91〕《後漢書・仲長統傳》:「人事可遺,何為局促。」〔註92〕《字典》:「局促,小貌。」「促」與「趣」同。曹詩:「走馬長楸間。」〔註93〕 司馬長卿《子虛賦》:「梗楠豫章。」《字典》:「楠本作枏,枏或作柟,俗作楠,非。」杜《枯楠》詩:「下根蟠厚地。」《史記・五帝紀》:「時播百穀,草木淳化,鳥獸蟲蛾。」〔註94〕注:「蛾音魚起反。」杜詩:「萬孔蟲蟻萃。」〔註95〕《世說》:「支公住剡東岇山,有人遺其雙鶴。曰:『既

〔註79〕《孔雀東南飛》。
〔註80〕《大宗師》。
〔註81〕卷一百十三《逸民列傳》。
〔註82〕卷八十三《逸民列傳》。
〔註83〕《禮記・曲禮上》。
〔註84〕卷三十五。按:早見《宋書》卷五十三《庾登之傳》。
〔註85〕卷七十三。
〔註86〕《古詩十九首》其二(青青河畔草)。
〔註87〕鮑照《代東武吟》。
〔註88〕《有懷台州鄭十八司戶》。
〔註89〕卷四十九。
〔註90〕《小雅・鶴鳴》。
〔註91〕卷一百七。
〔註92〕卷四十九。
〔註93〕曹植《名都篇》。
〔註94〕卷一。
〔註95〕《枯楠》。

有淩霄之姿，何肯為人作耳目之翫。』」　蕭條，見《避亂》。　時命，見《讀西臺記》。《後漢書・周澤傳》：「生世不諧。」〔註 96〕《三國志・曹爽傳》：「當今日卿門戶求貧賤，復可得乎？」〔註 97〕《左傳・僖十五年》：「晉其庸可冀乎？」《漢書・王尊傳》：「王陽為益州刺史。行部至邛郲九折阪，歎曰：『奉先人遺體，柰何數乘此險！』」〔註 98〕《左傳・僖九年》：「天威不違顏咫尺。」文十八年：「弗敢失隊。」**淒涼游子裝，訣絕哀親淚。關山車馬煩，雨雪衣裘敝。長安十二衢，畫戟朱扉衛。冠蓋起雞鳴，蹀躞名豪騎。通籍平生交，於今悉凋替。磬折當途前，問語不敢對。衰白齒坐愁，逡巡與之避。禁掖無立談，獨行心且悸。**此言迫於徵命而獨立無偶也。〇《史記・高祖紀》：「游子悲故鄉。」〔註 99〕　杜詩：「哀哉兩訣絕。」〔註 100〕　車馬煩，見《又詠古》。《詩》：「雨雪載途。」〔註 101〕《戰國策》：「黑貂之裘敝。」　鮑詩：「京城十二衢。」〔註 102〕　韋應物詩：「兵衛森畫戟。」〔註 103〕杜詩：「曉入朱扉啟。」〔註 104〕　冠蓋，見《哭志衍》。《白頭吟》：「蹀躞御溝上。」《漢書・原涉傳》：「知涉名豪。」〔註 105〕　通籍，見《遇劉雪航》。　杜詩：「高才日陵替。」〔註 106〕《禮》：「立則磬折垂珮。」〔註 107〕《史記正義》：「若磬之形曲折也。」〔註 108〕《北史・盧昌衡傳》：「李神俊勸其干謁當途。」〔註 109〕《禮》：「不問，不敢對。」〔註 110〕　杜詩：「生意甘衰白。」〔註 111〕《晉書・載記》：「勒親與鄉老齒坐。」〔註 112〕　逡巡，見《哭志衍》。　李從一詩：「趨陪禁掖雁行隨。」〔註 113〕《魏書・

〔註 96〕卷七十九下《儒林列傳下》。
〔註 97〕卷九《魏書九》。
〔註 98〕卷七十六。
〔註 99〕卷八。
〔註 100〕《前出塞九首》其四。
〔註 101〕《小雅・出車》。
〔註 102〕鮑照《詠史詩》。
〔註 103〕《郡齋雨中與諸文士燕集》。
〔註 104〕《遣悶奉呈嚴公二十韻》。
〔註 105〕卷九十二《游俠傳》。
〔註 106〕《八哀詩》其五《贈秘書監江夏李公邕》。
〔註 107〕《禮記・曲禮下》。
〔註 108〕卷一百二十六《滑稽列傳》「西門豹簪筆磬折」。
〔註 109〕卷三十。「干」，乙本誤作「于」。
〔註 110〕《禮記・曲禮上》。
〔註 111〕《收京三首》其二。
〔註 112〕卷一百五。
〔註 113〕李嘉祐《江湖秋思》。

高允傳》:「使人心悸。」〔註114〕**邂逅君登朝，**《篋衍集》作「解後」。**讀書入中秘。父子被詔除，一堂共昆季。呼兒爭出拜，索果牽衣戲。回首十六年，蹤跡猶堪記。荏苒曾幾何，萬事經興廢。停觴重剪燭，相對加噓唏。**此敘與省齋同朝，感懷今昔也。父子、昆弟兼蓉菴、辨齋說。○邂逅，見《松鼠》。《漢書・敘傳》:「賈生矯矯，弱冠登朝。」〔註115〕 張平子《西京賦》:「匪惟翫好，乃有祕書。」《魏書・禮志》:「高閭議以為宜並集中秘群儒。」〔註116〕按:《正字通》:「秘當作祕。」《後漢書・馬融傳》:「謂融羞薄詔除。」〔註117〕 《唐書・李密傳》:「今不昆季盡行。」〔註118〕 《後漢書・東平王傳》:「諸王子年五歲以上能趨拜者。」〔註119〕又,《張綱傳》:「見綱誠信，乃出拜。」〔註120〕 吳幼清詩:「索果嬌兒啼。」〔註121〕牽衣，見《閬州行》。 《魏書・崔浩傳》:「荏苒之間，遂及於此。」〔註122〕 魏文帝《感物賦序》:「悟興廢之無常。」 鮑詩:「停觴不禦欲誰須。」〔註123〕 杜詩〔註124〕:「夜闌更秉燭，相對如夢寐。」又:「感歎亦噓唏。」**我行感衰疾，腰腳增疲曳。可憐扶杖走，尚逐名賢隊。薄祿貪負閒，憂責仍不細。**此敘一官之累也。○《詩》:「我行永久。」〔註125〕《南齊書・虞玩之傳》:「以久宦衰疾，上表告退。」〔註126〕 《魏書・李順傳》:「腰腳不隨。」〔註127〕《後漢書・馮衍傳》:「年雖疲曳，猶庶幾名賢之風。」〔註128〕 《漢書・賈山傳》:「扶杖而往聽之。」〔註129〕 白詩:「隨行逐隊欲何為。」〔註130〕 薄祿，見《又詠古》。 《漢書・李尋傳》:「憂責甚重。」〔註131〕又，

〔註114〕卷四十八。
〔註115〕卷一百下。
〔註116〕卷一百八之一。
〔註117〕卷六十上。
〔註118〕《新唐書》卷八十四。
〔註119〕卷四十二。
〔註120〕卷八十六。
〔註121〕《送涂君歸浙》。按:杜甫《遭田父泥飲美嚴中丞》:「高聲索果栗。」方回《漫興九首》其六:「索果嬌兒怒。」
〔註122〕按:出卷三十六《李順傳》，非《崔浩傳》。
〔註123〕鮑照《代白紵舞歌詞四首》其二。
〔註124〕《羌村》其一。
〔註125〕《小雅・六月》。
〔註126〕卷三十四。
〔註127〕卷三十六。
〔註128〕卷五十八上。
〔註129〕卷五十一。
〔註130〕《荅山侶》。
〔註131〕卷七十五。

《于定國傳》:「其憂不細。」〔註 132〕**扈從遊甘泉，淅淅驚沙厲。藉草貧無氈，僕夫枕以塊。霜風帽帶斜，頭寒縮如蝟。**此自敘登朝後扈從之事。〇司馬長卿《上林賦》:「扈從橫行。」《漢書・揚雄傳》:「正月，從上甘泉，還奏《甘泉賦》以諷。」〔註 133〕《雍錄》:「甘泉宮有三。隋甘泉宮在鄠縣，秦甘泉宮在渭南，漢甘泉宮在雲陽縣。」　謝惠連詩:「淅淅振條風。」〔註 134〕明遠《蕪城賦》:「驚沙坐飛。」　杜詩:「憂來藉草坐。」〔註 135〕又:「坐客寒無氈。」〔註 136〕　《詩》:「召彼僕夫。」〔註 137〕《左傳・僖二十三年》:「野人與之塊。」按:「枕塊」字出《禮記》。　霜風，見《讀西臺記》。李長吉詩:「秦風帽帶垂。」〔註 138〕　縮如蝟，見《讀西臺記》。**入門問妻孥，呻吟在床被。幼女掩面啼，燈青照殘穗。白楊何蕭蕭，銜泥送歸櫘。爾死顧得還，我留復誰為。**此自敘登朝後失女之事。「爾死」二句悲痛之極。即《哭女》詩所謂「短算亦良謀」也。〇孔文舉詩:「入門望愛子。」〔註 139〕杜詩:「男呻女吟四壁靜。」〔註 140〕　又:「見耶背面啼。」〔註 141〕　吳子華詩:「燈孤的的青。」〔註 142〕唐子西詩:「昨夜燈花黍穗抽。」〔註 143〕劉克莊詩:「歲荒奴僅拾殘穗。」〔註 144〕　《古詩》:「白楊多悲風，蕭蕭愁殺人。」〔註 145〕　杜詩:「虛擬〔註 146〕皓首沖泥怯。」《〈漢書・高祖紀〉注》:「櫘音衛，小棺也。」　韓詩:「歸來辛苦欲誰為。」〔註 147〕**旁有親識人，通都走聲利。厚意解羈愁，盛言推名位。不悟聽者心，怛若芒在背。**此所謂不入耳之言來相勸勉者。〇親

〔註 132〕卷七十一。
〔註 133〕卷八十七上。
〔註 134〕《詠牛女》。
〔註 135〕《玉華宮》。「憂」，乙本誤作「夏」。
按：參卷一下《西田詩》「藉草傾一壺」注。
〔註 136〕《戲簡鄭廣文虔兼呈蘇司業源明》。
〔註 137〕《小雅・出車》。
〔註 138〕《出城》。
〔註 139〕《雜詩》。按：即《李陵錄別詩二十一首》其二十一（遠送新行客）。
〔註 140〕《乾元中寓居同谷縣作歌七首》其二。
〔註 141〕《北征》。
〔註 142〕吳融《西陵夜居》。
〔註 143〕唐庚《收家書》。
〔註 144〕《貧居自警三首》其一。
〔註 145〕《古詩十九首》其十四（去者日以疏）。
〔註 146〕「擬」，《崔評事弟許相迎不到應慮老夫見泥雨怯出必愆佳期走筆戲簡》作「疑」。
〔註 147〕《盧郎中雲夫寄示送盤穀子詩兩章歌以和之》。按：（南朝梁）費昶《行路難二首》其二：「傅粉施朱欲誰為。」

識，見《臨江參軍》。　蘇子由《民政策》:「今天下所謂通都大邑。」鮑詩:「三川走聲利。」〔註 148〕《後漢書・馮異傳》:「厚意久不報。」〔註 149〕孟詩:「旅館益羈愁。」〔註 150〕《漢書・西南夷傳》:「騫因盛言大夏在漢西南。」〔註 151〕嵇叔夜《養生論》:「知名位之傷德。」　木玄虛《海賦》:「乃不悟所歷之近遠。」《漢書・霍光傳》:「上內嚴憚之，若有芒刺在背。」〔註 152〕**忽接山中書，又責以宜退。卿言誠復佳，我命有所制。總未涉世深，止知乞身易。**此所謂君知其一，不知其二者。○摩詰有《山中與裴秀才書》。　宜退，見《贈家侍御》。《司馬徽別傳》:「有以人物問者，初不辨其高下，每輒言佳。其婦諫曰:『人質所疑，君一皆言佳，豈諮君之意乎？』徽曰:『如卿所言，亦復佳。』」《南史・虞寄傳》:「吾命有所懸。」〔註 153〕《史記・項羽紀》:「後則為人所制。」〔註 154〕　又，《游俠傳》:「況以中材而涉亂世之末流乎！」〔註 155〕《戰國策》:「張儀謂秦王曰:『願乞不肖身之梁。』」**悶即君過存，高談豁蒙蔽。苦樂來無方，窮達總一致。同是集蓼蟲，以此識其味。**此段言與省齋時相慰藉也，畢「邂逅君登朝」一段語意。○《後漢書・馬援傳》:「援間至河內，過存伯春。」〔註 156〕注:「存猶問也。」　高談，見《哭志衍》。杜詩:「憂來豁蒙蔽。」〔註 157〕　王仲宣詩:「從軍有苦樂。」〔註 158〕魏文帝詩:「憂來無方。」〔註 159〕《易》:「一致而百慮。」〔註 160〕《詩》〔註 161〕:「肇允彼桃蟲。」又:「予又集于蓼。」朱子《集傳》:「蓼，辛苦之物也。」**人生厭束縛，擺落須才氣。君初丞相家，祖德簪纓繼。吐納既風流，姿容更瑰異。披史妙縱橫，論詩富裁制。激昂承明廷，面折公卿議。文士寡先容，疏通得**

〔註 148〕「走」，鮑照《詠史詩》作「養」。

〔註 149〕卷四十七。

〔註 150〕孟浩然《他鄉七夕》。按:(南朝齊)江孝嗣《北戍琅邪城詩》:「薄暮苦羈愁，終朝傷旅食。」(隋)陳子良《入蜀秋夜宿江渚》:「故鄉千里外，何以慰羈愁。」

〔註 151〕卷九十五。按:早見《史記》卷一百十六《西南夷列傳》。

〔註 152〕卷六十八。

〔註 153〕卷六十九。

〔註 154〕卷七。

〔註 155〕卷一百二十四。

〔註 156〕卷五十四。

〔註 157〕《八哀詩》其五《贈秘書監江夏李公邕》。

〔註 158〕《從軍詩五首》其一。

〔註 159〕《善哉行二首》其一。

〔註 160〕《繫辭下》。

〔註 161〕《周頌・小毖》。

交臂。騶哄訪當關，休沐杉齋閉。良工鑄干將，出匣蛟龍忌。趨駕度太行，「趨」當作「趣」。**躊躕棄騏驥。矯矯朗陵公，竟下考功第。**此段補敘省齋之家世才品，而言其被謫之由，引起送字。〇《漢書・賈誼傳》：「若夫束縛之。」〔註162〕 陶詩：「擺落悠悠談。」〔註163〕《史記・項羽紀》：「才氣過人。」〔註164〕 又，《李將軍傳》：「李廣才氣，天下無雙。」〔註165〕 又，《李斯傳》：「以斯為丞相。」〔註166〕 蔡伯喈有■《祖德頌》〔註167〕。杜詩：「身上愧簪纓。」〔註168〕周櫟園《何省齋太史詩序》：「太史為相國，孫枝襲庥華胄，與兄次德孝廉共讀賜書，相為師友。」《南史・張緒傳》：「吐納風流。」〔註169〕 嵇叔夜詩：「服食改姿容。」〔註170〕《晉書・五行志》：「桓玄詣刺史殷仲堪，逢一老公，形色瓌異。」〔註171〕 縱橫，見《哭志衍》。《世說》：「孫興公謂曹輔佐非無文采，酷無裁制。」〔註172〕《漢書・王章傳》：「不自激卬。」〔註173〕班孟堅《西都賦》：「又有承明、金馬、著作之庭。」《漢書注》：「承明廬在金馬門外。」 又，《王陵傳》：「陳平曰：『於面折廷爭，臣不如君。』」〔註174〕《戰國策》：「兵革不藏，文士並飭。」《漢書・鄒陽傳》：「蟠木根柢，輪囷離奇，而為萬乘器者，以左右先為之容也。」〔註175〕 又，《孟喜傳》：「同門梁丘賀疏通證明之。」〔註176〕《史記・司馬相如傳》：「交臂受事。」〔註177〕《唐書・崔琳傳》：「自興寧里謁大明宮，冠蓋騶哄相望。」〔註178〕嵇叔夜《絕交書》：「當關〔註179〕呼之不置。」《三

〔註162〕卷四十八。
〔註163〕《飲酒二十首》其十二。
〔註164〕卷七。
〔註165〕卷一百九。
〔註166〕卷八十七。
〔註167〕「蔡伯喈有■祖德頌」，稿本、天圖本、讀秀本作「謝靈運有《述祖德詩》」。
〔註168〕《八哀詩》其三《贈左僕射鄭國公嚴公武》。按：沈約《梁雅樂歌六首》其五《牷雅》：「充哉繭握，肅矣簪纓。」謝朓《奉和隨王殿下詩十六首》其二：「覩滔詠已失，憮然愧簪纓。」
〔註169〕卷三十一。
〔註170〕嵇康《遊仙詩》。
〔註171〕卷二十九。按：早見《宋書》卷三十四《五行志五》。
〔註172〕《文學》。
〔註173〕卷七十六。
〔註174〕卷四十。按：早見《史記》卷九《呂后本紀》。
〔註175〕卷五十一。按：早見《史記》卷八十三《鄒陽列傳》。
〔註176〕卷八十八《儒林傳》。
〔註177〕卷一百一十七。
〔註178〕《新唐書》卷一百零九。
〔註179〕「關」，讀秀本作墨丁。

國志・華歆傳》:「休沐出府則歸家闔門。」〔註 180〕《南史・茹法亮傳》:「廣開宅宇，杉齋光麗。」〔註 181〕《吳越春秋》:「干將作劍，陽曰干將，陰曰莫耶。」 李詩:「劍花秋蓮光出匣。」〔註 182〕「薛燭曰:『臣聞王之造化此劍，蛟龍捧鑪，天帝裝炭。』」《史記・信陵君傳》:「告車趣駕歸救魏。」〔註 183〕《漢書・朱博傳》:「告外趣駕。」〔註 184〕太行，見《又詠古》。《莊子》:「為之躊躇。」〔註 185〕《戰國策》:「田光曰:『騏驥〔註 186〕之局踞。』」《詩》:「矯矯虎臣。」〔註 187〕《晉書・何曾傳》:「魏咸熙初，拜司徒，改封朗陵侯。踐阼，進爵為公。」〔註 188〕 杜詩:「忤下考功第，獨辭京尹堂。」〔註 189〕**老夫迫枯朽，抱膝端居睡。雖稱茂陵病**〔註 190〕**，終乏鴟夷智。遜子十倍才，焉能一官棄。早貴生道心，中年負名義。蹉跎甘皓首，此則予所愧。**此以己之不能棄官為歎也。○《左傳・隱四年》:「老夫耄矣。」退之《諫佛骨表》:「枯朽之骨。」《三國志・諸葛亮傳》:「常抱膝長吟。」〔註 191〕孟詩:「端居恥聖明。」〔註 192〕《史記・司馬相如傳》:「相如既病免，家居茂陵。」〔註 193〕 又，《句踐世家》:「范蠡浮海出齊，變姓名，自謂鴟夷子皮。」〔註 194〕《三國志・諸葛亮傳》:「君才十倍曹丕。」《莊子》:「知效一官。」〔註 195〕 劉駕詩:「晚達多早貴。」〔註 196〕《書》:「道心惟微。」〔註 197〕《世說》:「王右軍曰:『中年傷於哀樂。』」〔註 198〕《史記・張耳傳》:「此固趙國立名義不侵為然諾者

〔註 180〕卷十三。
〔註 181〕卷七十七《恩倖列傳》。
〔註 182〕《胡無人行》。
〔註 183〕卷七十七。
〔註 184〕卷八十三。
〔註 185〕《養生主》。
〔註 186〕「驥」，讀秀本作墨丁。
〔註 187〕《魯頌・泮水》。
〔註 188〕卷三十三。
〔註 189〕《壯遊》。
〔註 190〕「病」，讀秀本作墨丁。
〔註 191〕《三國志》卷三十五《蜀書五・諸葛亮傳》，裴松之注引《魏略》:「常抱膝長嘯。」
〔註 192〕《望洞庭湖贈張丞相》。
〔註 193〕卷一百一十七。
〔註 194〕卷四十一。
〔註 195〕《逍遙遊》。
〔註 196〕《送人登第東歸》。
〔註 197〕《大禹謨》。
〔註 198〕《言語》。

也。」〔註 199〕《晉書·周處傳》:「欲自修而年已蹉跎。」〔註 200〕李少卿詩:「皓首以為期。」〔註 201〕**君今謝塵鞅,輕裝去如駛。雙槳石頭城,木落征驂憩。過我儒林館,寒鴉噪平地。函丈無復存,依舊晴嵐翠。**此預言省齋歸途重過雞籠講舍,必多今昔之感也。○白詩:「未能脫塵鞅。」〔註 202〕王無功詩:「單舟戒輕裝。」〔註 203〕駛,見《松鼠》。范致能詩:「雙槳下瀨如投梭。」〔註 204〕石頭城,見《哭志衍》。《莫愁曲》:「莫愁在何處,莫愁石城西。艇子打兩槳,催送莫愁來。」張如哉曰:「梅村變化用之。」張孟陽詩:「木落柯條森。」〔註 205〕王子安詩:「征驂臨野次。」〔註 206〕《晉書·華軼傳》:「置儒林祭酒,以弘道訓。」〔註 207〕《鄭康成別傳》:「北海有康成儒林講堂。」按:《一統志》:「士林館在上元縣舊臺城西。」詩作「儒林」,蓋亦指明之南京國子監耳。于逖詩:「寒鴉噪晚〔註 208〕景。」〔註 209〕平地,見《哭志衍》。《禮》:「席間函丈。」〔註 210〕朱子詩:「依舊青山綠樹多。」〔註 211〕鄭守愚詩:「晴嵐染近畿。」〔註 212〕**明年春水滿,**《篋衍集》作「水深」。**客興煙波趣。鶯啼笠澤船,花發龍沙醉。高堂剖符竹,盡室千山內。郡閣繞鳴灘,日晡散人吏。無書悼遷斥,有夢傷迢遞。**此預言省齋至贛州之景。「高堂剖符竹」以下就蓉菴說,言其望省齋之來也。○陶詩:「春水滿四澤。」〔註 213〕《唐書·張志和傳》:「自稱煙波釣徒。」〔註 214〕杜詩:「自在嬌鶯恰恰啼。」〔註 215〕《初學記》:「太湖一名笠澤。」《一統志》:「龍沙在南昌府新建縣北。」《水經注》:「贛水又北逕龍沙、西沙,甚潔白高

〔註 199〕卷八十九。
〔註 200〕卷五十八。
〔註 201〕《李陵錄別詩二十一首》其二(攜手上河梁)。
〔註 202〕《登香爐峰頂》。
〔註 203〕王績《贈梁公》。
〔註 204〕范成大《送子文雜言》。
〔註 205〕張載《七哀詩二首》其二。
〔註 206〕王勃《餞韋兵曹》。
〔註 207〕卷六十一。
〔註 208〕「晚」,讀秀本作墨丁。
〔註 209〕《野外行》。
〔註 210〕《禮記·曲禮上》。
〔註 211〕《水口行舟二首》其一。
〔註 212〕鄭谷《華山》。
〔註 213〕《四時》。
〔註 214〕《新唐書》卷一百九十六《隱逸列傳》。
〔註 215〕《江畔獨步尋花七絕句》其六。

峻，而陁有龍形。」〔註216〕按：二句言自江南至江西也。《後漢書·馬融傳》：「常坐高堂。」〔註217〕《晉書·陸機傳》：「入侍帷幄，出剖符竹。」〔註218〕《左傳·成二年》：「巫臣盡室以行。」千山，見《贈願雲師》。白詩：「惟茲郡閣內。」〔註219〕《一統志》：「贛水自贛州府城北北〔註220〕流三百里，歷十八灘乃至萬安。在贛縣境者一百八十里，有九灘。」按：「日晡」字出《南齊書·垣崇祖傳》。韓詩：「下言人吏稀。」〔註221〕杜詩：「失意見遷斥。」〔註222〕《正韻》：「迢遞，遠也。」**嶺雁時獨飛，楚天樹如薺。雙眼渺荒江，片帆忽而至。家人遠棹立，愛子趨庭慰。誰云謫宦愁，老覺君恩最。共上鬱孤臺，側身望燕魏。惆悵念故人，沉吟不能置。**此預言省齋至贛州樂妻孥、念故人之情。「嶺雁」四句，望省齋而省齋來矣。「家人」四句，蓉菴喜省齋之來。「共上」四句，蓉菴、省齋合說。省齋時方三十，故下文有「少壯逍遙」語。「老」字指蓉菴。○耶律晉卿詩：「詩思遠隨秦嶺雁。」〔註223〕陶詩：「棲棲失群鳥，日暮猶獨飛。」〔註224〕杜詩：「楚天不斷四時雨。」〔註225〕戴嵩詩：「長安樹如薺。」〔註226〕孟東野詩：「春色役雙眼。」〔註227〕《一統志》：「贛水在贛縣北，章、貢二水於此合流。貢水在贛縣東，一名東江。章水在贛縣西，一名西江。」李詩：「雲間片帆起。」〔註228〕家人，《易》卦名。《五代史》有《家人傳》。《唐韻》：「棹同櫂。」《說文》：「櫂，所以進船也。」愛子，見《閬〔註229〕州行》。杜詩：「謫宦兩悠然。」〔註230〕《漢書·韓延壽傳》：「為天下最。」〔註231〕《一統志》：「鬱孤臺在贛州府治西南。」張平子詩：「側身東望涕沾翰。」〔註232〕惆悵，

〔註216〕卷三十九。
〔註217〕卷九十上。
〔註218〕卷五十四。
〔註219〕《郡亭》。
〔註220〕後一「北」，讀秀本作墨丁。
〔註221〕《崔十六少府攝伊陽以詩及書見投因酬三十韻》。
〔註222〕《雨當縣吳十侍御江上宅》。按：《謝靈運七里瀨詩》：「遭物悼遷斥。」
〔註223〕耶律楚材《又用韻和王巨川》其二。
〔註224〕陶潛《飲酒二十首》其四。
〔註225〕《暮春》。
〔註226〕戴皓《度關山》。
〔註227〕「色」，孟郊《古離別二首》其一作「芳」。
〔註228〕《姑熟雜詠·丹陽湖》。
〔註229〕「閬」，乙本誤作「間」。
〔註230〕《寄岳州賈司馬六丈巴州嚴八使君兩閣老五十韻》。
〔註231〕卷七十六。
〔註232〕《四愁詩》。

見《西田》詩第四首。《後漢書·曹褒傳》:「沉吟專思。」〔註 233〕按:登臺、惆悵皆指省齋。燕魏、故人,梅村自指也。**三載客他鄉,一朝遽分袂。勞生任潦倒,失志同飄寄。少壯今逍遙,老大偏濡滯。**《篋衍集》作「老夫」,非。**舉世縱相識,出門竟誰詣。**此是正寫送字,就自己說。○何仲言詩:「當憐此分袂。」〔註 234〕《莊子》:「勞我以生,佚我以老。」〔註 235〕嵇叔夜《絕交書》:「足下舊知吾潦倒麤疏。」杜詩:「飄飄何所寄。」〔註 236〕白詩:「天地同飄寄。」〔註 237〕按:「少壯」謂省齋,「老大」自謂也。《說文》:「詣,候至也。」徑候而詣之也。**太息行路難,殷勤進規誨。後會良可希,尺書到猶未。相去各一方,天涯隔憔悴。開篋視此詩,怳怳不能寐。**《篋衍集》作「惝怳」。此深一層寫送字,就省齋說。○行路難,詳七古。《左傳·襄十四年》:「工誦箴諫,大夫規誨。」謝惠連《雪賦》:「傷後會之無因。」《漢書·韓信傳》:「奉咫尺之書以使燕。」〔註 238〕《左傳·隱三年》:「若猶未也。」蘇子卿詩〔註 239〕:「相去悠且長。」又:「各在天一方。」《古詩》:「各在天一涯。」〔註 240〕高達夫詩:「開篋淚沾臆,見君前日書。」〔註 241〕《楚辭》:「臨風怳兮浩歌。」〔註 242〕魏文帝詩:「展轉不能寐。」〔註 243〕

按:梅村官祭酒時,「盛言推名位」者多矣。侯朝宗《與吳駿公書》有三不可,二不必,所謂「又責以宜退」也。■■■■■■■■■■■〔註 244〕梅村答朝宗書,集中不載,而朝宗亦不克以山中老,何歟?〔註 245〕

〔註 233〕卷六十五。
〔註 234〕何遜《仰贈從兄興寧寘南詩》。
〔註 235〕《大宗師》。
〔註 236〕「寄」,杜甫《旅夜書懷》作「似」。
〔註 237〕白居易《早秋晚望兼呈韋侍郎》:「夫君亦淪落,此地同飄寄。」
〔註 238〕卷三十四。
〔註 239〕《李陵錄別詩二十一首》其七(燭燭晨明月)。
〔註 240〕《古詩十九首》其一(行行重行行)。
〔註 241〕《哭單父梁九少府》。
〔註 242〕《九歌·少司命》。
〔註 243〕《雜詩二首》其一。
〔註 244〕墨丁,稿本、天圖本、讀秀本作「在《壯悔堂集》中,自推上駟」。
〔註 245〕侯方域《壯悔堂文集》卷三《與吳駿公書》:

十月朔日,域再拜致書駿公學士閣下:域凡駑不材,年垂四十,無所表見。然辱學士交遊之末者,自甲戌以來,今且二十年矣。是時學士方少年,為天子貴近臣,文章德器傾動天下,議者謂旦夕入相。屈指曾幾何時,而學士乃披裘杖藜,棲遲海濱,歌彼黍之油油。人生遭際,信可悲也。然學士身隱而道彌彰。域之羨學士之披裘杖藜也,過於坐玉堂、秉鈞軸遠甚。近者見江南重臣推轂學士,首以姓名登之啟事,此自童蒙求我,必非本願。學士必素

送宛陵施愚山提學山東《綱目質寔》:「宛陵,漢之縣名,為丹陽郡治所。東漢置宣城縣。」《感舊集》補傳:「施閏章,字尚白,號愚山,江南宣城人。順治己丑進士。舉博學鴻辭,授侍講。」《一統志》:「順治十三年,閏章任提學僉事。」

秦皇昔東巡,作歌示來裔。李斯留篆刻,足共神仙配。胡為泰岱巔,蒼碑獨無字。持此謝六經,免滋後賢議。至今倉頡臺,行人尚流涕。君今懷古蹟,斯文起凋敝。蟲魚雖改竄,扶桑自天際。千載靈光宮,丹書閉房記。兵火獨搜揚,重見鍾離意。此就文體言之,切定山東說。前段十句見古文之可貴,後段八句言振起搜剔則學使者之責也。○《史記·秦始皇紀》:「二十八年,東行郡縣,上鄒嶧山,立石。」〔註246〕《書》:「帝庸作歌。」〔註247〕

審,無俟鄙言。然而學士之出處將自此分,天下後世之觀望學士者,亦自此分矣!竊以為達權救民心,有志匡濟之士,或不須盡守徑徑。獨學士之自處,不可出者有三,而當世之不必學士之出者有二。試言之,而學士垂聽之。

學士以弱冠未娶之年,蒙昔日天子殊遇,舉科名第一人,其不可者一也;後不數歲,而仕至宮詹學士,身列大臣,其不可者二也;清修重德,不肯隨時俯仰,為海內賢士大夫領袖,人生富貴榮華,不過舉第一人,官學士足矣,學士少年已為之,今即再出,能過乎?柰何以轉眼浮雲,喪我故吾?其不可者三也。昔狄梁公仕周,耶律楚材仕元,其一時君相皆推心腹,而聽信之。然後堅忍委蛇,僅能建豎,兩人心跡亦良苦矣。今不識當路之待學士果遂如兩人否,其不必者一也;即使果如兩人矣,而一時附風雲,輔日月何患無人?學士,前代之遺老也,譬有東鄰之寡,見西家財業浩大,孤弱顛連,自負能為之綜理,願入其室而一試焉,其後子仰母慈,奴婢秉主威,果如所操,信則西家之健婦也,顧其若東鄰何?其不必者二也。

凡此三不可,二不必,亦甚平常,了然易見,然時一念之,逢蒙、梅福不過如此。不然,則怨猿鶴而負松桂,北山咫尺耳。學士,天下之哲人也,豈不爭此一間耶?十年以還,海內典刑淪沒殆盡,萬代瞻仰,僅有學士。而昔時交遊能稍稍開口者,亦準域尚在。故再四踟躕,卒不敢以不言。萬一有持達節之說,陳於左右者,願學士審其出處之義,各有不同,堅塞兩耳,幸甚。域經患難後,乃知昔日論著,都無所解。今頗學為古文並近日詩歌,澄江返棹後,當圖尊酒,一細論之。

賈開宗於此《書》之後,有批語云:「余見學士復侯子書,尤慷慨自矢,云必不負良友。其後當事敦迫,卒堅臥不出,斯人斯文,並足千古矣。靜子。」侯朝宗《四憶堂詩集》卷六《寄吳詹事》云:「少年學士今白首,珍重侯嬴贈一言。」練貞吉注:「當事者薦之,公與侯子書,陳己之志,誓死不出。」又《梅村家藏稿》卷十六《懷古兼弔侯朝宗》云:「死生總負侯嬴諾,欲滴椒漿淚滿樽。」自注:「朝宗,歸德人,貽書約終隱不出。余為世所逼,有負夙諾,故及之。」

〔註246〕卷六。

〔註247〕《益稷》。

《晉書・涼武昭王暠傳・贊》:「克昌來裔。」〔註 248〕《史記・李斯傳》:「楚上蔡人也。」〔註 249〕《一統志》:「無字碑在泰山頂秦觀峰,秦丞相李斯所篆。」《秦始皇紀》:「於是遣徐市發童男女數千人入海求仙人。」《一統志》:「無字碑在泰山頂,始皇所建,今曰石表碑。」《莊子》:「孔子謂老聃曰:『丘治《詩》、《書》、《禮》、《樂》、《易》、《春秋》六經。』」〔註 250〕《一統志》:「倉頡臺在青州府壽光縣東北。」《書斷》:「古文者,黃帝史倉頡所造也。」杜有《詠懷古蹟五首》。子瞻《韓文公廟碑》:「文起八代之衰。」凋敝,見《贈家侍御》。韓詩:「爾雅注蟲魚。」〔註 251〕《晉書・阮籍傳》:「無所改竄,辭甚清壯。」〔註 252〕《淮南子》:「日出於暘谷,浴於咸池,拂於扶桑。」〔註 253〕《世說》:「桓大司馬云:『諸仁祖企腳在北牖下彈琵琶,又自有天際真人想。』」〔註 254〕王文考《魯靈光殿賦》:「蓋景帝程姬之子恭王餘之所立也。」《一統志》:「殿在曲阜縣東二里。」《大戴禮》:「武王召尚父問曰:『黃帝、顓頊之道存乎?』尚父曰:『在丹書。』」〔註 255〕《魏書・高祖紀》:「自今圖讖秘緯及名為《孔子閉房記者》,一皆焚之。」〔註 256〕兵火,見《過南廂園叟》。《後漢書・竇憲傳》:「非復搜揚仄陋,選舉而登也。」〔註 257〕又,《鍾離意傳》:「字子阿,會稽山陰人也。」〔註 258〕「顯宗時,為魯相,出私錢萬三千文修夫子車身,入廟拭几席劍履。」〔註 259〕

顧寧人《日知錄》:「嶽頂無字碑,世傳為秦始皇立。按:秦碑在玉女池上,李斯篆書,高不過五尺,而銘文並二世詔書咸具,不當又立此大碑也。考之宋以前亦無此說,因取《史記》反覆讀之,知為漢武帝所立也。《史記・秦始皇紀》:『上泰山,立石封祠,祀其下。云:刻所立石。』是秦石有文字之證,今李斯碑是也。《封禪書》云:『東上泰山,泰山之草木葉未生,乃令人上石,立之泰山巔上。遂東巡海上。四月,還至奉高。』上泰山封而不言刻石,是漢石無文字之證,今碑是也。《續漢書・祭祀志》亦云:『上東上泰山,乃上石,立之泰山巔。』然

〔註 248〕卷八十七。
〔註 249〕卷八十七。
〔註 250〕《天運》。
〔註 251〕《讀皇甫湜公安園池詩書其後二首》其一。
〔註 252〕卷四十九。
〔註 253〕《天文訓》。
〔註 254〕《容止》。
〔註 255〕《武王踐阼第五十九》。
〔註 256〕卷七上。
〔註 257〕卷二十三。
〔註 258〕卷七十一。
〔註 259〕李賢《注》引《意別傳》。

則此無字碑明為漢武帝所立，而後之不讀史者誤以為秦耳。」〔註260〕 按：《始皇紀》、《封禪書》俱不載東巡作歌，或即指刻所立石之詞〔註261〕耳。足供神仙配言始皇求仙人羨門之屬本屬不經，而東巡刻石詞復誇誕，其事相類也。然何以有無字之碑，得毋因焚燒詩書百家語而欲以此謝過乎？夫自焚書以後，斯文之阨極矣，是以倉頡之臺過者多泣也。自「君今懷古蹟」以下是欲愚山振興文教之意。

其二

魯儒好逢掖，傴僂循牆恭。長劍忽拄頤，掉舌談天雄。諸侯走書幣，擁彗梧丘宮。孟嘗一公子，珠履傾關東。後來北海相，坐上猶遺風。君愁吳越士，名在甘陵中。無使稷下徒，車馬矜雍容。華士苟不戮，橫議將安窮。古道誠可作，千里尊龜蒙。此就士習言之，亦切定山東說。前段十句言魯本守禮之國，而亦有好辨之風。後段八句言去漓還淳則學使者之責也。《明史·方從哲傳》：「齊、楚、浙三黨鼎立，務搏擊清流。齊人亓詩教，從哲門生，勢尤張。」〔註262〕又，《張至發傳》：「齊、楚、浙三黨方熾。至發，齊黨也。」〔註263〕程迓亭曰：「此詩為亓詩教、張至發輩而言，所以過激。」按：愚山提學時，距詩教等已遠，故用「遺風」字耳。○《莊子》：「舉魯國而儒服。」〔註264〕《家語》：「冠章甫之冠，衣縫掖之衣。」〔註265〕 《左傳·昭七年》：「宋正考父佐戴武宣，三命滋益恭。其鼎銘云：『一命而僂，再命而傴，〔註266〕循牆而走，亦莫予敢侮。』」 宋玉《大言賦》：「長劍耿耿倚天外。」《戰國策》：「齊嬰兒謠曰：『大冠若箕，修劍拄頤。』」 《史記·淮陰侯傳》：「伏軾掉三寸舌。」〔註267〕《史記》：「齊有三騶子〔註268〕。齊人頌曰談天衍、雕龍奭。」〔註269〕 《五代史·唐莊宗紀》：「乃下意為書幣。」〔註270〕 《史記·孟子荀卿傳》：「騶子重於齊。如燕，昭王〔註271〕擁彗先驅，築碣石宮，身親往

〔註260〕卷三十一。
〔註261〕「詞」，讀秀本作墨丁。
〔註262〕卷二百十八。
〔註263〕卷二百五十三。
〔註264〕《田子方》。
〔註265〕《禮記·儒行篇》。
〔註266〕按：《左傳》此處原有「三命而俯」。
〔註267〕卷九十二。
〔註268〕「子」，乙本誤作「了」。
〔註269〕卷七十四《孟子荀卿列傳》。
〔註270〕卷四。
〔註271〕「王」，乙本誤作「工」。

師之。其遊諸侯見尊禮如此。」《爾雅》:「當塗梧丘。」《一統志》:「梧臺在青州府臨淄縣西北，即古梧宮之臺。」《史記・孟嘗君傳》:「名文，姓田氏。文之父曰田嬰。田嬰者，齊威王少子而齊宣王庶弟也。」〔註272〕上客躡珠履，借用春申君事。劉文房詩:「走馬向關東。」〔註273〕《後漢書・孔融傳》:「三府同舉融為北海相。常歎曰:『座上客常滿，尊中酒不空，吾無憂矣。』」〔註274〕遺風，見《讀鄭世子傳》。《戰國策》:「俗闒者民易，則是吳越無秀民也。」《後漢書・黨錮傳》:「初，桓帝為蠡吾侯，受學於甘陵周福。及帝即位，擢福為尚書，時同郡河南尹房植有名當朝，鄉人為之謠曰:『天下規矩房伯武，因師獲印周仲進。』由是甘陵有南北部，黨人之議自此始矣。」〔註275〕《一統志》:「甘陵故城在東昌府清平縣南。」《史記・田敬仲完世家》:「齊稷下學士復盛，且數百千人。」〔註276〕《一統志》:「稷下在臨淄縣北古齊城西。」《史記・司馬相如傳》:「從車騎，雍容閒雅甚都。」〔註277〕《新論》:「齊之華士，而太公誅之。」〔註278〕《禮》:「死者如可作也，吾誰與歸？」〔註279〕《詩》:「奄有龜蒙。」〔註280〕《一統志》:「龜山在今沂州府費縣西北七十里，蒙山在龜山東。」

其三

伊昔嘉隆時，文章尚丹雘。矯矯濟南生，突過黃初作。百年少知己，褒譏互參錯。風習使之然，詩書徇然諾。淒涼白雲署，前賢遂寥廓。君初領法曹，追蹤好棲託。此行過歷下，高風緬如昨。太白遊山東，後來訪廬霍。獨愛宣州城，江山足吟謔。讀君官舍詩，鄉心戀巖壑。目斷敬亭雲，口銜竹溪酌。借問謫仙人，何如謝康樂。此就詩學言之，亦切定山東說。分三段。前段十句，言于鱗由郎署起而詩自可傳；中段四句，言愚山亦曾官郎署，正可與古為徒；後段十句，由山東而及宛陵，是詩中餘波。○嘉靖，明世宗年號。隆慶，穆宗年號。《書》:「惟其塗丹雘。」〔註281〕矯矯，見《送何省齋》。《明史・

〔註272〕卷七十五。
〔註273〕按：非劉長卿詩，出盧照鄰《結客少年場行》。
〔註274〕卷一百。
〔註275〕卷九十七。
〔註276〕卷四十六。
〔註277〕卷一百一十七。
〔註278〕《劉子・遇不遇第二十四》。
〔註279〕《禮記・檀弓下》。
〔註280〕《魯頌・閟宮》。
〔註281〕《梓材》。

地理志》:「濟南府歷城倚。」〔註282〕又,《文苑傳》:「李攀龍,字于鱗,歷城人。攀龍之始官刑曹也,倡詩社。王世貞初釋褐,遂與攀龍定交。其持論謂文自西京,詩自天寶而下,舉無足觀。攀龍才思勁鷙,名最高,獨心重世貞,天下亦並稱王李。又與李夢陽、何景明並稱李何王李。其為詩,務以聲調勝,所擬樂府,或更古數字為己作,文則聱牙戟口,讀者至不能終篇。好之者推為一代宗匠,亦多受世抉摘云。」〔註283〕 杜詩:「突過黃初詩。」〔註284〕按:黃初,魏文帝年號。《史記·十二諸侯年表》:「為有所刺譏褒諱挹損之文辭不可以書見也。」〔註285〕《易》:「參伍以變,錯綜其數。」〔註286〕 然諾,見《哭志衍》。 葉廷珪《海錄碎〔註287〕事》:「黃帝以雲紀官。秋官為白雲。孫逖《授裴敦復刑部尚書制》云:『俾踐白雲之司。』」〔註288〕《客燕雜記》:「嘉靖間,李攀龍、王世貞、徐中行輩俱官西曹,相聚論詩,建白雲樓於四川司中。」寥廓,見《哭志衍》。《後漢書·百官志》:「法曹主郵驛科程事。」〔註289〕《一統志》:「閏章官刑曹,讞決明敏。」 杜詩:「追蹤話渺茫。」〔註290〕高達夫詩:「異縣久棲託。」〔註291〕 《一統志》:「歷城縣,戰國齊歷下邑。」 高風,見《讀鄭世子傳》。《一統志》:「太白酒樓在濟寧州南城上。」杜詩:「昔我遊山東。」〔註292〕 李詩:「夤緣泛湖海,偃蹇陟廬霍。」〔註293〕《杜詩詳注》:「廬山在九江,霍山在衡陽。」〔註294〕《一統志》:「李白書堂在星子縣北廬山南麓青玉峽西一里。白天寶末嘗往來宣城、南陵間,有『我家敬亭下』之句。」《世說》:「庾太尉與諸人詠謔竟日。」〔註295〕

〔註282〕卷四十一。

〔註283〕卷二百八十七。

〔註284〕《蘇大侍御訪江浦賦八韻記異》。

〔註285〕卷一十四。

〔註286〕《繫辭上》。

〔註287〕「碎」,乙本誤作「醉」。

〔註288〕卷十一上《白雲司》。

〔註289〕卷三十四。

〔註290〕《送許八拾遺歸江寧覲省甫昔時嘗客遊此縣於許生處乞瓦棺寺維摩圖樣志諸篇末》:「追蹤恨淼茫。」

〔註291〕《和崔二少府登楚丘城作》。

〔註292〕《又上後園山腳》。

〔註293〕《題嵩山逸人元丹丘山居》。按:謝靈運《初發石首城詩》:「遊當羅浮行,息必廬霍期。」江淹《雜體詩三十首》其二十三《謝臨川靈運遊山》:「平明登雲峰,杳與廬霍絕。」

〔註294〕卷二十《昔遊》「有興入廬霍」注,稱「希曰」。原出(宋)黃希《補注杜詩》卷五。

〔註295〕《容止》。

《史記・陳豨傳》:「邯鄲官舍皆滿。」〔註296〕　鄉心，見《送何省齋》。謝靈運詩：「巖壑寓耳目。」〔註297〕　宋延清詩:「目斷南浦雲。」〔註298〕《六臣文選注》:「敬亭山,宣城縣北十里。」〔註299〕■■■■■■■■李詩:「 廳落敬亭雲〔註300〕。」〔註301〕　李詩:「口銜雲錦字。」〔註302〕《唐書・李白傳》:「少與魯中諸生張叔明等隱於徂徠山，號竹溪六逸。」〔註303〕　曹景宗詩:「借問路旁人，何如霍去病。」〔註304〕杜《贈李》詩:「號爾謫仙人。」〔註305〕《宋書・謝靈運傳》:「襲封康樂公，世共宗之，咸稱謝康樂也。」〔註306〕

按:《艮齋雜說》:「施愚山視學濟南，拜李滄溟墓下，重為立石。」而梅村此詩亦以濟南生為重，想見李、施曠世相感處。　潘次耕《白雪樓》詩:「百尺高眠四海空，滄溟文坫夙稱雄。生憑婁水塤篪應，死耐虞山玉石攻。盛世才華容傲睨，達人官爵謝牢籠。清嚴標格依稀在，華鵲蒼寒落水中。」

礬清湖並序

礬清湖者，西連陳湖，南接陳墓，其先褚氏之所居也。礬清者，土人以水清疑其下有礬石，故名。或曰范蠡去越，取道於此。湖名范遷，以音近而訛。世遠莫得而攷也。《大清一統志》:「陳湖在長洲縣東南。」《蘇州府志》:「陳墓在長洲縣上二十都，去縣東南五十五里。宋光宗妃陳氏葬此，因名。」《山海經注》:「涅石，礬石也。」《史記・句踐世家・贊》:「范蠡三遷皆有令名。」〔註307〕太湖居吾郡之北〔註308〕，有大山衝擊，風濤湍悍，而陳湖諸水渟泓演迤，居人狎而安焉。煙村水市，若鳧雁之著波面，千百於其中。

〔註296〕附卷九十三《韓信盧綰列傳》。
〔註297〕《酬從弟惠連詩》其一。
〔註298〕宋之問《送趙六貞固》。
〔註299〕卷二十七謝玄暉《敬亭山》題下注。
〔註300〕「■■■■■■■■李詩：廳落敬亭雲」，天圖本作「唐無名氏詩：謝安團扇上，為畫敬亭雲」。
〔註301〕《過崔八丈水亭》。
〔註302〕《以詩代書荅元丹丘》。
〔註303〕《舊唐書》卷一百九十下《文苑列傳下》。
〔註304〕《光華殿侍宴賦競病韻詩》。
〔註305〕《寄李十二白二十韻》。
〔註306〕卷六十七。
〔註307〕卷四十一。
〔註308〕「北」，四庫本《梅村集》作「西」。

土沃以厚，畝收二鍾，有魚蝦菱芡之利，資船以出入，科徭視他境差緩，故其民日以饒，不為盜。吾宗之繇倩、青房、公益兄弟居於此四世矣。《明史．地理志》：「蘇州府太湖縱廣三百八十三里，週三萬六千頃，跨蘇、常、嘉、湖四府之境，亦曰具區，亦曰五湖。」〔註 309〕按：太倉州，明領於蘇，故云「吾郡」也。薩天錫詩：「逆湍沖激若承〔註 310〕天。」《唐書．陸元方傳》：「風濤驚壯。」〔註 311〕《史記．河渠書》：「禹以為河所從來者高，水湍悍。」〔註 312〕 柳子厚《萬石亭記》：「洄為清池，寥廓泓渟。」退之《藍田丞廳記》：「泓涵演迤。」 白詩：「水市通闤闠，煙村混舳艫。」〔註 313〕 《詩》：「弋鳧與雁。」〔註 314〕朱子詩：「藕葉蓋波面。」〔註 315〕 《國語》：「沃土之民不材。」《史記．河渠書》：「畝皆收一鍾。」 韓詩：「魚蝦日異飯。」〔註 316〕《漢書．龔遂傳》：「益畜果窴菱芡。」〔註 317〕 《宋史．程大昌傳》：「仍免科徭。」〔註 318〕 繇倩、青房、公益蓋三人之字也。**余以乙酉五月聞**〔註 319〕**難，倉皇攜百口投之。中流風雨大作，扁舟掀簸，榜人不辨水門故處，久之始達。主人開門延宿，雞黍酒漿，將迎灑掃。其居前榮後寢，葭蘆掩映，榆柳蕭疏，月出柴門，漁歌四起，杳然不知有人世事矣。**《明史．福王傳》：「大清兵以五月己丑渡江。」〔註 320〕 倉皇、百口，見《避亂》。 韓詩：「颶風有時作，掀簸真差事。」〔註 321〕注：差音詫。 《史記．司馬相如傳》：「榜人歌。」〔註 322〕《後漢書．明帝紀》：「水門故處，皆在河中。」〔註 323〕■〔註 324〕

〔註 309〕卷四十。

〔註 310〕「承」，薩都剌《黯淡灘歌》作「登」。

〔註 311〕《新唐書》卷一百一十六。

〔註 312〕卷二十九。

〔註 313〕《東南行一百韻寄通州元九侍御澧州李十一舍人果州崔二十二使君開州韋大員外庾三十二補闕杜十四拾遺李二十助教員外竇七校書》。

〔註 314〕《鄭風．女曰雞鳴》。

〔註 315〕朱熹《池上示同遊者》。

〔註 316〕《送湖南李正字歸》。

〔註 317〕卷八十九《循吏傳》。

〔註 318〕卷四百三十三《儒林列傳》。

〔註 319〕「聞」，四庫本《梅村集》作「避」。

〔註 320〕卷一百二十。

〔註 321〕《瀧吏》。

〔註 322〕卷一百一十七。

〔註 323〕卷二。

〔註 324〕「後漢書明帝紀水門故處皆在河中■」，稿本、天圖本、讀秀本作「《後漢書．張禹傳》：『禹為開水門，通引灌溉』」。

《詩》:「不可以挹酒漿。」〔註325〕　又:「百兩將之」〔註326〕;「百兩迎之。」〔註327〕韓詩:「前榮饌賓親。」〔註328〕《禮記注》:「榮，屋翼也。」〔註329〕《後漢書·祭祀志》:「以象人之居，前有朝，後有寢也。」〔註330〕　《爾雅》郭注:「葭，蘆葦也。」謝無逸詩:「掩映順雲懸。」〔註331〕陶詩:「榆柳蔭後簷。」〔註332〕杜詩:「瓠葉轉蕭疏。」〔註333〕　柴門、漁歌，見《避亂》。**是時姑蘇送款，兵至不戮一人，消息流傳，緩急互異，湖中煙火晏然。予將卜築買田，耦耕終老。居兩月而陳墓之變作，於是流離轉徙，僅而後免。事定，將踐前約，尋以世故牽挽，流涕登車，疾病顛連，關河阻隔。**《一統志》:「姑蘇山在吳縣西南。」《南史·梁武帝紀》:「殊俗百蠻，重譯獻款。」〔註334〕　《後漢書·祭肜傳》:「野無煙火。」〔註335〕《漢書·惠帝紀》:「天下晏然。」〔註336〕　李詩:「所期俱卜築。」〔註337〕杜詩:「歸山買薄田。」〔註338〕　終老，見《避亂》。《蘇州府志》:「順治二年六月乙卯，王師至蘇州，士民爭迎降，屬縣以次皆下。閏六月癸巳，湖寇突入葑門，一時洶洶。」《詩》:「流離之子。」〔註339〕《唐書·食貨志》:「雖轉徙莫容其姦。」〔註340〕　《公羊傳》:「僅然後得免。」〔註341〕　《左傳·襄十四年》:「或輓之，或推之。」注:「前牽曰輓。」《字典》:「挽輓尨通。」　張子《西銘》:「凡天下疲癃、殘疾、惸獨、鰥寡，皆吾兄弟之顛連而無告者也。」**比三載得歸，而青房過訪草堂，見予髮白齒落，深怪早衰，又以其窮愁煢獨，妻妾相繼下世，因話昔年湖山兵火，奔走提攜，心力枉枯，骨肉安在，太息者久之。**

〔註325〕《小雅·大東》。
〔註326〕《召南·鵲巢》。
〔註327〕不詳。
〔註328〕《示兒》。
〔註329〕《禮記·喪大記》。
〔註330〕卷十九。
〔註331〕謝莊《和元日雪花應詔詩》。
〔註332〕《歸園田居五首》其一。
〔註333〕《除架》。
〔註334〕卷二《武帝本紀中》。
〔註335〕卷五十。
〔註336〕卷三《高后紀》。按：早見《史記》卷九《呂太后本紀》。
〔註337〕《涇溪南藍山下有落星潭可以卜築余泊舟石上寄何判官昌浩》。
〔註338〕《重過何氏五首》其五。
〔註339〕《邶風·旄丘》。
〔註340〕《新唐書》卷五十二。
〔註341〕定八年。

青房亦以毀家紓役，舊業蕩然，水鳥樹林，依稀如故，而居停數椽，斷甒零甓，罔有存者，人世盛衰聚散之故，豈可問耶？撫今追往，詮次為五言長詩，用識吾慨，且以明舊德於不忘也。明遠《蕪城賦》：「白楊早落，寒草先衰。」《史記・聶政傳》：「親既以天年下世。」〔註342〕 子瞻表：「湖山如畫〔註343〕，魚鳥亦怪其衰殘。」兵火，見《遇南廂園叟》。《禮》：「長者與之提攜，則兩手奉長者之手。」〔註344〕 庾詩：「樹古半心枯。」〔註345〕《左傳・莊三十年》：「鬭谷於菟為令尹，自毀其家，以紓楚國之難。」《南史・謝靈運傳》：「修營舊業。」〔註346〕 蕭子範詩：「水鳥銜魚上。」〔註347〕《宋史・丁謂傳》：「居停主人勿復言。」〔註348〕陸務觀詩：「先葺雲門屋數椽。」〔註349〕《晉書・吳逵傳》：「夜燒甒甓。」〔註350〕 陶《飲酒》詩序：「紙墨遂多，詞無詮次。」《易》：「食舊德，貞厲，終吉。」〔註351〕

吾宗老孫子，住在鸎清湖。湖水清且漣，其地皆膏腴。堤栽百株柳，池種千石魚。教僮數鵝鴨，繞屋開芙蕖。有書足以讀，有酒易以沽。終老寡送迎，頭髮可不梳。相傳范少伯，三徙由中吳。一舸從此去，在理或不誣。此段言青房兄弟住鸎清湖以娛老，帶出少伯三徙，為己之避地作影。〇杜詩：「吾宗老孫子。」〔註352〕《詩》：「河水清且漣猗。」〔註353〕《漢書・地理志》：「號稱陸海，為九州膏腴。」〔註354〕《史記・貨殖傳》〔註355〕：「水居千石魚波。」注：「波讀曰陂。」 按：杜詩：「不教鵝鴨惱比鄰。」〔註356〕故子瞻《上梁文》：「已戒兒童，惱比鄰之鵝鴨。」此反用之。 陶詩：「繞屋樹扶疏。」〔註357〕芙蕖，見《遇南廂

〔註342〕卷八十六。
〔註343〕「畫」，蘇軾《杭州謝執政啟》作「舊」。
〔註344〕《禮記・曲禮上》。
〔註345〕庾信《別庾七入蜀詩》。
〔註346〕卷十九。
〔註347〕《東亭極望詩》。
〔註348〕卷二百八十三。
〔註349〕《曾原伯屢勸居城中而僕方欲自梅山入雲門今日病酒偶得長句奉寄》。
〔註350〕卷八十八《孝友列傳》。
〔註351〕《訟》六三。
〔註352〕《吾宗》。
〔註353〕《魏風・伐檀》。
〔註354〕卷二十八上。
〔註355〕按：語見《漢書》卷九十一《貨殖傳》。吳翌鳳《吳梅村詩集箋注》已更正。
〔註356〕《將赴成都草堂途中有作先寄嚴鄭公五首》其二。
〔註357〕《讀山海經十三首》其一。

園叟》「菡萏」注。《詩》：「有酒湑我。」〔註 358〕《晉書・皇甫謐傳》：「吾送迎不出門。」〔註 359〕嵇叔夜《絕交書》：「頭面常一月十五日不洗。」杜詩：「一月不梳頭。」〔註 360〕《列仙傳》：「范蠡，字少伯，徐人也。」按：「三徙」謂浮五湖、適齊、之陶也。《指掌圖》：「以蘇、常、湖為三吳。」而《一統志》云：「蘇州府，秦置會稽郡。」《漢書・項羽傳》：「二世元年，殺會稽假守殷通，起兵吳中。」則中吳乃蘇州也。杜牧之詩：「西子下姑蘇，一舸逐鴟夷。」〔註 361〕《禮》：「疏通知遠而不誣。」〔註 362〕**嗟予遇兵火，百口如飛鳧。避地何所投，扁舟指菰蒲。北風晚正急，煙港生模糊。船小吹雨來，衣薄無朝餔。前村似將近，路轉忽又無。倉皇值漁火，欲問心已孤。**此段言己遭亂而往湖中也。○子建《洛神賦》：「體迅飛鳧。」杜詩：「哀鳴何所投。」〔註 363〕菰蒲，見《塗松晚發》。北風急，見《遇南廂園叟》。程迓亭曰：「煙港，煙雲之港。」白詩：「平明山雪白模糊。」〔註 364〕元詩：「暗風吹雨入寒窗。」〔註 365〕陳唐卿詩：「歲後朝餔定不難。」〔註 366〕前村，見《避亂》。歐陽永叔《醉翁亭記》：「峰迴路轉。」韓詩：「漁火燦星點。」〔註 367〕皮襲美詩：「莫為心孤憶舊溪。」〔註 368〕**俄見葭菼邊，主人出門呼。開柵引我船，掃室容我徒。我家兩衰親，上奉高堂姑。艱難總頭白，動止需人扶。妻妾病伶仃**〔註 369〕**，嘔吐當中途。長女僅九齡，餘泣猶呱呱。入君所居室，燈火映窗疏。寬閒分數寢，嬉笑喧諸雛。**此段言青房兄弟留住湖中之事。○《詩》：「葭菼孑孑。」〔註 370〕按：「開柵」二句用《彭衙行》「煖湯濯我足，剪紙招我魂」句法。陶九成詩：「閒開籠鶴柵。」〔註 371〕《後漢書・陳蕃傳》：「當掃除天下，安事一室？」〔註 372〕《詩》：「我徒我

〔註 358〕《小雅・伐木》。
〔註 359〕卷五十一。
〔註 360〕《屏跡三首》其二。
〔註 361〕《杜秋娘詩》。
〔註 362〕《禮記・經解》。
〔註 363〕《同諸公登慈恩寺塔》。
〔註 364〕《雪中即事答微之》。
〔註 365〕《聞樂天授江州司馬》。
〔註 366〕陳造《定海甲寅口號七首》其三。
〔註 367〕《陪杜侍御遊湘西兩寺獨宿有題一首因獻楊常侍》。
〔註 368〕《奉和魯望白鷗詩》。
〔註 369〕「仃」，四庫本《梅村集》作「丁」。
〔註 370〕《衛風・碩人》。
〔註 371〕陶宗儀《南村後雜賦十首》其三。
〔註 372〕卷九十六。

御。」〔註373〕　高堂，見《送何省齋》。按：「高堂姑」謂湯淑人也。詳《遣悶》。　《南史・王弘傳》：「凡動止施為。」〔註374〕杜詩：「此生已愧須人扶。」〔註375〕　李令伯《陳情表》：「伶仃孤苦。」　杜詩：「嘔泄臥數日。」〔註376〕潘安仁《西征賦》：「悵攬轡於中途。」　陶詩：「通子垂九齡。」〔註377〕　《書》：「啟呱呱而泣。」〔註378〕　庾子山《明月山銘》：「葉落窗疏。」　退之《答崔斯立書》：「耕於寬閒之野。」《周禮・夏官》：「僕隸掌五寢掃除糞灑之事。」　《北史・蕭寶夤傳》：「未嘗嬉笑。」〔註379〕杜詩：「眾雛爛熳睡。」〔註380〕**縛帚東西廂，行李安從奴。前窗張罣網，後壁掛耒鋤。苦辭村地僻，客舍無精粗。剪韭烹伏雌，斫鱠炊彫胡。床頭出濁醪，人倦消幾壺。睡起日已高，曉色開煙蕪。**此段言安頓行李，事事周詳，見青房兄弟用意之厚。○王子淵《僮約》：「居當穿臼，縛帚裁盂。」《雲仙雜記》：「王維使兩僮專掌縛帚。」曹孟德《樂府》：「東西廂，各〔註381〕滿堂。」　《左傳・僖三十年》：「行李之往來。」《史記・灌夫傳》：「獨二人及從奴十餘騎馳入吳軍。」〔註382〕　鮑詩：「渺渺蠨絓網。」〔註383〕按：罣當作罜，詳補注。　杜詩：「苦辭酒味薄。」〔註384〕地僻，見《西田》詩。《史記・商君傳》：「欲舍客舍。」〔註385〕《莊子》：「精麤者，期於有形者也。」〔註386〕剪韭，見《遇南廂園叟》。《風俗通》：「琴歌：百里奚，五羊皮。憶別時，烹伏雌。」　《春渚紀聞》：「吳興郡人會集，必斫鱠為勤，其操刀者名鱠匠。」〔註387〕司馬長卿《子虛賦》：「東蘠彫胡。」張楫曰：「彫胡，菰米也。」　鮑詩：「床頭恒有沽酒錢。」〔註388〕左太沖《魏都賦》：「清酤如濟，濁醪如河。」　宋子虛詩：「擊楫人人倦。」〔註389〕　程子

〔註373〕《小雅・黍苗》。
〔註374〕卷二十一。按：早見《宋書》卷四十二《王弘傳》。
〔註375〕《暮秋枉裴道州手札率爾遣興寄近呈蘇渙侍御》。
〔註376〕《北征》。
〔註377〕《責子》。
〔註378〕《益稷》。
〔註379〕卷二十九。按：《魏書》卷五十九《蕭寶夤傳》。
〔註380〕《彭衙行》。
〔註381〕「各」，曹操《氣出唱》作「客」。
〔註382〕附卷一百七《魏其武安侯列傳》。
〔註383〕鮑照《幽蘭五首》其四：「眇眇蛸掛網。」
〔註384〕《羌村》其三。
〔註385〕卷六十八。
〔註386〕《秋水》。
〔註387〕卷四《夢鱠》。
〔註388〕《擬行路難十八首》其五。
〔註389〕宋無《甘露寺放舶至瓜洲風作》。

詩：「睡起東窗日已紅。」〔註 390〕　竇丹列詩：「碧樹分曉色。」〔註 391〕權載之詩：「煙蕪斂暝色。」〔註 392〕**漁灣一兩家，點染江村圖。沙嘴何人舟，消息傳姑蘇。或云江州下，不比揚州屠。早晚安集掾，鞍馬來南都。或云移民房，插箭下嚴符。囊橐歸他人，婦女充軍俘。里老獨晏然，催辦今年租。饁耕看賽社，醵飲聽呼盧。軍馬總不來，里巷相為娛。**此段言湖中傳聞異詞，而煙火晏然也。〇戴幼公詩：「水繞漁磯綠玉灣。」〔註 393〕《顏氏家訓》：「隨宜點綴，即成數人。」〔註 394〕謝玄暉詩：「曖曖江村見。」〔註 395〕程迓亭曰：「高房山有《江村放鴨圖》。」　李有中詩：「魚行細浪分沙觜。」〔註 396〕《晉書．地理志》：「元康元年，因江水之名而置江州。」按：《晉書》之江州在江西、湖北境內，此詩蓋指吳江縣而舉吳江以例蘇州也。《一統志》：「吳江縣元屬平江路。元貞元年，升吳江州。明洪武初，仍降為縣，屬蘇州。」《吳江縣志》：「順治二年五月二十日後，傳大兵渡江南下，蘇州巡撫霍達及各屬官皆逸去，吳江知縣林嵋亦去。六月初九日，貝勒王統兵入浙過溪，溪之耆老攜茶盒迎饋，貝勒王受之。八月，鄉人每一村立大旗於樹上，云剃髮順民，兵始封刀不殺人。」　揚州，見《閬州行》。《後漢書．陳俊傳》：「光武以為安集掾。」〔註 397〕　鞍馬，見《哭志衍》。張道濟詩：「漢武幸南都。」〔註 398〕　胡天遊詩：「掛弓插箭出門去。」〔註 399〕《唐書．田悅傳》：「輒下符。」〔註 400〕　蔡文姬詩：「馬後載婦女。」〔註 401〕《說文》：「俘，軍所獲。」　《明史．食貨志》：「里設老人，選年高為眾所服者。」〔註 402〕　催租，見《避亂》。《詩》：「饁彼南畝。」〔註 403〕韓聯句詩：「賽饌木盤簇。」〔註 404〕　《史記．貨殖傳》：「歲時無以祭祀進醵，飲食。」〔註 405〕

〔註 390〕程顥《秋日》。
〔註 391〕竇群《奉酬西川武相公晨興贈友見示之作》。
〔註 392〕權德輿《奉陪李大夫九日龍沙宴會》。
〔註 393〕戴叔倫《過故人陳羽山居》。
〔註 394〕《雜藝篇第十九》。
〔註 395〕謝朓《高齋視事詩》。
〔註 396〕李中《送廬阜僧歸山陽》。
〔註 397〕卷四十八。
〔註 398〕張說《奉和聖製爰因巡省途次舊居應制》。
〔註 399〕《送李德仁任祁陽和平巡檢》。
〔註 400〕《新唐書》卷二百一十《藩鎮魏博傳》。
〔註 401〕《悲憤詩二章》其一。
〔註 402〕卷七十七。
〔註 403〕《豳風．七月》。
〔註 404〕《城南聯句》。
〔註 405〕卷一百二十九。

呼盧，見《哭志衍》。《漢書・五行志》:「聚會里巷。」〔註406〕又,《張禹傳》:「與弟子相娛。」〔註407〕**而我遊其間，坦腹行徐徐。見人盡恭敬，不識誰賢愚。魚蝦盈小市，鳧雁充中廚。月出浮溪光，萬象疑沾濡。放楫淩滄浪，笑弄驪龍珠。夷猶發浩唱，禮法胡能拘。東南雖板蕩，此地其黃虞。**此段言己寓湖中之樂。○按:「坦腹」字出《晉書・王羲之傳》。〔註408〕杜詩:「坦腹江村〔註409〕暖。」 儲光羲詩:「見人乃恭敬，曾不問賢愚。」〔註410〕《周禮》:「大市以質，小市以劑。」 中廚，見《哭志衍》。 溪光，見《讀西臺記》。孫興公《遊天台山賦》:「渾萬象以冥觀。」《漢書・揚雄傳》:「普天所覆，莫不沾濡。」〔註411〕《易》:「刳木為楫。」〔註412〕《魏書》:「張淵《觀象賦》:『又似浮海而覩滄浪。』」〔註413〕《莊子》:「千金之珠必在九重之淵，驪龍頷下。」〔註414〕《楚辭》:「君不行兮夷猶。」〔註415〕沈休文《郊居賦》:「悅臨風以浩唱。」 禮法，見《哭志衍》。《詩》:「上帝板板。」〔註416〕又:「蕩蕩上帝。」〔註417〕 黃虞，見《贈吳雪航》。**世事有反覆，變亂興須臾。草草十數人，盟歃起里閭。兔園一老生，自詭讀穰苴。漁翁爭坐席，有力為專諸。舴艋飾於皇，**於，應作餘。〔註418〕**蓑笠裝犀渠。大笑擲釣竿，赤手搏於菟。欲奪夫差宮，坐擁專城居。**此段言陳墓之變。○《史記・陸賈傳》:「如反覆手耳。」〔註419〕李詩:「天地有反覆。」〔註420〕《書》:「乃變亂先王之正刑。」〔註421〕杜詩:「反覆乃須臾。」〔註422〕 草草，見《避亂》。《漢書・陳平傳》:「始與高

〔註406〕卷二十七上。
〔註407〕卷八十一。
〔註408〕按：早見《世說新語・雅量》。
〔註409〕「村」，杜甫《江亭》作「亭」。
〔註410〕《同王十三維偶然作十首》其四。
〔註411〕卷八十七上。
〔註412〕《繫辭下》。
〔註413〕卷九十一《術藝列傳》。
〔註414〕《列禦寇》。
〔註415〕《九歌・湘君》。
〔註416〕《大雅・板》。
〔註417〕《大雅・蕩》。
〔註418〕按：四庫本《梅村集》正作「余」。
〔註419〕卷九十七。
〔註420〕《金陵白楊十字巷》。
〔註421〕《無逸》。
〔註422〕《草堂》。

帝唼血而盟。」〔註423〕《字典》:「歃通作唼。」左太沖《魏都賦》:「班之以里閭。」《五代史・劉岳傳》:「《兔園冊》者，鄉校俚儒教田夫牧子之所誦也。」〔註424〕《三國志・管輅傳》:「夫老生者見不生。」〔註425〕《史記・司馬穰苴傳》:「司馬穰苴者，田完之苗裔也。齊威王使大夫追論古者司馬兵法而附穰苴於其中。」〔註426〕漁翁，詳《題代笠》。■《莊子》:「舍者與之爭席矣。」〔註427〕專諸，見《讀史雜詩》。陸務觀詩:「且浮舴艋寄煙村。」〔註428〕《左傳・昭十七年》:「吳伐楚，大敗吳師，獲其乘舟餘皇。」注:「舟名。」《詩》:「何簑何笠。」〔註429〕犀渠，見《哭志衍》。魏文帝詩:「釣竿何珊珊。」〔註430〕《左傳・宣四年》:「楚人謂乳穀，謂虎於菟。」蘇詩:「赤手降於菟。」〔註431〕按:夫差，闔閭子。《一統志》:「吳宮在長洲縣東。」《古詩》:「四十專城居。」〔註432〕**予又出子門，十步九崎嶇。脫身白刃間，性命輕錙銖。我去子亦行，後各還其廬。官軍雖屢到，尚未成丘墟。生涯免溝壑，身計謀樵漁。買得百畝田，從子學長沮。**此言己與青房兄弟前後避陳墓之亂，亂後言歸而欲依青房兄弟終老湖中也。○袁景文詩:「十步九倒何由立。」〔註433〕《司馬相如傳》:「崎嶇而不安。」〔註434〕脫身，見《又詠古》。《禮》:「雖分國如錙銖。」〔註435〕官軍，見《避亂》。丘墟，見《遇南廂園叟》。生涯，見《塗松晚發》。《南史・蕭引傳》:「族子諫曰:『亦宜少為身計。』」〔註436〕孟詩:「林壑罷樵漁。」〔註437〕《漢書・張禹傳》:「多買田，至四百頃。」〔註438〕**天意不我從，世網將人驅。親朋盡追送，涕泣登征車。吾生罹干戈，猶與骨肉俱。一官受逼迫，萬事堪欷歔。倦策既歸來，入室翻次且。念我**

〔註423〕卷四十。
〔註424〕《新五代史》卷五十五。
〔註425〕卷二十九《方技傳》。
〔註426〕卷六十四。
〔註427〕《寓言》。
〔註428〕《村居》。
〔註429〕《小雅・無羊》。
〔註430〕《釣竿行》。
〔註431〕《送范純粹守慶州》。
〔註432〕《陌上桑》。
〔註433〕袁凱《夜經胥浦鄉時新被寇》。
〔註434〕卷一百一十七。
〔註435〕《禮記・儒行》。
〔註436〕卷十八。
〔註437〕孟浩然《尋白鶴巖張子容隱居》。
〔註438〕卷八十一。

平生人，慘澹留羅襦。此段言復奉徵召及悼亡南歸之事。○張道濟詩：「天意與人期。」〔註 439〕《詩》：「亦不汝從。」〔註 440〕　世網，見《送何省齋》。　杜詩：「親朋盡一哭。」〔註 441〕《晉書・陶侃傳》：「追送百餘里。」〔註 442〕　《詩》：「泣涕如雨。」〔註 443〕王仲初詩：「落日動征車。」〔註 444〕　《莊子》：「吾生也有涯。」〔註 445〕　蔡文姬詩：「或有骨肉俱。」〔註 446〕　一官，見《送何省齋》。《古詩》：「同是被逼迫。」〔註 447〕　《韓詩外傳》：「雍門周鼓琴，孟嘗欷歔就之。」《楚辭》：「歸來歸來。」〔註 448〕　潘安仁詩：「入室想所歷。」〔註 449〕《易》：「其行次且。」〔註 450〕　陶詩：「念我意中人。」〔註 451〕　杜詩：「慘淡苦士志。」〔註 452〕劉孝綽詩：「客子夢羅襦。」〔註 453〕**秋雨君叩門，一見驚清臞。我苦不必言，但坐觀髭鬚。歲月曾幾何，筋力遠不如。遭亂若此衰，豈得勝奔趨。十年顧妻子，心力都成虛。分離有定分，久暫理不殊。翻笑危急時，奔走徒區區。**此段言青房來訪而話及妻妾下世，感舊三歎也。○杜詩：「秋雨欲生魚。」〔註 454〕　蘇詩：「方瞳照野清而臞。」〔註 455〕　《古詩・陌上桑》：「但坐觀羅敷。」又：「下擔捋髭鬚。」　子瞻《後赤壁賦》：「曾日月之幾何。」　筋力，見《送何省齋》。　昌黎碑銘：「呌噪奔趨。」〔註 456〕　顧妻子，見《閬州行》。《書》：「爾尚一乃心力。」〔註 457〕李詩：「英僚惜分離。」〔註 458〕　杜詩：「遠近

〔註 439〕張說《奉和聖製花萼樓下宴應制》：「皇恩與時合，天意若人期。」
〔註 440〕《召南・行露》。
〔註 441〕《送遠》。
〔註 442〕卷六十六。
〔註 443〕《邶風・燕燕》。
〔註 444〕王建《送韋處士老舅》。
〔註 445〕《養生主》。
〔註 446〕《悲憤詩二章》其一。
〔註 447〕《孔雀東南飛》。
〔註 448〕《招魂》。
〔註 449〕《悼亡詩三首》其一。
〔註 450〕《姤》九三。
〔註 451〕陶潛《示周續之祖企謝景夷三郎》。
〔註 452〕《送從弟亞赴安西判官》。
〔註 453〕《還渡浙江詩》。
〔註 454〕《得家書》。
〔註 455〕《送喬仝寄賀君六首》其一。
〔註 456〕《魏博節度觀察使沂國公先廟碑銘》。
〔註 457〕《大禹謨》。
〔註 458〕《宣城送劉副使入秦》。

理亦齊。」〔註459〕　諸葛孔明《後出師表》:「此誠危急存亡之秋也。」〔註460〕區區，見《又詠古》。**君時聽我語，顏色慘不舒。亂世畏盛名，薄俗容小儒。生來遠朝市，謂足逃沮洳。長官誅求急，姓氏屬里胥。夜半聞叩門，瓶盎少所儲。豈不惜堂構，其奈愁徵輸。庭樹好追涼，剪伐存枯株。池荷久不開，歲久填泥淤。廢宅鋤為田，薺麥生階除。當時棲息地，零落今無餘。**此段青房自述其毀〔註461〕家紓役之苦。○白詩:「新人新人聽我語。」〔註462〕　杜詩:「徒侶〔註463〕慘不悅。」　《後漢書・黃瓊傳》:「盛名之下，其寔難副。」〔註464〕　《漢書・元帝紀》:「民漸薄俗，去禮義。」〔註465〕小儒，見《哭志衍》。《隋書・盧思道傳》:「籠絆朝市，且三十載。」〔註466〕　沮洳，見《塗松晚發》。　杜詩:「頗遭長官罵。」〔註467〕誅求，見《遇南廂園叟》。《國語》:「命姓受氏。」《周禮・地官》:「閭胥各掌其閭之征令。」《歸去來辭序》:「缾無儲粟。」　《書》:「厥子乃弗肯堂，矧肯構？」〔註468〕　黃魯直詩:「駆儈誰〔註469〕徵輸。」　杜甫:「憶昔好追涼，故繞池邊樹。」〔註470〕　《詩》:「勿翦勿伐。」〔註471〕蘇詩:「兀坐如枯株。」〔註472〕　謝玄暉詩:「風碎池中荷。」〔註473〕　《宋史・河渠志》:「五丈河泥淤，不利行舟。」〔註474〕　《古詩》:「古墓犁為田。」〔註475〕　《白虎通》:「閶闔風至生薺麥。」階除，見《贈蒼雪》。　何仲言詩:「棲息同蝸〔註476〕舍。」〔註477〕　零落，見《避亂》其六。《詩》:「今

〔註459〕《無家別》。
〔註460〕按：出《前出師表》。
〔註461〕「毀」，讀秀本作墨丁。
〔註462〕《新樂府・母別子》。
〔註463〕「侶」，《鐵堂峽》作「旅」。
〔註464〕卷九十一。
〔註465〕卷九。
〔註466〕卷五十七。
〔註467〕《戲簡鄭廣文虔兼呈蘇司業源明》。
〔註468〕《大誥》。
〔註469〕「誰」，《癸丑宿早禾渡僧舍》作「權」。
〔註470〕《羌村》其二。
〔註471〕《召南・甘棠》。
〔註472〕《客位假寐》。
〔註473〕謝脁《治宅詩》。
〔註474〕卷九十四。
〔註475〕《古詩十九首》其十四（去者日以疏）。
〔註476〕「蝸」，讀秀本作墨丁。
〔註477〕何遜《仰贈從兄興寧寘南詩》。

也每食無餘。」〔註 478〕**生還愛節物，高會逢茱萸。好採籬下菊，且讀囊中書。中懷苟自得，外物非吾須。君觀鴟夷子，眷戀傾城姝。千金亦偶然，奚足稱陶朱。不如棄家去，漁釣山之隅。江湖至廣大，何惜安微軀。揮手謝時輩，慎勿空躊躕。**此段是與青房訂物外之遊，不辨其孰為青房語，孰為梅村語，蓋「戀傾城」似映合「妻妾下世」等語，「千金偶然」似映合「堂構棲息」等語，而與首段少伯三徙若相蒙，若不相蒙。此詩中之化境，畫家之逸品，有不可以言語形容其妙者。○生還，見《臨江參軍》。陸士衡詩：「踟躕感節物。」〔註 479〕 高會，見《遇劉雪舫》。《續齊諧記》：「汝南桓景隨費長房遊學，長房謂曰：『九月九日，汝家中當有災，宜急去，令家人各作絳囊盛茱萸，以繫臂，登高飲菊花酒，此禍可除。』」今世人九日登高飲酒，婦人帶茱萸，蓋〔註 480〕始於此。 陶詩：「採菊東籬下。」〔註 481〕又：「時還讀我書。」〔註 482〕 又：「念之動中懷。」〔註 483〕 《莊子》：「外物不可必。」〔註 484〕 鴟夷，見《送何省齋》。 《詩》：「哲婦傾城。」〔註 485〕又：「彼姝者子。」〔註 486〕 《史記・句踐世家》：「范蠡喟然歎曰：『居家則致千金，此布衣之極也。』止於陶，自謂陶朱公。」〔註 487〕 「棄家」句暗用《梅福傳》「一朝棄妻子去」。 曹詩：「漁釣終渭川。」〔註 488〕宋文帝詩：「夕氛晦山嵎。」〔註 489〕 杜詩：「微軀此外復何求。」〔註 490〕 揮手，見《遇劉雪舫》。《神仙傳》：「王子喬舉手謝時人而去。」時輩，見《哭志衍》。 踟躕，見《送何省齋》。

> 《明史・吳易傳》：「揚州失，已而吳江亦失，易赴太湖，與同邑舉人孫兆奎、諸生沈自駉、自炳、武進吳福之等謀舉兵，旬日得千餘人，屯於長白蕩，出沒旁近諸縣。」〔註 491〕按：陳墓之變，《明史》不載。然以兔園老生推之，於易及兆

〔註 478〕《秦風・權輿》。
〔註 479〕陸機《擬明月何皎皎詩》。
〔註 480〕「萸蓋」，讀秀本作墨丁。
〔註 481〕陶潛《飲酒二十首》。
〔註 482〕《讀山海經十三首》其一。
〔註 483〕《遊斜川》。
〔註 484〕《外物》。
〔註 485〕《大雅・瞻卬》。
〔註 486〕《齊風・東方之日》。
〔註 487〕卷四十一。
〔註 488〕《豫章行二首》其一。
〔註 489〕《濟曲阿後湖詩》。
〔註 490〕《江村》。
〔註 491〕卷二百七十七。

奎等為近。詩蓋指其事也。《蘇州府志》:「順治二年，豫王既定金陵，傳檄東下，募吳縣人周荃、副前鴻臚寺少卿黃家鼒入郡安撫。家鼒遇故明監軍楊文驄潰兵被殺，大軍至，文驄兵逃去，士民各書順民二字於門，爭持羊酒迎候。閏六月癸巳，薙髮令下，湖寇突入葑門，頭纏白布，亂民從之，一時洶洶。兵部侍郎李延齡、巡撫都御史土國寶遣兵追捕，立即解散，而城中幾遭屠戮。吳江吳易等出沒太湖，崑山王佐才等嬰城拒守，咸應時平定，自是載戢干戈億萬，年慶樂利矣。」　此詩大致與子美《彭衙行》相彷彿。孫宰與繇倩兄弟居停，主人託詩筆以不朽，可謂大幸。然《彭衙行》於「安居奉歡」後但敘闊別懷思之意，此詩於「各還其廬」後更添滄桑身世之感，蓋子美作詩時，距在彭衙僅一載；梅村作此詩，則在官祭酒歸江南奏銷案起以後。雖云異曲同工，亦可以各論其世也。　《焦仲卿妻詩》一千七百四十五字，而終之以「多謝後世人，戒之慎勿忘」，以淡語作結，彌覺情景杳然無盡。此詩感話滄桑，與《遇南廂園叟》略同，但《遇南廂園叟》尚有迫切之語，此篇淡遠處猶為過之。結一段與《焦仲卿妻詩》同稱逸品矣。

吳詩補注

卷二

讀史雜詩

東漢劉峻詩：「伯鸞出東漢。」〇**上坐**《漢書・高五王傳》：「置齊王上坐。」**屈己**《後漢書・鄭興傳》：「以成屈己從眾之德。」〇**大義**見《臨江參軍》補注。**為漢傾其宗**《史記・淮陰侯傳》：「足下為漢則漢勝。」《翟方進傳・贊》：「義不量力，懷忠發憤，以隕其宗。」**劉氏已再興**《後漢書・李通傳》：「劉氏復興。」

又詠古

浹旬《宋史・李轂傳》：「浹旬，轂請侍衛兵數千佐德興，悉擒賊黨。」**勢逼**《山川考》：「岸狹勢逼，湧而為濤。」**馬足**庾詩：「風塵馬足起。」**人生百年內**庾詩：「人生一百年。」〇**完人**《宋史・王向傳》：「校其所見，未為完人。」**一身累妻子**阮詩：「一身不自保，何況戀妻子。」**動足**《南史・垣祖榮傳》：「今動足下床。」**圯橋屨**張如哉曰：「通當作履。」〇**萬古**李密詩：「萬古傳名謚。」**不侔**《漢晉春秋》：「智力不侔，故限江自保。」〇**詘申兩主間**《史記・管晏傳》：「君子詘於不知己而信於知己者。」

遇南廂園叟黃佐《南廱志》：「東堂為齋宿所，西堂為考課所。祭酒廂房在東，凡七間。其連廊北向者為司業南廂房，凡九間。初，司業廂房在率性堂西。宣德後久廢。宏治中，復設司業，始以南廂之近東者為之。」又云：「種菜隙地為園，有五，其二在本監後。」按：此則園叟即南廱舊種園者，非南廂圯而為園也。

園莊《語林》:「陸贄知舉,放崔群。群妻李夫人曰:『子弟成長,盍置莊園?』」**其南有一亭**《南廱志》:「同業宅廳事曰見賢堂,前為臺,立石三。前為蓮池,池上有小軒。垣外東南西三面皆本廨官池。」**廟觀**《唐書·藝文志》:「廟貌如故。」**手詔追褒揚**《後漢書·蓋勳傳》:「帝嘗手詔問之。」《漢書·禮樂志》:「褒揚之聲盈乎天地之間。」**承乏忝兼官**程《箋》:「《明史·禮志》:『孝陵設神宮監並孝陵衛及祠祭署。』又曰:『每歲元旦、清明、七月望、十月朔、冬夏至日,俱用太牢,遣官致祭。其伏臘社、每月朔望,則用特羊祠祭,署官行禮。』蓋公嘗攝遣祭官也。」**江顧寧人**《唐韻正》:「江字自《宋書·符瑞志》沈演之《嘉禾頌》『白鹿踰海,素鳥越江』,始與攘、彰、廂、陽為韻。」**銅犧尊**《南廱志》:「胡翰嘗作《儀尊辯》,曰:『宋劉杳言古者犧尊、彝尊皆刻木為鳥獸,鑿頂及背,以出納酒。』而杳又云:『魯郡地中得大夫子尾送女器,有尊,作犧牛形。晉永嘉中,青州盜發齊景公冢,獲二尊,狀類牛象。意者古之遺制也。苟以為刻木,安能久置地中不壞?』蓋二尊皆以銅為之。」按:梅村詩用翰說。**棄擲**詳《後東皐歌》。**老翁**魏文帝《與吳質書》:「已成老翁。」**從頭**鍾離權詩:「閒來屈指從頭數。」**誅求卻到骨**《左傳·襄三十一年》:「誅求無時。」杜詩:「已訴徵求貧到骨。」**野老**《漢書·藝文志》:「農九家,有《野老》十七篇。」**新政**《唐書·周利傳》:「登宸極,布新政。」**四野欣農性**四野,見《臨江參軍》補注。曹伯啟詩:「惟有東家農事忙。」**畊耘**《管子》:「視其畊耘。」

下相懷古

太息《楚辭》:「長太息以掩涕兮。」**荒岡**李正己詩:「荒岡樹影閒。」

贈家侍御雪航《湖廣通志》:「巡按湖南、監察御史吳達,江南人,進士。」按:《山東通志》凡裁缺官履歷未詳者不載,故於達亦從闕也。

胸懷郭景純詩:「妙氣盈胸懷。」**世難**謝靈運詩:「一旦逢世難。」**征南**《晉書·杜預傳》:「領征南軍司。」**豪奪**《漢書·食貨志》:「不得豪奪吾民矣。」**驊騮**《莊子》:「騏驥驊騮一日而馳千里。」前注非是。**千車**《左傳·哀二年》:「獲齊粟千車。」**涇渭**杜《驄馬行》:「晝洗須騰涇渭深。」**朝罷**顧渠清曰:「唐德宗詩:『朝罷目猶長。』」

題河渚圖送胡彥遠南歸《後漢書·范滂傳》:「滂事釋南歸。」

話江南韋端己詩:「對牀欹枕話江南。」**結廬在河渚**呂才《王無功文集序》:「君遂結廬河渚。」**歸心**詳《白燕吟》。**想見**謝靈運詩:「想見山阿人。」

送何省齋

婆娑子山《枯樹賦》:「此樹婆娑，生意盡矣。」**賓朋**詳《二十五日詩》。**養身世**李頎詩:「青松養身世。」**天陰**杜詩:「天陰雨濕聲啾啾。」**關山**詳《蟋蟀盆歌》。**呼兒**李詩:「呼兒將出換美酒。」**剪燭**見《遇劉雪舫》。**白楊何蕭蕭**《古詩》:「白楊何蕭蕭。」**我命有所制**《莊子》:「孔子游於匡，宋人圍之。子路入，孔子曰:『吾命有所制矣。』」**論詩**杜詩:「疇昔論詩早。」**生道心**張道濟詩:「空山寂歷道心生。」**依舊**劉夢得詩:「山形依舊枕寒流。」**明年春水滿**杜詩:「明年下春水。」**客興**謝茂秦詩:「二月風光客興新。」**花發**詳《滇池鐃吹》。**無書悼遷斥**張蠙(字象文)詩:「翻致久無書。」謝靈運詩:「遭物悼遷斥。」**有夢傷迢遞**白詩:「有夢到天涯。」杜詩:「游子方迢遞。」**嶺雁**韓琮(字成封)詩:「吳魚嶺雁無消息。」前注非是。**樹如薺**薛元卿詩:「遙原樹若薺。」**荒江**杜詩:「見月荒江渺。」**失志**詳《琵琶行》。**老大**《漢樂府》:「少壯不努力，老大徒傷悲。」**舉世縱相識**《莊子》:「舉世譽之而不加勸。」王詩:「舉世無相識。」

送施愚山提學山東

泰岱《正字通》:「東嶽古〔註 1〕但稱太山。太、代音同，故借代加山。」**蒼碑**韓持國詩:「蒼碑判龍螭。」**蟲魚六句**張如哉曰:「蟲魚謂古〔註 2〕文蝌蚪鳥跡，非指《爾雅》蟲魚也。言李斯小篆古文雖經改竄，而孔壁遺經如日麗天，是以靈光巋然獨存，丹書終古常在，有斯文之責者當如鍾離意之搜揚也。靈光宮不沾〔註 3〕煞魯殿，即是說壁經耳。」《鍾離意別傳》:「孔子教授堂下，牀首有懸甕。孔訢曰:『夫子甕也，背有丹書，人莫敢發意。』因發之，中有素書。」《會稽典錄》:「虞翻對王景興曰:『魯相山陰鍾離意取養有君子之眷。』」魯國有丹書之信，非用太公丹書也。前注非是。〇**公子**《詩》:「振振公子。」〇**獨愛宣州城**《唐書・李白傳》:「至姑孰，悅謝家青山，欲終焉。」**官舍詩**愚山五律有《獨樹軒》詩，自注:「在學使官舍。」又，《春暮還署齋》詩。又，《懷二松在濟南學使署中》詩。又，《過長清懷濟南舊遊詩》。七律有《章丘官舍元夕》詩、《趵突泉上白雪樓》詩、《濟南除夕太白酒樓署齋觴客對牡丹》詩、《登署中臺有感》詩、《再登濟南白雪樓》詩，皆視學山東官舍作也。《過長清懷濟南舊遊》云:「論文昨日事，歷下五年遊。湖影涵官閣，泉聲滿郡樓。山川經眼遍，風物過時愁。多難催耆舊，諸生幾白頭。」

〔註 1〕「古」，乙本誤作「占」。
〔註 2〕「古」，乙本誤作「占」。
〔註 3〕「沾」，乙本誤作「沽」。

礬清湖

吾宗《左傳‧僖五年》:「晉,吾宗也。」**四起**李少卿《答蘇武書》:「邊聲四起。」**杳然**李詩:「桃花流水杳然去。」**世故**王詩:「飽經世故氣猶人。」**深怪早衰**蘇詩:「早衰怪我遠如許。」**蕩然**《唐書‧藝文志‧序》:「蕩然無遺矣。」**種魚**蘇詩:「下有種魚塘。」**教僮數鶖鴨**杜詩:「鶖鴨宜常數。」**前窗張皇網**張如哉曰:「張者,張而曬之也。若依鮑詩解絓,或作罜,如掛字之義,則與張字復矣。」按:《說文》:「罜麗,魚罟也。」張平子《西京賦》:「設罜麗。」《注》:「小網也。」罜字蓋罜字之訛與?**萬象**皇娥歌:「萬象迴薄化無方。」**造唱**《楚辭》:「陳竽瑟兮浩倡。」《注》:「倡、唱同。」**自詭**《漢書‧陳湯傳》:「上封事,言初陵京師之地最為肥美,可立一縣,自詭三年可成。後卒不就。」**大笑**《史記‧孫子傳》:「婦人大笑。」**筋力遠不如**沈千運詩:「筋力久不如。」**偶然**《列子》:「范氏之黨以為偶然。」**江湖至廣大**李詩:「天地至廣大,何惜遂物情。」

吳詩集覽　卷三上

黎城靳榮藩介人輯

五言古詩三之上

清涼山讚佛詩《大清一統志》:「五臺山在代州五臺縣東北一百二十里。道經以為紫府山,內典以為清涼山。」張如哉曰:「白樂天云〔註1〕:『願以今生世俗文字之因,轉為來世讚佛乘轉法輪之緣。』」

西北有高山,云是文殊臺。臺上明月池,千葉金蓮開。花花相映發,葉葉同根栽。四首詠史。　起六句自清涼山說起。「王母」以下言妃之承寵,「從獵」以下言妃之侍讌而樂極生哀,若預為之讖者。「淖博士」、「東方生」十句則以內外侍從之人作襯也。　此段從佛起,下段忽接入仙,若相蒙,若不相蒙,極煙雲離合之奇。○《古詩》:「西北有高樓。」〔註2〕《山西通志》:「五臺山環五百餘里,上有五峰,巔胥積土象臺,文殊師利現光地。」《一統志》:「東臺西南有明月池。」　千葉蓮,見《贈蒼雪》注。《一統志》:「南臺高三十里,頂周二里,金蓮日菊佛鉢花燦發如錦。」〔註3〕《古詩》:「枝枝相覆蓋,葉葉相交通。」〔註4〕■■■■杜詩:「山花相映發。」〔註5〕　曹詩:「本是同根生。」〔註6〕**王母攜雙成,綠蓋雲中來。漢王坐法宮,一見光徘徊。結以同心合,授以九子釵。翠裝雕玉輦,丹髹沉香齋。護置**

〔註 1〕《蘇州南禪院白氏文集記》。
〔註 2〕《古詩十九首》其五。
〔註 3〕《大清一統志》卷五十三。
〔註 4〕《孔雀東南飛》。
〔註 5〕《送何侍御歸朝》。
〔註 6〕曹植《七步詩》。

琉璃屏，立在文石階。長恐乘風去，舍我歸蓬萊。此段是定情後恩寵之盛。然「乘風」、「舍我」已有譏意。〇《漢武內傳》:「聞雲中簫鼓之聲，人馬之響，半食頃，王母來也。」又:「命侍女董雙成吹雲和之笙。」 李長吉詩:「綠蓋獨穿香徑歸。」〔註7〕 李義山詩:「坐法宮中朝四夷。」〔註8〕《後漢書·南匈奴傳》:「昭君豐容靚飾，光明漢宮，顧景裴回，竦動左右。帝見大驚。」〔註9〕《飛燕外傳》:「婕妤上后二十六物，有同心大結。」 又:「后持昭儀手，抽紫玉九雛釵為昭儀簪髻。」 張道濟詩:「芳園翠輦遊。」〔註10〕張見賾詩:「禁苑回雕輦。」〔註11〕沈初明詩:「玉輦迎飛燕。」〔註12〕《左傳·宣二年》:「丹漆若何。」《漢書·趙皇后傳》:「殿上髤漆。」〔註13〕注:「以漆漆物謂之髤。」《玉篇》:「髤同髹。」《太真外傳》:「禁中重木芍藥，上移植於沉香亭前。」《西京雜記》:「趙飛燕為皇后，其女弟上琉璃屏風。」《漢書·梅福傳》:「故願一登文石之陛。」〔註14〕又，《外戚傳》:「趙皇后弟絕幸，為昭儀，居昭陽舍，冒黃金塗、白玉階。」《洞冥記》:「帝常以衣帶縛麗娟之袂，閉於重幕之中，恐隨風而去也。」《拾遺記》:「每輕風時至，飛燕殆欲隨風入水，帝以翠纓結飛燕之裙。」按:「長恐乘風去」暗用此二事。《國語》:「衛武公曰:『無謂我老耄而舍我。』」《山海經》:「蓬萊山在海中。」**從獵往上林，小隊城南隈。雪鷹異凡羽，果馬殊群材。言過樂遊苑，進及長楊街。張宴奏絲桐，新月穿宮槐。**此段言其樂。〇《漢書·揚雄傳》:「趙昭儀方大幸，每上甘泉，常法從，在屬車間豹尾中。」〔註15〕《司馬相如傳》:「獨不聞天子之上林乎？」〔註16〕《一統志》:「上林苑在長安縣西及盩厔鄠縣界。」 杜詩:「元戎小隊出郊坰。」〔註17〕柳文暢詩:「城南斷車騎。」〔註18〕駱賓王詩:「三條九陌麗城隈。」〔註19〕 揭佑民詞:「雪鷹騰擊認鵬過。」〔註20〕《〈漢

〔註7〕《神弦別曲》。
〔註8〕《韓碑》。
〔註9〕卷一百十九。
〔註10〕按：非張說詩，出蘇頲《春日芙蓉園侍宴應制》。
〔註11〕張正見《御幸樂遊苑侍宴詩》。
〔註12〕沈炯《長安少年行》。
〔註13〕卷四十上。
〔註14〕卷六十七。
〔註15〕卷八十七上。
〔註16〕《史記》卷一百一十七、《漢書》卷五十七上。
〔註17〕《嚴中丞枉駕見過》。
〔註18〕柳惲《起夜來》。
〔註19〕《帝京篇》。
〔註20〕《柳林詞四首》其二。

書・霍光傳〉注》:「漢廄有果下馬，高三尺，以駕輦。師古曰:『小馬可于果樹下乘之，故曰果下馬。』」〔註21〕《管子》:「賞彼群幹，聚彼群材。」〔註22〕《漢書・宣帝紀》:「神爵三年，起樂遊苑。」〔註23〕《一統志》:「樂遊苑在西安府咸寧縣南。」《三輔黃圖》:「長楊宮在盩厔縣東南三十里。」　陳眾仲《瓊茅賦》:「鸞旂罷獵，張宴廣漢。」王少伯詩:「歌詠頌絲桐。」〔註24〕　江總持詩:「新月半輪空。」〔註25〕裴迪詩:「門前宮槐陌，是向欹湖道。」〔註26〕**攜手忽太息，樂極生微哀。千秋終寂寞，此日誰追陪。陛下壽萬年，妾命如塵埃。願共南山槨，長奉西宮杯。**此段是樂極語。然倚伏之理正自相因，不徒寫情醲至。○攜手，見《西田》詩。太息，見《下相懷古》。《禮》:「樂不可極。」〔註27〕魏文帝《善哉行》:「樂極哀情來。」　杜詩:「千秋萬歲名，寂寞身後事。」〔註28〕　韓詩:「上界真人足官府，豈如散仙鞭笞鸞鳳終日相追陪。」〔註29〕《宋書・樂志》:「群臣咸稱萬歲，陛下長樂壽年。」〔註30〕《莊子》:「塵埃也。」〔註31〕　按:《史記》:「以北山石為槨」，文帝因慎夫人鼓瑟，顧群臣語也。〔註32〕而此云「南山槨」者，蓋合《張釋之傳》「雖錮南山，雖無石槨」句而用之也。　王少伯有《西宮秋怨》詩。**披香淖博士，側聽**〔註33〕**私驚猜。今日樂方樂，斯語胡為哉。待詔東方生，執戟前詼諧。薰壚拂黼帳，白露零蒼苔。吾王慎玉體，對酒毋傷懷。**此作兩層襯托。「淖博士」，贊御之人。「東方生」，侍衛之臣。「胡為哉」是猜;「毋傷懷」是諧也。○《三輔黃圖》:「武帝時後宮八區中有披香殿。」《飛燕外傳》:「宣帝時，披香博士淖方成白髮教授宮中，號淖夫人。」《史記・張丞相傳》:「呂后側耳於東

〔註21〕卷六十八。
〔註22〕《四時第四十》。
〔註23〕卷八。
〔註24〕王昌齡《夏月花萼樓酺宴應制》。
〔註25〕江總《秋日登廣州城南樓詩》。
〔註26〕《輞川集二十首・宮槐陌》。
〔註27〕《禮記・曲禮上》。
〔註28〕《夢李白二首》其二。
〔註29〕《奉酬盧給事雲夫四兄曲江荷花行見寄並呈上錢七兄徽閣老張十八助教》。
〔註30〕卷二十二。
〔註31〕《逍遙遊》。
〔註32〕卷一百零二《張釋之傳》:「使慎夫人鼓瑟，上自倚瑟而歌，意慘悽悲懷，顧謂群臣曰:『嗟乎！以北山石為槨，用紵絮斮陳，蕠漆其閒，豈可動哉！』左右皆曰:『善。』釋之前進曰:『使其中有可欲者，雖錮南山猶有郤;使其中無可欲者，雖無石槨，又何戚焉！』文帝稱善。」
〔註33〕「聽」，四庫本《梅村集》作「聞」。

廂聽。」〔註 34〕李義山詩：「鼠翻窗網小驚猜。」〔註 35〕《古豔歌》：「今日樂相樂。」〔註 36〕《詩》：「胡為乎中露。」〔註 37〕《漢書・東方朔傳》：「朔初來，上書，上偉之，令待詔公車。久之，使待詔金馬門。」〔註 38〕又：「位不過執戟。」又：「朔之詼諧逢占射覆，其事浮淺。」梁簡文帝詩：「薰爐滅更〔註 39〕香。」司馬長卿《美人賦》：「黼帳高張。」《詩》：「白露未晞。」〔註 40〕李正己詩：「重露濕蒼苔。」〔註 41〕曹詩：「王其愛玉體。」〔註 42〕曹孟德《樂府》：「對酒當歌。」〔註 43〕《史記・高祖紀》：「乃起舞慷慨傷懷。」〔註 44〕

按：元裕之有《詠五臺山金蓮花》詩。花色黃，似蓮而小，莖有數葉，非蓮花也。然金蓮花無千葉者。《群芳譜》：「華山頂有池，產千葉蓮花，服之羽化。」又云：「金池方數十里，水石泥沙皆如金色，其中有四足魚、金蓮花。」又引王畝之《神鏡記》曰：「九疑山有青淵，澗中有黃色蓮。」梅村此詩蓋攢簇用之耳。

其二

傷懷驚涼風，深宮鳴蟋蟀。嚴霜被瓊樹，芙蓉凋素質。可憐千里草，萎落無顏色。此首是悼妃之薨。「涼風」、「蟋蟀」紀其時。「千里草」■■■■〔註 45〕與「雙成」句相應。○《月令》：「涼風至。」《詩》：「十月蟋蟀入我床下。」〔註 46〕《古詩》：「嚴霜結庭蘭。」〔註 47〕謝惠連《雪賦》：「林挺瓊樹。」《說文》：「芙之言敷也。蓉之言動容也。」張茂先詩：「終負素質。」〔註 48〕《後漢書・五行志》：「千里草為董。」〔註 49〕《晉書・五行志》：「五六日而萎落。」〔註 50〕白詩：「六宮粉黛無

〔註 34〕卷九十六。
〔註 35〕《正月崇讓宅》。
〔註 36〕《豔歌何嘗行》。
〔註 37〕《邶風・式微》。
〔註 38〕卷六十五。
〔註 39〕「更」，蕭綱《擬沈隱侯夜夜曲》作「復」。
〔註 40〕《秦風・蒹葭》。
〔註 41〕李端《過谷口元贊善所居》。
〔註 42〕曹植《贈白馬王彪詩》。
〔註 43〕《短歌行》。
〔註 44〕卷八。
〔註 45〕「■■■■」，稿本、天圖本、讀秀本作「譏其姓又」。
〔註 46〕《豳風・七月》。
〔註 47〕《孔雀東南飛》。按：《楚辭・九辯》：「秋既先戒以白露兮，冬又申之以嚴霜。」
〔註 48〕張華《勵志詩》。
〔註 49〕卷二十三。
〔註 50〕卷二十七。按：早見《宋書》卷三十《五行志一》。

顏色。」〔註51〕**孔雀蒲桃錦，親自紅女織。殊方初雲獻，知破萬家室。瑟瑟大秦珠，珊瑚高八尺。割之施精藍，千佛莊嚴飾。持來付一炬，泉路誰能識。紅顏尚焦土，百萬無容惜。**此段言冥器之盛。○《鄴中記》：「錦有蒲桃文錦，又有鳳凰朱雀錦、韜文錦。」　《漢書・董仲舒傳》：「又奪園夫紅女利乎？」〔註52〕　班孟堅《西都賦》：「殊方異類，至於三萬里。」　萬家室，見《讀鄭世子傳》注。■■〔註53〕　《唐書・楊妃傳》：「瑟瑟璣琲，狼藉於道。」〔註54〕《博雅》：「瑟瑟，碧珠也。」《魏略》：「大秦國出明月夜光珠。」《古樂府》：「耳後大秦珠。」〔註55〕　《西京雜記》：「漢宮積草池中，有珊瑚高一丈二尺。」〔註56〕　《楞嚴經》：「退歸精舍，祇見伽藍。」王會之詩：「精藍被寵靈。」〔註57〕　蘇詩：「未能轉千佛，且從千佛轉。」〔註58〕《唐書・藝文志》：「《大莊嚴論文疏》三十卷。」〔註59〕　杜牧之《阿房宮賦》：「楚人一炬。」　泉路，見《哭志衍》。　子建《七啟》：「紅顏宜笑。」《阿房宮賦》：「可憐焦土。」　《魏書・高允傳》：「今國家營葬，費損巨億，一旦焚之，以為灰燼。」〔註60〕**小臣助長號，賜衣或一襲。只愁許史輩，急淚難時得。從官進哀誄，黃紙抄名入。流涕盧郎才，諮嗟謝生筆。尚方列珍膳，天廚供玉粒。官家未解菜，對案不能食。**此段言哀誄之盛。○《史記・外戚世家》：「侍御左右皆伏地泣，助皇后悲哀。」〔註61〕《唐書・柳宗元傳》：「每遇寒食，則北向長號。」〔註62〕　《漢書・叔孫通傳》：「乃賜通帛二十疋、衣一襲。」注：「一襲，上下皆具也。今人呼為一副。」〔註63〕　又，《蓋寬饒傳》注：「許伯，宣帝皇后父。史高，宣帝外家也。」〔註64〕　《宋書・劉懷慎傳》：「上寵姬殷貴妃薨，令醫術人羊志哭，志亦嗚

〔註51〕《長恨歌》。
〔註52〕卷五十六。
〔註53〕「注■■」，稿本、天圖本、讀秀本作「萬家邑」。
〔註54〕卷七十六《后妃列傳上》。
〔註55〕辛延年《羽林郎詩》。
〔註56〕按：實出《西陽雜俎》卷十。
〔註57〕（元）王逢《題虎樹亭》。按：（唐）張祜《伊山》：「晉代衣冠夢一場，精藍往是讀書堂。」（唐）裴休《延慶化城寺》：「平生志在野雲深，建立精藍大用心。」
〔註58〕《乞數珠贈南禪湜老》其一。
〔註59〕《新唐書》卷五十九。
〔註60〕卷四十八。
〔註61〕卷四十九。
〔註62〕《新唐書》卷一百六十八。
〔註63〕卷四十三。
〔註64〕卷七十七。

咽。他日有問志：『卿那得此副急淚？』」〔註 65〕《史記・武帝紀》：「從官在山下。」〔註 66〕《晉書・潘岳傳》：「尤善為哀誄之文。」〔註 67〕 白詩：「黃紙除名〔註 68〕無我名。」《魏書・北海王詳傳》：「密抄名字。」〔註 69〕《北史・盧思道傳》：「文宣帝崩，當朝文士各作輓歌十首，擇其善者而用之。惟思道獨有八篇，故時人稱為『八采〔註 70〕盧郎』。」按：詩借用。《南史・宋殷淑儀傳》：「及薨，謝莊作哀策文奏之。」〔註 71〕《通典》：「秦置尚方令，漢末分尚方為中左右三尚方。」《後漢書・百官志》：「少府卿一人，中二千石，掌中服御諸物，衣服寶貨珍膳之屬。」〔註 72〕《晉書・天文志》：「天廚主盛饌。」〔註 73〕杜詩：「碧酒隨玉粒。」〔註 74〕《獨斷》：「天子稱天家，又曰官家。」《南史・齊東昏侯紀》：「潘妃生女百日而亡，蔬膳積旬，不聽音伎，左右直長閹豎王寶孫諸人共營肴羞，云為天子釋菜。」〔註 75〕■「對案」句見《臨江參軍》。**黑衣召誌公，白馬馱羅什。焚香內道場，廣座楞伽譯。資彼象教恩，輕我人王力。微聞金雞詔，亦由玉妃出。**此段讚佛，尚未指定清涼山說。○《通鑑》：「宋文帝以惠琳道人善談論，因與議朝廷大事，遂參權要，賓客輻輳。會稽孔覬嘗詣之，慨然曰：『遂有黑衣宰相，可謂冠履失所矣。』」〔註 76〕《南史・隱逸傳》：「沙門釋寶誌者，不知何許人。俗呼為誌公。」〔註 77〕《洛陽迦藍記》：「明帝夢金人，遣使向西域求得金像，時以白馬馱經而來以名寺。」《晉書・藝術傳》：「鳩摩羅什，天竺人也。從師受經，日誦千偈。」〔註 78〕《北史・王邵傳》：「邵撰《皇隋靈感志》，上令宣示天下。洗手焚香，閉目讀之。」〔註 79〕《唐書・王縉傳》：「禁中祀佛，諷唄齋薰，號內道場。」〔註 80〕 廣坐，見《臨江參軍》。《洛陽迦藍記》：

〔註 65〕卷四十五。
〔註 66〕卷十二。
〔註 67〕卷五十五。
〔註 68〕「名」，白居易《劉十九同宿》作「書」。
〔註 69〕卷二十一上《獻文六王列傳上》。
〔註 70〕「采」，卷三十作「米」。
〔註 71〕卷十一。
〔註 72〕卷三十六。
〔註 73〕卷十一。
〔註 74〕《送率府程錄事還鄉》。
〔註 75〕卷五。
〔註 76〕卷一百二十。
〔註 77〕卷七十六。
〔註 78〕卷九十五。
〔註 79〕卷三十五。
〔註 80〕《新唐書》卷一百四十五。

「天竺國胡沙門菩提流支解佛義知名，西土諸夷號為羅漢，曉魏言隸書，翻《十地楞伽》及諸經論二十三部。」 王簡棲《頭陀寺碑》：「正法既沒，象教陵夷。」《注》：「象教言為形象以教人也。」 《北史・尉景傳》：「人相扶為王。」〔註81〕《釋氏通鑑》：「燕王問趙州：『人王尊？法王尊？』」 《唐書・百官志》：「中尚書〔註82〕令。赦日，樹金雞於仗南，竿長七尺〔註83〕，有雞高四尺，黃金飾首，銜絳旛，長七尺，承以綵盤，維以絳繩。」 張如哉：「《靈寶赤符經》：『太真命筆，玉妃拂筵。』」**高原營寢廟，近野開陵邑。南望蒼舒墳，**集作「蒼」，非。**掩面添悽惻。戒言秣我馬，遨遊凌八極。**此段言陵寢之盛，末句微逗出清涼山。■■■■■■〔註84〕○王詩：「天邊獨鳥〔註85〕高原。」寢廟，見《遇劉雪舫》注。 班孟堅《西都賦》：「三選七遷，充奉陵邑。」 《三國志・魏鄧哀王沖傳》：「字倉舒。年十三，建安十三年疾病。及亡，哀甚。」〔註86〕 掩面、悽惻，見《臨江參軍》。 《儀禮・士冠禮》：「主人戒賓。」注：「告也。」《詩》：「言秣其馬。」〔註87〕 又：「以敖以遊。」〔註88〕曹孟德詩：「遨遊八極。」〔註89〕

其三

八極何茫茫，曰往清涼山。此山蓄靈異，浩氣供屈盤。能蓄太古雪，一洗天地顏。日馭有不到，縹緲風雲寒。此首歸入清涼山，可抵《長恨歌》「忽聞海外有三山」以下半篇矣。八句從清涼山說起。○《古詩》：「四顧何茫茫。」〔註90〕 何仲言詩：「此山多靈異。」〔註91〕 曾子固《與韓侍中啟》：「養浩氣之至和。」左太沖《吳都賦》：「洪桃屈盤。」 杜詩：「山有太古雪。」〔註92〕《華嚴經疏》：「清涼山者，歲積堅冰，夏仍飛雪。」 一洗，見《讀鄭世子傳》。 《隋書・音樂志》：「騰日馭，鼓電鞭。」 木玄虛《海賦》：「群仙縹緲，飡玉清涯。」**世尊昔示**

〔註81〕卷五十四。
〔註82〕「書」，《新唐書》卷四十八作「署」。
〔註83〕「尺」，《新唐書》卷四十八作「丈」。
〔註84〕墨丁，稿本、天圖本、讀秀本作「作妃語看方佳」。
〔註85〕「鳥」，王維《田園樂七首》其五作「樹」。
〔註86〕卷二十。
〔註87〕《周南・漢廣》。
〔註88〕《邶風・柏舟》。
〔註89〕《氣出唱》。
〔註90〕《古詩十九首》其十一（回車駕言邁）。
〔註91〕何遜《渡連圻詩二首》其一。
〔註92〕按：此乃（元）麻革《短歌行送秦人薛微之赴中書》。

現，說法同阿難。講樹聳千尺，搖落青琅玕。諸天過峰頭，絳節乘銀鸞。一笑偶下謫，脫卻芙蓉冠。遊戲登瓊樓，窈窕垂雲鬟。三世俄去來，任作優曇看。十二句讚佛，引入某妃，飄飄有仙氣。○《十六國春秋・後趙錄》:「佛號世尊。佛自稱曰天人師，又曰世尊。」史照《通鑑注》:「相傳以為文殊示現之地。」《淨住子》:「佛為眾生說法。」《翻譯名義》:「阿難，秦言歡喜。佛成道時，斛飯王使來白淨飯王，言貴弟生男。王心歡喜，字為阿難。」《涅槃經》:「世尊在雙樹間演法。」《楚辭》:「草木搖落而變衰。」〔註 93〕張平子詩:「美人贈我青琅玕。」〔註 94〕 佛書:「自欲界以上皆曰諸天。」 杜詩:「上帝高居絳節朝。」〔註 95〕李長吉詩:「銀鸞睒光踏半臂。」〔註 96〕 《買愁集・續窈聞記》:「寒簧偶以書生狂言，不覺心動失笑，實則既示現後即已深悔，斷不願謫人間行鄙褻事。然上界已切責其一笑，故來；因復自悔，故來而不與合也。」 謝靈運詩:「脫冠謝朝列。」〔註 97〕《神仙服食經》:「漢武帝閒居未央殿，有人乘白雲車，駕白鹿，冠芙蓉冠，曰:『我中山衛叔卿也。』」〔註 98〕 《太平廣記》:「漢武帝時，七月七日，王母至上殿，指東方朔曰:『此子昔為太上仙官，但務遊戲，太上斥謫，使在人間。』」《拾遺記》:「翟乾佑與十許人翫月。或問:『月中何所有？』乾佑曰:『隨我手中看之。』月規半圓，瓊樓玉宇滿焉。」 朱子《詩傳》:「窈窕，幽閒之意。」梁章隱《詠素馨花》詩:「細花穿弱縷，盤向綠雲鬟。」《洛陽伽藍記》:「北魏時有沙門寶公，形貌醜陋，心識通達過去未來，預覩三世。」〔註 99〕《法華經》:「世尊甚難值。如優曇鉢華，三千年一現，現則金輪王出。」**名山初望幸，銜命釋道安。預從最高頂，灑掃七佛壇。靈境乃杳絕，捫葛勞躋攀。路盡逢一峰，傑閣圍朱闌。中坐一天人，吐氣如栴檀。寄語漢皇帝，何苦留人間。煙嵐倏滅沒，流水空潺湲。**十四句寫得是山是佛是妃，令人迷離莫辨。○《漢書・郊祀志》:「名山神祠所以望幸矣。」〔註 100〕 《禮》:「銜君命而使。」〔註 101〕《晉書・習鑿齒傳》:「時有桑門釋道安，俊辯有高才。曰:『彌天釋道安。』」〔註 102〕《石

〔註 93〕《九辯》。
〔註 94〕《四愁詩》。
〔註 95〕《玉臺觀》。
〔註 96〕《唐兒歌》。
〔註 97〕《九日從宋公戲馬臺集送孔令詩》。
〔註 98〕《太平御覽》卷六百八十四。
〔註 99〕卷四。
〔註 100〕卷二十五上。按：早見《史記》卷十二《孝武本紀》。
〔註 101〕《禮記・檀弓上》。
〔註 102〕卷八十二。

林詩話》:「始晉初為佛學者，皆從其師姓。如支遁本姓關，從支謙學，故為支道安。以佛學皆本釋迦為師，請以釋命氏，遂為定制。則釋道安亦非姓也。」《居易錄》:「沙門自魏、晉〔註 103〕以來，依師為姓。道安尊釋迦，乃以釋為氏。」〔註 104〕　杜詩:「東山高頂羅珍羞。」〔註 105〕　《隋書・經籍志》:「自此天地以前，則有無量劫矣。每劫必有諸佛得道，出世教化，其數不同。今此劫中，當有千佛。自初至於釋迦，已七佛矣。」〔註 106〕　皮襲美詩:「茲地足靈境。」〔註 107〕梁肅《止觀統例》:「豈隔閡遼敻與凡境杳絕與?」〔註 108〕　《北史・扶猛傳》:「乃梯山捫葛，備厲艱阻。」〔註 109〕杜詩:「緩步有躋攀。」〔註 110〕　淵明《桃花源記》:「林盡水源，便得一山。」王少伯詩:「遠勢一峰出。」〔註 111〕　朱子詩:「千峰環傑閣。」〔註 112〕元詩:「取次〔註 113〕朱闌一片紅。」　鍾仲偉《詩品》:「劉孝綽諸妹有天人之目。」　惠連詩:「崇巖吐清氣。」〔註 114〕《楞嚴經》:「佛告阿難:『汝嗅此栴檀，然於一銖四十里內同時聞氣。』」　梁武帝《樂府》:「寄語故情人。」〔註 115〕按:前曰「漢主」，此云「漢皇帝」，後云「漢皇」，皆本《長恨歌》「漢皇重色思傾國」也。《長恨歌傳》:「因言太上皇亦不久人間，幸惟自安，無自苦耳。」　賈閬仙詩:「煙嵐沒遠村。」〔註 116〕　《楚辭》:「觀流水兮潺湲。」〔註 117〕**回首長安城，緇素慘不歡。房星竟未動，天降白玉棺。惜哉善財洞，未得誇迎鑾。惟有大道心，與石永不刊。以此護金輪，法海無波瀾。**十句承上段說完。○王仲宣詩:「回首望長安。」〔註 118〕　梁元帝《旻

〔註 103〕「晉」，讀秀本作墨丁。

〔註 104〕卷二十二。

〔註 105〕《陪王侍御同登東山最高頂宴姚通泉晚攜酒泛江》。按:沈約《登玄暢樓詩》:「危峰帶北阜，高頂出南岑。」謝靈運有《登石門最高頂詩》、王褒有《雲居寺高頂詩》。

〔註 106〕卷三十五。

〔註 107〕《太湖詩》其五《遊毛公壇》。

〔註 108〕見（元）念常《佛祖歷代通載》卷十四。

〔註 109〕卷六十六。

〔註 110〕《早起》。

〔註 111〕按:非王昌齡詩，出儲光義《遊茅山五首》其三。

〔註 112〕《奉陪判院丈充父平父兄宿回嚮用知郡丈壁間舊題之韻》。「千」，乙本誤作「於」。按:韓愈《記夢》:「隆樓傑閣磊嵬高，天風飄飄吹我過。」

〔註 113〕「取次」，元稹《贈李十二牡丹花片因以餞行》作「收取」。

〔註 114〕按:實為釋慧遠《廬山東林雜詩》。

〔註 115〕蕭衍《襄陽蹋銅蹄歌三首》其二。

〔註 116〕《登江亭晚望》。

〔註 117〕《九歌・湘夫人》。

〔註 118〕王粲《七哀詩三首》其一。

法師碑》:「緇素結轍，華戎延道。」杜詩:「徒旅慘不悅。」〔註 119〕《晉書·天文志》:「房四星為明堂，天子布政之宮也。房星明則王者明。」〔註 120〕《後漢書·王喬傳》:「後天下玉棺於堂前，吏人推排，終不搖動。喬曰:『天帝獨召我邪？』乃沐浴服飾寢其中，蓋便立覆。宿昔葬於城東，土自成墳。」〔註 121〕魏文帝詩:「惜哉時不遇。」〔註 122〕《甬東遊記》:「善財洞峭石嚙足。」《寰宇記》:「建安軍，偽吳順義二年改為迎鑾鎮，是揚州大江入京口之岸，東至大江一里。」《五代史·周世宗紀》:「顯德五年三月，如泰州。復如揚州。幸迎鑾。」〔註 123〕《後漢書·竇憲傳》:「封山刊石。」〔註 124〕《晉書·禮志》:「置不刊之法。」〔註 125〕《首楞嚴經》:「彼金寶者，明覺立堅，故有金輪，保持國土。」梁簡文帝《旻法師疏序》:「法海波瀾，汎之者未易。」〔註 126〕

其四

嘗聞穆天子，六飛騁萬里。仙人觴瑤池，白雲出杯底。遠駕求長生，逐日過濛汜。盛姬病不救，揮鞭哭弱水。前三首傷懷八極，起訖蟬聯。此首特另提起。按：蟬聯句法起於子建《贈白馬王彪》。自第三首以下用玄黃、踟躕、太息、心悲、苦辛字相為環合，而第一首、第二首已自不拘。蓋曹祇偶然為之，詩之工拙不關此也。　此首言自古帝王未能忘情，而歸之於讚佛也。首段言穆王遠遊遇仙而尚有盛姬之哭。〇《竹書紀年》:「穆王十七年，西征崐崙丘，見西王母。」《漢書·袁盎傳》:「今陛下騁六飛。」〔註 127〕《列子》:「穆王升崐崙之丘，遂賓於西王母，觴於瑤池之上。乃觀日之所入。日行萬里。」〔註 128〕張道濟詩:「願似金堤青草色，長承瑤水白雲杯。」〔註 129〕《文中子》:「長羅遠駕。」長生，見《西田》詩。　李巨山詩:「蒼龍遙逐日。」〔註 130〕張平子《西京賦》:「日月於是乎出入，象扶桑與濛汜。」《穆天

〔註 119〕《鐵堂峽》。
〔註 120〕卷十一。
〔註 121〕卷一百十二上《方術列傳上》。
〔註 122〕曹丕《雜詩二首》其二。
〔註 123〕卷十二。
〔註 124〕卷五十三。
〔註 125〕卷十九。
〔註 126〕原題《莊嚴旻法師成實論義疏序》。
〔註 127〕卷四十九。
〔註 128〕《周穆王篇》。
〔註 129〕張說《侍宴隆慶池應制》。
〔註 130〕李嶠《馬》。

子傳》:「天子游於河，濟，盛君獻女。天子西征，至玄池之上，乃奏樂三日。盛姬亡，天子殯姬於穀丘之廟，葬於樂池之南。」楊煥《山陵雜記》:「盛姬諡曰哀淑人。」　蔡伯喈《橋太尉碑》:「揮鞭而定。」《易林》:「弱水之西，有西王母。生不知老，與天相保。」〔註131〕《一統志》:「崐崙山在肅州西南。弱水源出甘州府山丹縣西南，入肅州高臺縣界。」**漢皇好神仙，妻子思脫屣。東巡並西幸，離宮宿羅綺。寵奪長門陳，恩盛傾城李。穠華即修夜，痛入哀蟬誄。苦無不死方，得令昭陽起。晚抱甘泉病，遽下輪臺悔。蕭蕭茂陵樹，殘碑泣風雨。**此段言漢武求仙雖有脫屣妻子之語，而生則極其寵幸，沒則極其哀誄，至終身而後已，總見忘情之難也。○《漢書・揚雄傳》:「往時武帝好神仙。」〔註132〕《史記・孝武紀》:「吾誠得如黃帝，吾視去妻子如脫躧耳。」〔註133〕《廣韻》:「屣與躧同。」《漢書・郊祀志》:「上遂東巡海上，自封泰山。後十三〔註134〕歲，而周遍於五嶽四瀆矣。」〔註135〕　離宮，見《遇南廂園叟》。張平子《西京賦》:「似不任乎羅綺。」《史記・外戚世家》:「陳皇后挾婦人媚道，其事頗覺，於是廢陳皇后。」〔註136〕司馬長卿《長門賦序》:「陳皇后時得幸，頗妒。別在長門宮。」《漢書・外戚傳》:「孝武李夫人，本以倡進。夫人兄延年性知音，善歌舞。侍上起舞，歌曰:『北方有佳人，絕世而獨立。一顧傾人城，再顧傾人國。』」〔註137〕《詩》:「何彼襛矣，華如桃李。」〔註138〕阮詩:「清風肅肅，修夜漫漫。」〔註139〕《拾遺記》:「漢武帝思李夫人，不可復得。時穿昆靈之池，泛翔禽之舟。帝自造歌曲，使女伶歌之。因賦《落葉哀蟬曲》。」〔註140〕《史記・封禪書》:「不死之藥可得。」〔註141〕《三輔黃圖》:「武帝後宮八區，有昭陽殿。」《史記・孝武紀》:「遂幸甘泉，病良已。」〔註142〕《漢書・西域傳》:「征和中下詔，深陳既往之悔，曰:『今請遠田輪臺，欲起亭隧，是擾勞天下，非所以憂民也。今朕不忍聞。』」〔註143〕《一統志》:

〔註131〕《訟》之《泰》。
〔註132〕卷八十七上。
〔註133〕卷十二。
〔註134〕「三」,《史記》卷十二《孝武本紀》、卷二十八《封禪書》作「二」。
〔註135〕卷二十五上。
〔註136〕卷四十九。
〔註137〕卷九十七上。
〔註138〕《召南・何彼襛矣》。
〔註139〕阮籍《詠懷詩十三首》其三。
〔註140〕卷五《前漢上》。
〔註141〕卷二十八。
〔註142〕卷十二。
〔註143〕卷九十六下。

「輪臺城在土魯番。」《史記》:「武帝葬茂陵。」李義山詩:「茂陵松柏雨蕭蕭。」〔註144〕 高季迪詩:「風雨斷蘚理〔註145〕殘碑。」**天地有此山,蒼崖閱興毀。我佛施津梁,層臺簇蓮蕊。龍象居虛空,下界聞鬥蟻。乘時方救物,生民難其已。澹泊心無為,怡神在玉几。長以兢業心,了彼清淨理。**此段從清涼山說到佛,似以佛法為諷諫者。○《晉書·羊祜傳》:「自有宇宙,便有此山。」〔註146〕 蒼崖,見《贈願雲師》。興毀,見《又詠古》。《世說》:「庾公嘗見臥佛,曰:『此子疲於津梁。』」〔註147〕 杜詩:「吾知多羅樹,卻倚蓮華臺。」〔註148〕《維摩詰經》:「菩薩勢力,譬如龍象蹴踏,非驢所堪。」 下界,見《贈願雲師》。張如哉曰:「《北史》:『東西魏交兵,每有黃黑蟻陣鬪,時東魏黃衣,西魏黑衣。』」〔註149〕孟東野詩:「鬪蟻甚微細。」〔註150〕 按:「乘時」二句即民之生久矣,予不得已也之意。《淮南子》:「非澹泊無以明德。」〔註151〕《老子》:「我無為而物自化。」《隋書·柳彧傳》:「以怡神為意。」〔註152〕《西京雜記》:「天子玉几,冬則加錦其上,謂之綈幾。」〔註153〕 《書》:「兢兢業業。」〔註154〕 丘為詩:「頗得清淨理。」〔註155〕**羊車稀復幸,牛山竊所鄙。縱灑蒼梧淚,莫賣西陵履。持此禮覺王,賢聖總一軌。道參無生妙,功謝有為恥。色空兩不住,收拾宗風裏。**此段足第三段之義。○《晉書·胡貴嬪傳》:「武帝多內寵,莫知所適。常乘羊車,恣其所之。宮人乃取竹葉插戶,以鹽汁灑地,而引帝車。」〔註156〕《南史·潘淑妃傳》:「帝好乘羊車經諸房,淑妃密令左右以鹹水灑地,帝每至戶,羊輒舐地不去。」〔註157〕 《韓詩外傳》:「齊景公遊於牛山之上,而北望齊,曰:『使古而無死

〔註144〕《茂陵》。

〔註145〕「理」,高啟《唐昭宗賜錢武肅王鐵券歌》作「埋」。

〔註146〕卷三十四。

〔註147〕《言語》。

〔註148〕《山寺》。

〔註149〕《北史》卷六《齊本紀上》、《北齊書》卷二《神武帝紀下》:「自東西魏構兵鄴下,每先有黃黑蟻陣鬥,占者以為黃者東魏戎衣色,黑者西魏戎衣色。」

〔註150〕《老恨》。

〔註151〕《主術訓》。

〔註152〕卷六十二。

〔註153〕卷一。

〔註154〕《皋陶謨》。

〔註155〕《尋西山隱者不遇》。

〔註156〕卷三十一《后妃列傳上》。

〔註157〕卷十一《后妃列傳上》。

者，則寡人將去此而何之？』俯而泣沾襟。」〔註 158〕《禮》：「舜葬於蒼梧之野，蓋三妃未之從也。」〔註 159〕《博物志》：「舜之二妃以涕揮竹，竹盡斑。」　魏武《遺令》：「汝等時時登銅雀臺，望吾西陵。」又云：「餘香可分與諸夫人。諸舍中無所為，可學作履組賣也。」《佛地論》：「佛者，覺也。覺一切種智，復能開覺有情，如睡夢覺，故名為佛。」《圓覺經》：「佛為萬法之王。」　聶坦之詩：「貴賤與賢愚，古今同一軌。」〔註 160〕《傳燈錄》：「大家團圞頭，共說無生話。」《莊子》：「上必無為而用天下，下必有為為天下用。」〔註 161〕《般若密羅多心經》：「色不異空，空不異色。色即是空，空即是色。」沈休文《千佛頌》：「不常不住，非今非曩。」《後漢書．光武紀》：「不能收拾者。」〔註 162〕《傳燈錄》：「風穴延沼禪師有盧陂長老問曰：『師唱誰家曲，宗風嗣阿誰？』」潘皆山曰：「《韓門綴學》：『禪門宗乘以菩提達摩為初祖，二祖曰慧可，三祖曰僧燦，四祖曰道性，五祖曰弘忍。五祖而下，乃分南北，南曰大鑒、慧能，北曰大通、神秀，皆稱六祖。南能北秀，南稱宗而北稱教，而宗門則有五宗。』」

石公山《大清一統志》：「石公山在吳縣西南一百二十里可盤灣南二里，山根有石，形如老翁，獨立水中。」〔註 163〕又：鎮江府丹徒縣東北八里亦有石公山。非此詩所詠也。《蘇州府志》：「林屋洞之外一峰鬥入湖中為石公山，相傳花石綱之役，朱勔伐石於此山前。二石對峙水中，謂之石公石姥。」

真宰斸雲根，奇物思所置。養之以天池，盆盎插靈異。初為仙家囷，百仞千倉閉。釜鬲炊雲中，杵臼鳴天際。忽而遇嚴城，猿猱不能縋。遠窺樓櫓堅，逼視戈矛利。一關當其中，飛鳥為之避。仰睇微有光，投足疑無地。循級登層巔，天風豁蒼翠。疲喘千犀牛，落落誰能制。傴僂一老人，獨立拊其背。既若拱而揖，又疑隱而睡。此乃為石公，三問不吾對。此紀遊之作。起四句虛引，「初為仙家囷」四句就石字形容其高，「忽而遇嚴城」六句狀山之險峻，「仰睇微有光」六句狀山之孤聳，末段六句點明石公作結。○《老子》：「有真宰足以制萬物。」《魏書．裴衍傳》：「棲素雲根。」〔註 164〕《史記．司馬相如傳》：「奇

〔註 158〕卷十。
〔註 159〕《禮記．檀弓上》。
〔註 160〕聶夷中《住京寄同志》。
〔註 161〕《天道》。
〔註 162〕卷一上。
〔註 163〕卷二十六。
〔註 164〕卷七十一。

物譎詭。」〔註 165〕《莊子》:「南溟者,天池也。」〔註 166〕《三國志·管輅傳》注:「其才若盆盎之水。」〔註 167〕靈異,見《讚佛詩》。《晉書·劉驎之傳》:「嘗採藥至衡山,深入忘反,見有一澗水,水南有二石囷,一囷閉,一囷開,水深廣不得過。欲還,失道。或說囷中皆仙靈方藥諸雜物,驎之欲更尋索,終不復知處也。」〔註 168〕《史記·李斯傳》:「太山之高百仞。」〔註 169〕《詩》:「乃求千斯倉。」〔註 170〕蘇詩:「況有松風聲,釜鬲鳴飂飂。」〔註 171〕《楚辭》有《雲中君》篇名。《易》:「杵臼之利,萬民以濟。」〔註 172〕《楚辭》:「九天之際,安放安屬?」〔註 173〕杜詩:「嚴城疊鼓鼙。」〔註 174〕猿猱,見《閬州行》。《左傳·僖三十年》:「夜縋而出。」《北史·王思政傳》:「修城郭,起樓櫓。」〔註 175〕《元史·地理志》:「沮洳散漫,弗可逼視。」〔註 176〕《詩》:「修我戈矛。」〔註 177〕《唐書·李芃傳》:「天下城壘堅,戈鋋利。」〔註 178〕「一關」句從李詩「一夫當關」〔註 179〕化出。馬文淵《武溪深行》:「鳥飛不度。」張子壽詩:「鳥避仙舟發。」〔註 180〕淵明《閒情賦》:「仰睇天路。」又,《桃花源記》:「彷彿若有光。」張茂先《鷦鷯賦》:「投足而安。」《史記·司馬相如傳》:「下峥嶸而無地兮。」〔註 181〕《玉篇》:「級,階也。」李詩:「慄深林兮驚層巔。」〔註 182〕《古詩》:「桑枯知天風。」〔註 183〕謝玄暉詩:「蒼翠望寒山。」〔註 184〕《漢

〔註 165〕卷一百一十七。
〔註 166〕《逍遙遊》。
〔註 167〕卷二十九。
〔註 168〕卷九十四《隱逸傳》。
〔註 169〕卷八十七。
〔註 170〕《小雅·甫田》。
〔註 171〕《謫居三適三首》其三《夜臥濯足》。
〔註 172〕《繫辭下傳》。
〔註 173〕《天問》。
〔註 174〕《水宿遣興奉呈群公》。
〔註 175〕卷六十二。
〔註 176〕卷六十三。
〔註 177〕《秦風·無衣》。
〔註 178〕《新唐書》卷一百四十七。按:《唐書》卷一百三十二《李芃傳》:「天下城壘堅厚矣,戈鋋銛利矣。」
〔註 179〕李白《蜀道難》。
〔註 180〕張九齡《龍門旬宴得月字韻》。
〔註 181〕卷一百一十七。
〔註 182〕《夢遊天姥吟留別》。
〔註 183〕蔡邕《飲馬長城窟行》,「桑枯」作「枯桑」。
〔註 184〕謝朓《冬日晚郡事隙詩》。

書・丙吉傳》:「逢人逐牛，牛喘吐舌。」〔註 185〕又，《平帝紀》:「黃支國貢犀牛。」〔註 186〕《後漢書・耿弇傳》:「常以為落落難合。」〔註 187〕《列子》:「用志不分，乃凝於神，其痀僂丈人之謂乎！」〔註 188〕《漢書・揚雄傳》:「參天地而獨立兮。」〔註 189〕《史記・吳王濞傳》:「因拊其背。」〔註 190〕陸士衡《辯亡論》:「拱揖群后。」《貴耳集》:「華山陳真人隱於睡。」《史記・范雎傳》:「所以王三問而不敢對者也。」〔註 191〕

汪鈍菴《遊石公山》詩:「嘗聞石公山，名稱習已熟。茲遊下筍輿，緩步向前麓。山色圍暖翠，湖光漾晴綠。葛花惹衣袂，橘刺礙巾幅。所遇石漸奇，一一煩記錄。或如城堞連，或如屏障曲。或平若几案，或方若棋局。虛或生天風，潤或聚雲族。或為猿猱蹲，或作羊虎伏。或如兒孫拱，或如賓主肅。或深若永巷，或邃若重屋。色或雜青蒼，紋或蹙羅縠。累累高復下，離離斷還屬。曠或可振衣，仄或危容足。既疑雷斧劈，又似鬼工築。不然湖中龍，蛻骨堆深谷。天公弄狡獪，專用悅人目。芳草絡根淺，孤松施頂禿。敧崟上鼯鼠，嵌空懸蝙蝠。玩之漸忘反，苦被同遊促。平生解愛石，拜揖每匍匐。急欲買茲山，誅茅架椽竹。為謀吾已決，不假龜策卜。」

歸雲洞按:《蘇州府志》列歸雲洞於林屋洞之下，蓋亦在包山。

歸云何屭顏，雕斵自太古。千松互盤結，託根無一土。呀然丹崖開，蒼茫百靈斧。萬載長欹危，撐拄良亦苦。古佛自為相，一身雜仰俯。依稀莓苔中，葉葉青蓮吐。若以庋真詮，足號藏書府。仙翁刺船來，坐擘麒麟脯。鐵笛起中流，進酒虬龍舞。晚向洞中眠，叱石開百武。床几與棋局，一一陳廊廡。翩然自茲去，黃鵠瀟湘浦。恐使吾徒窺，還將白雲補。起八句寫洞外樹石之奇，「古佛」六句寫洞中佛像之盛，「仙翁」句以下見其為仙靈窟宅，而末句又點染雲字也。〇司馬長卿《大人賦》:「放散畔岸，驤以屭顏。」《索隱》曰:「馬仰頭，其口開，正屭顏也。」《北史・周武帝紀》:「雕斵之物，並賜貧

〔註 185〕卷七十四。
〔註 186〕卷十二。
〔註 187〕卷四十九。
〔註 188〕《黃帝篇》。又見《莊子・達生》。
〔註 189〕卷八十七上。
〔註 190〕卷一百零六。
〔註 191〕卷七十九。

民。」〔註 192〕《漢書·東都賦》注:「太古,遠古也。」〔註 193〕 馬季長《圍棋賦》:「期相盤結。」《晉書·王濬傳》:「靈基託根於南垂。」〔註 194〕《玉篇》:「呀,大空貌。」《晉書·宋纖傳》:「丹崖千丈,青壁萬尋。」〔註 195〕 杜詩:「獨立蒼茫自詠詩。」〔註 196〕《漢書·東都賦》注:「百靈,百神也。」〔註 197〕 杜詩:「行步欹危寔怕春。」〔註 198〕《宋史·陳襄傳》:「數輩相撐拄。」〔註 199〕朱子詩:「念公亦良苦。」〔註 200〕《本行經》:「淨飯王召阿私陁仙相太子。其仙悲啼哽咽,王問其故。仙曰:『太子具三十二相,八十種好。非是轉輪聖王,決定出家成佛。』」 蘇詩:「萬〔註 201〕世一仰俯。」〔註 202〕 莓苔,見《與劉雪舫》。 葉葉青蓮吐,見《贈蒼雪》。 杜詩:「衣褐向真詮。」〔註 203〕《穆天子傳》:「群玉山,先王之所〔註 204〕謂冊府也。」「藏書」出《史記·老子傳》。 刺船,見《塗松晚發》。《神仙傳》:「王方平住胥門蔡經家,召麻姑至,擘脯而食之,雲麟脯。」 鐵笛,見《避亂》。《史記·吳起傳》:「中流顧謂吳起。」〔註 205〕《古樂府》有《將進酒》。《埤雅》:「有角曰虬龍。」 陶商翁詩:「遊遍真仙洞府中。」〔註 206〕 按:《字典》以「吒」為叱之稍徐。《神仙傳》:「黃初平牧羊,有道士將至金華山石室中四十餘年。其兄初起行山尋索,相見,問羊何在。曰:『近在山東。』初起往視,但見白石而還。初平與初起俱往看之。初平乃叱曰:『羊起。』於是白石皆變成羊。」《三齊紀略》:「始皇作石橋,欲過海看日出處。時有神人能驅石下海,石去不速,神輒鞭之。」此詩疑合用之。《禮》:「堂上接武,堂下布武。」〔註 207〕《南嶽記》:「衡山石室有石

〔註 192〕卷六。
〔註 193〕按:實出《後漢書》卷七十下《班固列傳》。
〔註 194〕卷四十二。
〔註 195〕卷九十四《隱逸傳》,「千」作「百」。
〔註 196〕《樂遊園歌》。
〔註 197〕按:實出《後漢書》卷七十下《班固列傳》。
〔註 198〕《江畔獨步尋花七絕句》其二。
〔註 199〕卷三百二十一。
〔註 200〕朱熹《秀野以喜無多屋宇幸不礙雲山為韻賦詩熹伏讀佳作率爾攀和韻劇思慳無復律呂笑覽之餘賜以斤斧幸甚》其五。
〔註 201〕「萬」,讀秀本作墨丁。
〔註 202〕蘇軾《宿臨安淨土寺》,「世」作「古」。
〔註 203〕《秋日夔府詠懷奉寄鄭監審李賓客之芳一百韻》。
〔註 204〕「所」,讀秀本作墨丁。
〔註 205〕卷六十五。
〔註 206〕陶弼《融州仙巖》。
〔註 207〕《禮記·曲禮上》。

牀石幾。」〔註208〕杜詩：「老妻畫紙為棋局。」〔註209〕按：詩意是洞中有仙人之牀几棋局也。俟考。　廊廡，見《贈蒼雪》。　張茂先《鷦鷯賦》：「翩翩然有以自樂也。」《一統志》：「黃鵠山在武昌府城內西隅，一名黃鶴山，西北二里有黃鵠磯。」又〔註210〕：「湘水自廣西全州東北流入永州府東安縣南，至府城西，瀟水入之，謂之瀟湘。」按：此二句即《江賦》「包山洞庭，巴陵地道」之意。詳見《二十五日》詩。　陳希夷詩：「來時自有白雲封。」〔註211〕

縹緲峰《蘇州府志》：「包山諸峰皆秀異，縹緲峰最高。」

茲峰非雲高，高與眾山別。其下多嵌空，天風吹不折。插根虛無際，縹緲為險絕。此首分五段，每段六句。起六句點題。〇謝靈運詩：「眾山亦對窗。」〔註212〕　杜詩：「嵌空太始雪。」〔註213〕　天風，見《石公山》。　王無功詩：「插根擁巖穴。」〔註214〕陸魯望《縹緲峰》詩：「因思縹緲稱，乃在虛無裏。」　杜詩：「縹緲乘險絕。」〔註215〕**細徑緣山腰，人聲來木末。籃輿雜徒步，佳處欣屢歇。躋嶺路倍艱，往往攬垂葛。**此將登峰之事。〇子山《枯樹賦》：「頓山腰而半折。」《楚辭》：「搴芙蓉兮木末。」〔註216〕　《晉書·陶潛傳》：「素有腳疾，乘藍輿，亦足自反。」〔註217〕徒步，見《閬州行》。　杜詩：「佳處領其要。」〔註218〕　儲光羲詩：「往往纜垂葛。」〔註219〕**灝氣淩泬寥，一身若冰雪。輕心出天地，羽翮生髣髴。杖底撥殘雲，了了見吳越。**此既登峰之情。〇灝氣，詳補注。《楚辭》：「泬寥兮天高而氣清。」〔註220〕　《莊子》：「肌膚若冰雪。」〔註221〕　輕心，見《送何省齋》。按：「出天地」即遊宇宙之外意。　《史記·留侯世家》：「羽翮已就。」〔註222〕　李詩：

〔註208〕吳淑《事類賦》卷十四。
〔註209〕《江村》。
〔註210〕《大清一統志》卷一百三十一。
〔註211〕見劉斧《青瑣高議》前集卷八。
〔註212〕《田南樹園激流植楥》。
〔註213〕《鐵堂峽》。
〔註214〕王績《古意六首》其四。
〔註215〕《鐵堂峽》。
〔註216〕《九歌·湘君》。
〔註217〕卷九十四《隱逸傳》。
〔註218〕《次空靈岸》。
〔註219〕《酬綦毋校書夢耶溪見贈之作》。
〔註220〕《九辯》。
〔註221〕《逍遙遊》。
〔註222〕卷五十五。

「撥雲尋古道。」〔註 223〕 王少伯詩：「了了見松雪。」〔註 224〕**曜靈燭滄浪，滉瀁金光發。陰霞俄已變，慘澹玄雲結。歸筇破暝靄，半嶺值虹蜺。**音齧。此將下峰之所見。○張平子《思玄賦》：「曜靈忽其西藏。」滄浪，見《攀清湖》。《三國志・薛綜傳》：「加以洪流滉瀁。」〔註 225〕《漢書・禮樂志》：「揚金光，橫泰河。」〔註 226〕 謝靈運詩：「陰霞屢興沒。」〔註 227〕 白詩：「雲容陰慘澹。」〔註 228〕蔡伯喈《霖賦》：「瞻玄雲之晻晻。」 陳君舉詩：「篝燈照〔註 229〕歸筇。」李遐叔詩：「白日破昏靄。」〔註 230〕 唐太宗詩：「雲凝愁半嶺。」〔註 231〕《晉書・王筠傳》：「沈約示筠《郊居賦》，筠讀至『雌蜺連蜷』，約撫掌欣抃曰：『僕嘗恐人呼為霓。』」〔註 232〕蓋謂字本入聲，恐人呼為平聲也。**始知清境杳，跡共人鳥滅。丹砂定可求，苦為妻子奪。看君衣上雲，飛過松間月。**此既下峰之所思。○許霖詩：「清境不能住。」〔註 233〕 柳子厚詩：「千山鳥飛絕，萬徑人蹤滅。」〔註 234〕 杜詩：「丹砂訪葛洪。」〔註 235〕 曾子固詩：「時見厓下雨，多從衣上雲。」〔註 236〕 王詩：「明月松間照。」〔註 237〕

陸雲士曰：「驚人之句，觸緒紛來。今日梅村，不減昔時謝朓。」

林屋洞《洞天福地記》：「第九林屋洞，周迴四百里，名佐神幽墟之天。在蘇州洞庭湖中。」《蘇州府志》：「林屋洞，一名左神幽虛之天洞，有三門，同會一穴。內以石門為隔。中有石室、銀房、金庭、玉柱。」

震澤初未定，水石爭相攻。神龍排杳冥，蕩擊沉虛宮。仙人資禹力，

〔註 223〕《尋雍尊師隱居》。
〔註 224〕王昌齡《過華陰》。
〔註 225〕卷五十三《吳書八》。
〔註 226〕卷二十二。
〔註 227〕《遊赤石進帆海詩》。
〔註 228〕《渭村退居寄禮部崔侍郎翰林錢舍人詩一百韻》。
〔註 229〕「照」，陳傅良《遊鼓山》作「道」。
〔註 230〕李華《寄趙七侍御》。
〔註 231〕《秋日二首》其一。
〔註 232〕按：非出《晉書》，出《梁書》卷三十三《王筠傳》、《南史》卷二十二《王筠傳》。
〔註 233〕按：非許霖詩，出許渾《將歸塗口宿鬱林寺道玄上人院二首》其二。
〔註 234〕《江雪》。
〔註 235〕《奉寄河南韋尹丈人》。
〔註 236〕《上翁嶺》。
〔註 237〕《山居秋暝》。

洞府開洪濛。惜哉石函書，不救夫差窮。大道既已泄，國祚於焉終。此首分四段。一段、三段皆十句，二段、四段皆八句。亦段落勻停之法。第一段詠林屋古蹟。○《書》:「震澤底定。」〔註238〕《漢書・地理志》:「吳縣具區澤，古文以為震澤。」　子瞻《石鐘山記》:「水石相搏。」《楚國先賢傳》:「神龍朝發崑崙之墟。」《史記・項羽紀》:「窈冥晝晦。」〔註239〕　柳子厚《鈷鉧潭記》:「蕩擊益暴。」《漢書・郊祀志》:「仙人可見。」〔註240〕　柳子厚詩:「忽疑眠洞府。」〔註241〕皮襲美《縹緲峰》詩:「古穴下徹海，視之寒鴻濛。」　《洞庭山記》:「昔闔閭使靈威丈人尋洞，秉燭晝夜而行，繼七十日不窮而返。內石几上有素書三卷，持回，上於闔閭，不識。請孔子辨之。孔子曰:『此夏禹之書，並神仙之事，言大道也。』」《靈寶要略》:「孔子曰:『丘聞童謠曰:吳王出遊觀震湖，靈威丈人山隱居。北上包山入靈墟，乃入洞庭竊禹書。天地大文不可舒，此文長傳百六初，若強取出喪國廬。』」耶律晉卿詩:「綿綿延國祚。」〔註242〕**我行訪遺跡，興極探虛空。絕徑不可肥，自視猶枯筇。山神愛傴僂，直立憂微躬。以之生退怯，匍匐羞兒童。**此遊時之所見。說到不能遊正見洞之奇險。○遺跡，見《遇南廂園叟》。　杜詩:「向來幽興極。」〔註243〕虛空，見《贈願雲師》。《水經注》:「危蹊絕徑，過懸度之艱。」〔註244〕蘇詩:「人瘦尚可肥。」〔註245〕　朱子詩:「更能理枯筇。」〔註246〕《漢書・東都賦》注:「山靈，山神也。」〔註247〕傴僂，見《石公山》。　子瞻《靴銘》:「直立含風廣殿。」微躬，見《西田》詩。《宋史・趙鼎傳》:「累年退怯。」〔註248〕**傳聞過險澀，谽呀來天風。松炬厭明滅，乳竇驚青紅。洪崖應常來，床几陳從容。何不回真馭，日月行其中。銀房閟幽異，勿使吾徒同。**此遊時之所聞。詠其所未遊更見洞之深邃。○《晉書・周馥傳》:「崤函險澀。」〔註249〕　司馬長卿《上

〔註238〕《禹貢》。
〔註239〕卷七。
〔註240〕卷二十五下。　又見《史記》卷十二《孝武本紀》。
〔註241〕《再至界圍巖水簾遂宿巖下》。按：沈約《善館碑》:「或藏形洞府，或棲志靈嶽。」
〔註242〕耶律楚材《和李世榮韻》。
〔註243〕《重過何氏五首》其二。
〔註244〕卷二十四。
〔註245〕《於潛僧綠筠軒》。
〔註246〕朱熹《奉同尤延之提舉廬山雜詠十四篇》其二《折桂院黃雲觀》。
〔註247〕按：實出《後漢書》卷七十下《班固列傳》。
〔註248〕卷三百六十。
〔註249〕卷六十一。

林賦》:「谽牙豁閉。」天風，見《石公山》。《三國志・滿寵傳》:「折松為炬，灌以麻油。」〔註 250〕白詩:「明滅浮殘日。」〔註 251〕《本草綱目》:「石之津氣，鐘聚成乳，滴溜成石，故名石鍾乳。」〔註 252〕鮑詩:「乳竇夜涓滴。」〔註 253〕按:「驚青紅」因松炬明滅而有此色也。《神仙傳》:「衛叔卿歸華山，與數人博，曰是洪崖先生、王子晉、薛容也。」 床几，見《歸雲洞》。《雲笈七籤》:「真馭之臨，獲聞於諄誨。」〔註 254〕 曹孟德《樂府》:「日月之行，若出其中。」〔註 255〕 銀房，見題下。**終當齎餱糧，鍊骨如飛鴻。路穿三江底，境與諸天通。南浮瀟湘水，西上峨眉峰。歸來詫里人，足比靈威翁。**此進一層注，與退怯相反，欲遊其所未遊也，是極寫遊興。而「靈威」句又與起一段相應。〇杜詩:「鍊骨調情性。」〔註 256〕謝靈運詩:「飛鴻響遠音。」〔註 257〕《史記正義》:「三江者，在蘇州東南三十里，一江西南上七十里至太湖，名曰松江，古笠澤江；一江東南上七十里至白蜆湖，名曰上江，亦曰東江；一江東北下三百餘里入海，名曰下江，亦曰婁江。於其分處，號曰三江口。」〔註 258〕 諸天，見《讚佛詩》。 瀟湘，見《歸雲洞》。 峨眉，見《哭志衍》。顧瞻泰曰:「《漢書注》:『洞庭穴道潛行水底，無所不通，號為地脈。』」又，《梁四公記》:「洞庭山有穴四支，一通洞庭湖西岸，一通蜀道青衣浦北岸，一通羅浮兩山間大谿，一通枯桑島東岸。」《寰宇記》:「洞庭山有穴五門，東通林屋，西達峨眉，南接羅浮，北連岱嶽。」《史記・司馬相如傳》:「子虛過詫烏有先生。」〔註 259〕《玉篇》:「詫，誇也。」

送周子俶沈歸愚師曰:「周肇，字子俶，江南太倉人。著有《東岡集》。」〔註 260〕

〔註 250〕卷二十六。
〔註 251〕白居易《湖亭晚望殘水》。
〔註 252〕卷九《金石之三》。
〔註 253〕《過銅山掘黃精詩》。
〔註 254〕卷一百。
〔註 255〕《觀滄海》。
〔註 256〕《寄劉峽州伯華使君四十韻》。
〔註 257〕《登池上樓詩》。
〔註 258〕卷二《夏本紀》。
〔註 259〕卷一百一十七。
〔註 260〕《乾隆青浦縣志》卷二十四《名宦》(清乾隆五十三年刻本):「周肇，字子俶，號東岡。幼穎異，十歲能為文。太倉張溥舉復社，聲氣傾海內。肇以總角稱高弟，名籍甚。時王撰、王昊等稱婁東十子，肇為之冠，貢入太學。順治十五年，中順天鄉試。久之，得青浦教諭。振興學校，舉卓異，擢江西新淦縣知縣。亡何，病卒，年六十九。」

五載寄幽燕，歸來問家室。入門四壁在，小婦當窗織。恐其話飢寒，且呼治酒食。妻子識君心，低頭惟默默。嗟余忝鄰里，欲語弗遑及。聞君又行邁，君歸曾幾日。睠此父母邦，過若遠鄉客。丈夫志四海，行矣須努力。此首是送字正面，分兩段，前段八句，子俶初從燕來；後段八句，又將赴燕去也。○陳伯玉詩：「關河緬幽燕。」〔註 261〕　問家室，見《臨江參軍》。　杜詩：「入門依舊四壁空。」〔註 262〕《漢書·元后傳》注：「小婦，妾也。」〔註 263〕《古詩》：「皎皎當窗牖。」〔註 264〕又：「女子臨窗織。」〔註 265〕《詩》：「惟酒食是議。」〔註 266〕《漢書·梁鴻傳》：「妻孟光曰：『今何為默默，無乃欲低頭就之乎？』」〔註 267〕《詩》：「不遑啟處。」〔註 268〕　又：「行邁〔註 269〕靡靡。」〔註 270〕《古詩》：「忽如遠行客。」〔註 271〕　曹詩：「丈夫志四海。」〔註 272〕《史記·外戚傳》：「行矣，彊飯勉之。」〔註 273〕《古詩》：「努力加餐飯。」〔註 274〕

《嘉慶松江府志》卷四十三《名宦傳》(清嘉慶松江府學刻本)：「周肇，字子俶，太倉人。十歲能文章，同里張溥舉復社，聲氣傾海內，肇以總角稱高弟。王撰、王昊等號婁東十子，肇復為之冠。貢入太學。順治十五年，順天舉人。康熙十一年，除青浦教諭。振興學校，舉卓異，擢新淦知縣。病卒。」

《嘉慶直隸太倉州志》卷三十六《人物·文學》(清嘉慶七年刻本)：「周肇，字子俶。五歲識奇字，至十歲為文，師嗟異之。張溥舉復社，肇以總角為高弟，貢入太學。順治十四年，順天鄉試舉人。時科場事起，同考官論死，肇親為治殮，兼以橐饘濟其家。四經御試，久之，得青浦教諭。舉卓異，陞授新淦縣令。時肇已病，力疾之官，以除弊恤民為政。亡何，卒，年六十九。肇盛有詩名，吳偉業常選同邑諸人詩，名婁東十子。十子者，肇及王揆、許旭、黃與堅、王撰、王昊、王抃、王曜升、顧湄、王攄也。」

〔註 261〕陳子昂《西還至散關答喬補闕知之》。按：顏延之《從軍行》：「胡埃屬幽燕」；《赭白馬賦》：「旦刷幽燕，晝秣荊越。」

〔註 262〕《百憂集行》。

〔註 263〕卷九十八。

〔註 264〕《古詩十九首》其二（青青河畔草）。

〔註 265〕《折楊柳枝歌》。

〔註 266〕《小雅·斯干》。

〔註 267〕按：此出《後漢書》卷一百十三《逸民列傳》。

〔註 268〕《小雅·采薇》。

〔註 269〕「邁」，讀秀本作墨丁。

〔註 270〕《王風·黍離》。

〔註 271〕《古詩十九首》其三《青青陵上柏》。

〔註 272〕曹植《贈白馬王彪詩》。

〔註 273〕卷四十九。

〔註 274〕《古詩十九首》其一《行行重行行》。

「人生天地間，忽如遠行客」是達語，「睠此父母邦，過若遠鄉客」是苦語，各極其妙。

其二

努力贏餱糧，秋風即長路。京口〔註 275〕**正用兵，倉皇過瓜步。扁舟戒行李，六月黃河怒。脫身萬**〔註 276〕**仞淵，此險何足數。慷慨輕波濤，長年豈知故。中道感舊交，良為詩書誤。餘生嬰世網，重來獻詞賦。登**〔註 277〕**高望烽火，躊躇屢迴顧。**此進一步寫送字，預想其在路之情。前段十句，後段六句。○《漢書．刑法志》：「贏三日之糧。」〔註 278〕《注》：「贏謂擔負也。」　曹詩：「收淚即長路。」〔註 279〕　《元和志》：「建安十三〔註 280〕年，孫權自吳徙治丹徒，號曰京城。十六年，遷建業，復於此置京口鎮。」按：「京口用兵」指海寇鄭成功陷鎮江事。　《寰宇記》：「瓜步在江寧府六合縣東南二十里，東臨大江。」　扁舟、行李，見《鸛清湖》。　《宋史．河渠志》〔註 281〕：「黃河六月名礬山水。」〔註 282〕　脫身，見《又詠古》。萬仞，見《哭志衍》。　蘇詩：「奸民食此險，出沒如鳧鷺。」〔註 283〕《宋書．吳邁遠傳》：「曹子建何足數哉！」〔註 284〕　慷慨，見《哭志衍》。高達夫詩：「忠信涉波濤。」〔註 285〕　長年，見《避亂》。杜詩：「世人那得知其故。」〔註 286〕《史記．吳世家》：「季札使於鄭，見子產如舊交。」〔註 287〕杜詩：「儒冠多悞身。」〔註 288〕　《南史．鬱林王紀》：「餘生寧足吝耶？」〔註 289〕世網，見《送何省齋》。

〔註 275〕「口」，讀秀本作墨丁。
〔註 276〕「萬」，讀秀本作墨丁。
〔註 277〕「登」，讀秀本作墨丁。
〔註 278〕卷二十三。
〔註 279〕曹植《贈白馬王彪詩》。
〔註 280〕「三」，《元和郡縣志》卷二十六作「四」。
〔註 281〕「宋史河渠志」，稿本、天圖本、讀秀本作「■水衡記■」。
〔註 282〕朱勝非《紺珠集》卷七：「礬山水，六月水名。」葉庭珪《海錄碎事》卷三上：「礬山水，六月水也。」潘自牧《記纂淵海》卷七：「六月名礬山水。」《記纂淵海》注出《水衡記》。
〔註 283〕《両橋詩》其一《東新橋》。
〔註 284〕按：《宋書》無吳邁遠傳，見《南史》卷七十二《文學列傳》。
〔註 285〕《送柴司戶充劉卿判官之嶺外》。
〔註 286〕《送孔巢父謝病歸遊江東兼呈李白》。
〔註 287〕卷三十一《吳太伯世家》。又見卷四十二《鄭世家》。
〔註 288〕《奉贈韋左丞二十二韻》。
〔註 289〕卷五。

《北史・李諤傳》:「其有上書獻賦。」〔註 290〕《漢書・枚乘傳》:「梁客皆善詞賦。」〔註 291〕　韓詩:「登高望烽火。」〔註 292〕　躊躇，見《送何省齋》。迴顧，見《松鼠》。

按:《一統志》〔註 293〕:「順治二年，張〔註 294〕承恩以副將佐守鎮江，時疆宇初平，姦宄未靖，承恩招〔註 295〕撫宿賊。」又:「是年，湖寇薄金壇城，肆焚掠，知縣胡延年星請大兵至，身自臨陣殺賊。城賴以全。」又:「十五年，寇犯鎮江，丹徒知縣賀應旌請兵駐防。」而《鎮江府志》所載兵擾尤多，似「京口用兵」不專指十六年■■〔註 296〕鄭成功陷鎮江也。然《一統志》載「十六年，海寇陷瓜洲，鎮江都司羅明昇奮身陷陣」〔註 297〕，以「倉皇過瓜步」句徵之，仍指十六年事。時梅村已南歸矣，故編在《遊石公山》諸詩以後。

其三

回顧去鄉遠，進及長安城。禁門十二戟，策馬聞雞鳴。解褐初登朝，日出趨承明。慶雲生階墀，天樂和且平。立談計誠用，萬里無專征。忘形樂簡易，任氣高縱橫。常恐斗酒後，脫略驚公卿。一官了婚嫁，可以謀歸耕。此再進一步寫送字，預想其入京仕宦之事。前後段各八句。○鮑詩:「去鄉三十載。」〔註 298〕　又:「禁門平旦開。」〔註 299〕《宋史・輿服志》:「門戟，木為之而無刃，設架而列之，謂之棨戟。天子宮殿門左右各十二，應天數也。」〔註 300〕　解褐，見《哭志衍》。「登朝」、「承明，見《送何省齋》。　《漢〔註 301〕書・禮樂志》:「甘露降，慶雲出〔註 302〕。」蘇詩:「霜葉鳴階墀。」〔註 303〕　白詩:「似聽仙樂耳暫明。」〔註 304〕

〔註 290〕卷七十七。
〔註 291〕卷五十一。
〔註 292〕《烽火》。
〔註 293〕《大清一統志》卷三十。
〔註 294〕「張」，讀秀本作墨丁。
〔註 295〕「招」，讀秀本作墨丁。
〔註 296〕「■■」，稿本、天圖本、讀秀本作「海寇」。
〔註 297〕同上。
〔註 298〕《代結客少年場行》。
〔註 299〕鮑照《代放歌行》。「旦」，乙本誤作「且」。
〔註 300〕卷一百五十。
〔註 301〕「漢」，讀秀本作墨丁。
〔註 302〕「出」，《漢書》卷二十二作「集」。
〔註 303〕《次韻孔文仲推官見贈》。
〔註 304〕《琵琶行》。

《詩》:「終和且平。」〔註305〕《史記·蘇秦傳》:「大王誠聽臣之計。」〔註306〕 按:「萬里」句言兵革皆息也。專征,見《夜宿阜昌》。 杜詩:「忘形到爾汝。」〔註307〕《史記·李將軍傳》:「李將軍極簡易。」〔註308〕 梁元帝《與張贊詩序》:「負才任氣。」縱橫,見《遇劉雪舫》。《古詩》:「斗酒相娛樂。」〔註309〕楊子幼《報孫會宗書〔註310〕》:「酒後耳熱。」《隋書·文學傳·贊》:「嘯傲當世,脫略公卿。」〔註311〕《後漢書·逸民傳》:「向長,字子平。建武中,男女娶嫁既畢〔註312〕,勑斷家事,勿相關。」〔註313〕 韓詩:「可以〔註314〕畊灞滻。」《漢書·夏侯勝傳》:「不如歸畊。」〔註315〕

其四

歸耕東岡陂,清流貫群木〔註316〕。月明夜方靜,高話溪堂宿。破產求神仙,丹砂徇微祿。玉書晚應悟,至道亡情慾。一飯輒萬錢,並日恒不足。知交雖云厚,詎可先骨肉。閱世經艱難,息心謝榮辱。平生著述事,尚有殘編讀。此再進一步寫送字,預想其歸來之樂。○《後漢書·周燮傳》:「君獨何為守東岡之陂乎?」〔註317〕 嵇叔夜《琴賦》:「臨清流,賦新詩。」群木,見《讀西臺記》。 儲光羲詩:「高話羲皇年。」〔註318〕退之有《鄆州溪堂詩序》。 李詩:「破產不為家。」〔註319〕《古詩》:「服食求神仙。」〔註320〕 丹砂,見《縹緲峰》。《南史·陶弘景傳》:「弘景既得神符秘訣,以為神丹可成,而苦無藥物。帝給黃金、硃砂、曾青、雄黃等。後合飛丹,色如霜雪。」《黃庭內景經》:

〔註305〕《小雅·伐木》。
〔註306〕卷六十九。
〔註307〕《醉時歌》。
〔註308〕卷一百九。
〔註309〕《古詩十九首》其三(青青陵上柏)。
〔註310〕「宗書」,讀秀本作墨丁。
〔註311〕卷七十六。
〔註312〕「畢」,讀秀本作墨丁。
〔註313〕卷一百十三。
〔註314〕「可以」,韓愈《贈張籍》作「便可」。
〔註315〕卷七十五。
〔註316〕「木」,讀秀本作墨丁。
〔註317〕卷八十三。
〔註318〕《同王十三維偶然作十首》其三。
〔註319〕《經下邳圯橋懷張子房》。
〔註320〕《古詩十九首》其十三(驅車上東門)。

「思詠玉書入上清。」《莊子》:「至道之精，窈窈冥冥。」〔註 321〕《漢書·匡衡傳》:「情慾之感無介乎容儀。」〔註 322〕　一飯，詳《送杜于皇》。《晉書·何曾傳》:「食日萬錢，猶曰無下箸處。」〔註 323〕《禮》:「並日而食。」〔註 324〕《書》:「惟日不足。」〔註 325〕　知交，見《贈家侍御》。《古詩》:「客行雖云樂。」〔註 326〕　閱世」見《贈家侍御》。　息心，見《西田》詩。《後漢書·荀爽傳》:「以著述為事。」〔註 327〕　殘編，見《贈家侍御》。按：梅村《太倉十子詩序》以子俶為首。

蕩子失意行贈李雲田《古詩》:「蕩子行不歸。」〔註 328〕鮑詩:「失意杯酒間。」〔註 329〕《感舊集》補傳:「李以篤，字雲田，別號老蕩子，湖廣漢陽人。有《菜根堂集》。」〔註 330〕按：曹潔躬《送李雲田還漢陽》有云:「氍毹舞席冊明燭，飲散往往

〔註 321〕《在宥》。
〔註 322〕卷八十一。
〔註 323〕卷三十三。
〔註 324〕《禮記·儒行》。
〔註 325〕《尚書·泰誓中》。
〔註 326〕《古詩十九首》其十九（明月何皎皎）。
〔註 327〕卷九十二。
〔註 328〕《古詩十九首》其二（青青河畔草）。
〔註 329〕《代結客少年場行》。
〔註 330〕《乾隆漢陽府志》卷四十一《文苑志》（清乾隆十二年刻鈔本）:
李以篤，字雲田，貢生。少穎，嗜讀書，九經、三史、諸子百氏從衡几案間。為文多奇情異趣，不屑科舉業。遊京師，輦不名，人爭相招致，篤落落然也。久之不遇，益放誕風流，自號老蕩子。縱遊吳越，所在追歡買笑，傾橐不惜。置姬寶鐙，婢掃鏡，相與徵歌縱酒，即景拈毫，樂而忘返。合肥龔瑞穀作《老蕩子失意行》以贈之。以篤天才放逸，詩多綺艷，著有《菜根堂》諸集。
（清）龔鼎孳《定山堂詩集》卷四（清康熙十五年吳興祚刻本）:
李雲田將出都門命賦老蕩子失意行檃括其意為長歌贈別
李生執手長安道，言與嘉禾侍郎好。大篇短詠盈卷軸，恨不攜來慰枯槁。侍郎文采妙天下，五年不見令人老。日南燈火端江舸，春星吐杯峽石倒。別來賓客盛西園，綠苔綦履跡難掃。肯為李生作長句，此意殷勤勝贈縞。那將好語棄空山，酌酒勸君向君惱。李生含笑不嗔怒，天下何人獨繡虎。英雄孤與使君耳，為我楚歌我楚舞。一自海內鳴金鐵，滿眼箭鏃非吾土。頹牆收瓦壓書卷，美人俊物埋軍鼓。白日行歌飯不足，饑鼠走案塵生釜。大雅淪亡老輩盡，痛哭秋山卷風雨。橡栗無多苦苣澀，晨進園官暮老圃。〔君著《菜根堂詩》。〕冰雪乾坤一草堂，珠敦玉槃誰敢侮。沅湘香草屈宋人，披剪荊棘立軍府。隴西自是飛將軍，詎與程尉刁斗伍。我讀君詩驚蒼莽，湖海風神何浩蕩。坐君樓上我牀下，心折韓彭歸芒碭。古今憐才亦有數，依稀沈約與任昉。輜軿擊轊無此客，郊居雌霓空流賞。自言平生有奇癖，楚宮微辭東山屐。修蛾曼鬋紛情性，羅袖玉釵偏薌澤。何人一曲歌懊儂，雙宿雙飛轉乖膈。相憐桃

稀星辰。高譚間〔註 331〕止接薌澤，大雅自悅傾城人。」又云：「從此驅車遍燕趙，不妨佳麗皆橫陳。」可想見其為人矣。

君家楚山下，門前溪水流。願識賢與豪，不羨公與侯。動足有萬里，妻子何能留。丈夫重意氣，恥為兒女柔。八句點出「意」字，是「蕩子」之意也。○《古樂府》：「夾轂問君家。君家誠易知。」謝玄暉詩：「雲端楚山見。」〔註 332〕常建詩：「直到門前溪水流。」〔註 333〕　按：「賢豪」二句即「不願封萬戶侯，但願一識韓荊州」意。「動足」句詳《送志衍》。　卓文君《白頭吟》：「男兒重意氣。」　曹

葉檝曾迎，未聘茂陵頭頓白。握髮何緣放刀仗，掀髯枉自森矛戟。曲陽飛書易悲慷，始興短轅太驅迫。長嘯出門稱蕩子，人生貴行胸臆爾。六代煙花翡翠樓，正陵裘馬琵琶市。失意翻成得意遊，趙女吳娥任作使。生不神仙不將相，七尺無聊許情死。阮家好女正當罏，幼與玉梭甘折齒。從知空谷有佳人，能悅傾城即名士。夜來上書閶闔下，行卷焚燒席帽卸。蕩子幻作老諸生，今日麻鞵始告罷。一鞭楊柳鴈門西，十千殘醉新豐舍。長安少年項領成，不逢其喜寧逢罵。虞卿信陵度外事，舉似今人應怪詫。獨有廷尉能畱客，〔謂過盧。〕結襪非關暱婣婭。即今四海稱詩人，往往飄零滿中野。琅琊客死〔手一。〕杜陵餓，〔于皇。〕穎川病骨無一把。〔伯幾。〕蕭蕭寒鐵梁鴻廡，〔澹心。〕湘水啼猿淚交寫。〔友沂。〕吳障人虛負郭田，〔子雲。〕南徐潮咽連江馬。〔長益。〕秋風哀笛更愁聞，縱橫血染長千赭。〔以上諸子皆云田深交，酒中頻及之。〕已知買隱無丘壑，難遣違心學聾啞。不如歸去蓬蒿側，發憤讀書兼酒色。因風更語曹侍郎，日日登臨苦相憶。

（清）方文《嵞山再續集》卷二（清康熙二十八年王槩刻本）：

老蕩子失意行為漢陽李雲田作

八年不見漢川老，今日相逢秋浦道。其容蕉萃齒凋零，卻有詩篇字字好。君詩古健霜柯撐，獨於閨閣多柔情。床頭一冊更珍異，乃老蕩子失意行。誰其作者龔司馬，麗藻妍詞妙天下。吳詹事與曹侍郎，亦復魚魚而雅雅。從此繼作皆豪賢，長歌短詠何紛然。李生大笑向予說，此冊待君將十年。夙聞君有竇鐙氏，蕙質蘭心稱女士。豈甘通德伴伶玄，誤學文君歸犬子。斯人才色斯世無，寒酸攖得分已逾。便應琴瑟長相守，安忍舟航又在途。飢驅出門猶可恕，再娶茂陵天所惡。莫怪閨人含怒嗔，尚冀狂夫當悔悟。那知野性同飛花，南北飄搖不憶家。曾遊燕塞迷倡女，又向蕪臺買俊娃。黃金用盡轉多累，雖云得意終失意。所以名為老蕩子，蕩子伶仃何足異。獨憐思婦守空房，春日遲遲秋夜長。吟成紈扇先垂淚，寄到雙魚每斷腸。群公題贈詩非一，大約勸君歸去疾。人生半百成老翁，愚夫亦解謀家室。何況君家有異人，合師梁孟敬如賓。餔糜啜茗天然樂，絕勝窮途多苦辛。張司業有傷心句。但願在家相對貧，不願天涯金繞身。

〔註 331〕「間」，乙本誤作「問」。《靜惕堂詩集》卷十二原作「間」。（《四庫全書存目叢書》集部第 198 冊，第 108 頁）

〔註 332〕《休沐重還丹陽道中詩》。

〔註 333〕《三日尋李九莊》。

詩：「無乃兒女仁。」〔註 334〕**中夜理瑤瑟，思婦當高樓。鶯花二三月，送君下揚州。小孤白浪惡，腸斷征帆收。長干嬌麗地，一顧嘶驊騮。**此寫南遊之壯。○《書》：「中夜以興。」〔註 335〕李長吉詩：「羅床倚瑤瑟。」〔註 336〕　徐孝穆詩：「思婦高樓上。」〔註 337〕　孫逖詩：「邊地鶯花少。」〔註 338〕李詩：「煙花三月下揚州。」〔註 339〕《一統志》：「小孤山在安慶府宿松縣東南一百二十里，江流經此，湍急如沸。」儲光羲詩：「白浪忽如山。」〔註 340〕　何仲言詩：「無由下征帆。」〔註 341〕《一統志》：「長干里在江寧縣南。」謝玄暉詩：「江南佳麗地。」〔註 342〕**菡萏亦已落，蘭杜方經秋。十月嚴風寒，剪燭紉衣裘。太行車輪摧，落葉填霜溝。君又自茲去，匹馬將誰投。趙女顏如花，窈窕回明眸。皎皎雙行纏，巧笑搴羅幬。男兒重紅粉，妾夢輕浮漚。**此寫北遊之盛。○菡萏，見《遇南廂園叟》。　吳叔庠詩：「願君嗣蘭杜。」〔註 343〕　袁淑詩：「四面各千里，縱橫起嚴風。」〔註 344〕　剪燭，見《過劉雪舫》。《楚辭》：「紉秋蘭以為珮。」〔註 345〕王元長詩：「客遠乏衣裘。」〔註 346〕　曹孟德《樂府》：「北上太行山。車輪為之摧。」〔註 347〕　李有中詩：「填溝水葉乾。」〔註 348〕《古詩》：「故人從此去。」〔註 349〕杜詩：「匹馬逐秋風。」〔註 350〕　楊子幼書：「婦，趙女也。」盧仝詩：「美人顏色嬌如花。」〔註 351〕　窈窕，見《讚佛詩》。子建《洛神賦》：「明眸善睞。」《古樂府·雙行纏曲》：「新羅繡行纏，足趺如春妍。」　宋玉《神女賦》：「褰余幬而請御。」《古

〔註 334〕《贈白馬王彪詩》。
〔註 335〕《冏命》。
〔註 336〕《莫愁曲》。按：陳子昂《春臺引》：「挾寶書與瑤瑟，芳蕙華而蘭靡」；《秋園臥病呈暉上人》：「疲痾澹無豫，獨坐泛瑤瑟。」
〔註 337〕《關山月二首》其一。
〔註 338〕《同洛陽李少府觀永樂公主入蕃》。
〔註 339〕《黃鶴樓送孟浩然之廣陵》。
〔註 340〕《奉別長史庾公太守徐公應召》。
〔註 341〕何遜《贈諸遊舊詩》。
〔註 342〕《隋王鼓吹曲十首》其四《入朝曲》。
〔註 343〕吳均《同柳吳興烏亭集送柳舍人詩》。
〔註 344〕《效古詩》。
〔註 345〕《離騷》。
〔註 346〕王融《和南海王殿下詠秋胡妻詩》其四。
〔註 347〕《苦寒行》。
〔註 348〕不詳。
〔註 349〕《古詩》(步出城東門)。
〔註 350〕《送舍弟頻赴齊州三首》其三。
〔註 351〕《有所思》。

詩》:「娥娥紅粉妝。」〔註 352〕 金昌緒詩:「啼時驚妾夢。」〔註 353〕姚合詩:「饑鳥啄浮漚。」〔註 354〕**今年附書至，慰訊猶綢繆。客囊無長物，旅病才新瘳。途窮徇知己，進止詎自由。狂走三十年，布褐空蒙頭。**此段是失意正面。○杜詩:「一男附書至。」〔註 355〕《古詩》:「幸可廣問訊。」〔註 356〕 張來儀詩:「客囊空薏苡。」〔註 357〕《晉書・王恭傳》:「恭平生無長物。」〔註 358〕王介甫詩:「旅病愔愔如困酒。」〔註 359〕司馬君寔詩:「身輕喜病瘳。」〔註 360〕 杜詩:「窮途愧知己。」〔註 361〕《古詩》:「舉動自專由。」〔註 362〕 狂走，見《避亂》。 王詩:「布褐將白頭。」〔註 363〕朱子詩:「莫將衲被苦蒙頭。」〔註 364〕**不如歸去來，漁釣滄浪謳。大兒誦文史，小婦彈箜篌。南村沽社酒，西舍牽耕牛。**此段思歸，亦因失意而然。○歸去來，見《送何省齋》。 漁釣，見《礬清湖》。 大兒，見《讀史雜詩》。文史，見《哭志衍》。 小婦，見《送周子俶》。《古詩》:「十五彈箜篌。」〔註 365〕《古今注》:「《箜篌引》，朝鮮子高妻麗玉作也。」陶詩:「昔欲居南村。」〔註 366〕鄭守愚詩:「社酒向花篘。」〔註 367〕 李詩:「東家西舍同時發。」〔註 368〕**人生一蘧廬，漂泊如飛鷗。得意匪為樂，失路寧關愁。居為段干隱，出作盧敖遊。**此段為慰藉之詞以廣其意。○《莊子》:「仁義，先王之蘧廬也。」〔註 369〕 漂泊，見《避亂》其二。■〔註 370〕 李詩:「人

〔註 352〕《古詩十九首》其二(青青河畔草)。
〔註 353〕《春怨》。
〔註 354〕《酬任疇協律夏中苦雨見寄》。
〔註 355〕《石壕吏》。
〔註 356〕《孔雀東南飛》。
〔註 357〕張羽《過瓜州》。按:(北宋)黃裳《送仲時南歸》:「壯志九年人事足，奇書千卷客囊空。」
〔註 358〕卷八十四。按:《世說新語・德行》:「丈人不悉恭，恭作人無長物。」
〔註 359〕王安石《姑胥郭》。
〔註 360〕司馬光《晚春病起呈擇之治臣》。
〔註 361〕《立秋雨院中有作》。
〔註 362〕《孔雀東南飛》。
〔註 363〕《獻始興公》。
〔註 364〕朱熹《和張彥輔雪後棲賢之作》。
〔註 365〕《孔雀東南飛》。
〔註 366〕《移居二首》其一。
〔註 367〕鄭谷《書村叟壁》。
〔註 368〕《江夏行》。
〔註 369〕《天運》。
〔註 370〕「其二■」，稿本、天圖本、讀秀本作「第二首」。

生得意須盡歡。」〔註371〕《漢書・揚雄傳》:「失路者委溝塗。」〔註372〕按:二句言得失不足以為忻戚也。　左太沖詩:「吾希段干木,偃息藩魏君。」〔註373〕《淮南子》:「盧敖遊乎北海,經乎太陰,入乎玄闕。」〔註374〕**我欲竟此曲,君笑登扁舟。碧天浩無際,極目徒悠悠。**四句點明贈字意。○冷朝陽詩:「碧天無際水空流。」〔註375〕沈雲卿詩:「青雲〔註376〕浩無際。」　王仲宣《登樓賦》:「平原遠而極目兮。」

「丈夫重意氣」、「失路寧關愁」是點睛處。　按:「纔」與「財」通,《史記・孝文紀》注「《索隱》曰:『財字與纔同』」是也。「纔」又與「裁」通,《漢書・高后文功臣表》注「師古曰:『裁與纔同』」是也。「纔」又與「材」通,《漢書・杜欽傳》注「師古曰:『材〔註377〕與纔同』」是也。此云「旅病才新瘳」,則「纔」又與「才」通,《晉書・謝混傳》「才小富貴,便豫人家事」是也。

尤展成《三婦豔為老蕩子李雲田賦二首》:「大婦漢陽住,中婦武昌居。小婦家何許,窈窕生吳趨。蕩子打兩槳,迎送無須臾」;「大婦工織錦,中婦能檢書。小婦無所為,掃鏡巧粧梳。蕩子坐飲酒,楚歌而吳歈。」

〔註371〕《將進酒》。
〔註372〕卷八十七上。
〔註373〕《詠史詩八首》其三。
〔註374〕《道應訓》。
〔註375〕《送紅線》。
〔註376〕「雲」,沈佺期《送友人任括州》作「春」。
〔註377〕「材」,乙本誤作「林」。

吳詩集覽　卷三下

五言古詩三之下

丁未三月廿四日從山後過湖宿福源精舍丁未，康熙六年。　按：山後，蓋繞山出包山之後。元詩：「晴候過湖風。」〔註1〕　梅村《福源寺》五言律自注：「去毛公壇三里為攢雲嶺，有福源泉寺，以泉名。」《後漢書・姜肱傳》注：「精廬即精舍也。」〔註2〕

千林已瞑色，一峰猶夕陽。拾級身漸高，樵徑何微茫。回看斷山口，樹杪浮湖光。松子向前落，道人開石房。橘租養心性，取足鬚眉蒼。清磬時一聲，流水穿深篁。我生亦何幸，暫憩支公床。客夢入翠微，人事良可忘。起六句「從山後過湖」，中六句正寫「福源」，末四句寫「宿」字。○杜詩：「厥貢傾千林。」〔註3〕瞑色，見《遇南廂園叟》。　一峰，見《讚佛詩》。夕陽，見《西田》詩。　《禮》：「拾級聚足，連步以上。」〔註4〕　韓性詩：「朝南暮北樵風徑。」〔註5〕陳伯玉詩：「高丘正微茫。」〔註6〕　《世說》：「世目周侯，嶷如斷山。」〔註7〕　王詩：

〔註 1〕《生春二十首》其六。
〔註 2〕卷八十三。
〔註 3〕《阻雨不得歸瀼西甘林》。
〔註 4〕《禮記・曲禮上》。
〔註 5〕《樵風廟》。
〔註 6〕《感遇詩三十八首》其二十七。
〔註 7〕《賞譽》。

「樹杪百重泉。」〔註8〕李文山詩：「湖光迷翡翠。」〔註9〕　杜詩：「風落收松子。」〔註10〕　道人，見《西田》詩。薛大拙詩：「平身入石房。」〔註11〕《述異記》：「越人歲出橘稅。」《後漢書・蔡茂傳》：「計口取足而已。」〔註12〕杜詩：「身長九尺鬚眉蒼。」〔註13〕　岑參詩：「夜來聞清磬。」〔註14〕　錢仲文詩：「重門深綠篁。」〔註15〕　沈慶之詩：「微生何多幸。」〔註16〕《高僧傳》：「支遁，字道林，河內林慮人。年二十五始釋形入道。」李詩：「談玄乃支公。」〔註17〕《爾雅疏》：「山氣青縹色曰翠微。凡山遠望則翠，近之則翠漸微。」　人事，見《西田》詩。《史記・信陵君傳》：「物有不可忘。」〔註18〕

起六句狀難言之景如在目前，他人數十句不能到也。

廿五日偕穆苑先孫浣心葉予聞允文遊石公山盤龍石梁寂光歸雲諸勝《箧衍集》無「廿五日」字。　梅村《穆苑先墓誌》：「君諱雲桂，苑先其字也。」程迓亭曰：「孫浣心，名以敬，字令修。」按：令修詳七古《贈穆苑先》注及《送令修遊正定》。《蘇州府志》：「林屋洞之外又有劍樓、雲梯、石板、石琴、石梁、歸雲洞、聯雲嶂、落照臺、蟠龍洞、龍床石諸勝。」

大道無端倪，真宰有融結。茲山在天壤，靈異蓄不泄。萬竅凌虛無，一柱支毫末。疑豈愚公移，愁為巨靈拔。劉根作堂奧，柳毅司扃鐍。誰啟仙人閭，係我漁父枻。刻鏤洪濛雲，雕搜大荒雪。此一段總贊石公諸勝，而幸己之得入名山詠勝概也。「大道」六句見山為扶輿所鍾，「愚公」四句見其為仙靈所宅，「仙閭」二句是遊山，「刻鏤」二句是作詩，籠起通篇。「萬竅凌虛無，一柱支毫末」寫得「靈異」出，開下兩段。○《莊子》：「反覆始終，不知端倪。」〔註19〕　真宰，見《石公山》。孫興公《遊天台山賦》：「融而為川瀆，結而為山阜。」　張景陽詩：

〔註8〕《送梓州李使君》。
〔註9〕李群玉《三月五日陪裴大夫汎長沙東湖》。
〔註10〕《秋野五首》其三。
〔註11〕薛能《聖岡》。
〔註12〕卷五十六。
〔註13〕《洗兵馬》。
〔註14〕《冬夜宿仙遊寺南涼堂呈謙道人》。
〔註15〕錢起《太子李舍人城東別業與二三文友逃暑》。
〔註16〕不詳。
〔註17〕《將遊衡嶽過漢陽雙松亭留別族弟浮屠談皓》。
〔註18〕卷七十七。
〔註19〕《大宗師》。

「名與天壤俱。」〔註20〕　靈異，見《讚佛詩》。《漢書・孔光傳》：「其不泄如是。」〔註21〕　《莊子》：「作則萬竅怒號。」〔註22〕司馬長卿《上林賦》：「乘虛無與神俱。」張承吉詩：「一柱正乾坤。」〔註23〕《老子》：「合抱之木，生於毫末。」　愚公，見《松鼠》。　巨靈，見《哭志衍》。《後漢書・方術傳》：「劉根者，潁川人也。」〔註24〕《神仙傳》：「劉根，字君安，長安人也。漢孝成帝時為郎中。」《宋史・王霆傳》：「三輔，堂奧也。」〔註25〕　《異聞錄》：「唐儀鳳中，儒生柳毅下第，將還湖濱。見有婦人牧羊於道畔，曰：『妾，洞庭龍君小女也。欲以尺素寄託。』毅如其言，訪於洞庭，取書進之洞庭君。適廣陵，娶於盧氏，因話昔事，即是洞庭君之女也。後居南海四十年，容狀不衰，開元中歸洞庭。」《莊子》：「維恐緘縢扃鐍之不固也。」〔註26〕　《阿閣志》：「山頂西嵓為仙人石闆，東嵓為介丘。」　按：「漁父枻」用《楚辭・漁父篇》「鼓枻」字。　漢文帝詔：「雕文刻鏤。」《淮南子》：「未有天地，鴻濛鴻洞。」〔註27〕　李義山詩：「繡檀回枕玉雕鎪。」〔註28〕《山海經》：「大荒之中有山，名曰大荒之山。」**或人而痀瘻，或馬而蹄齧。或負藏壑舟，或截專車節。或象神鼎鑄，或類昆吾切。地肺庖丁解，月窟工倕伐。石囷封餱糧，天廚甃涓潔。重隒累瓿甑，短柱增櫨棁。瓜瓤觚稜剖，木皮槎枒裂。皚皚黃河冰，炎炎昆岡熱。嵱岈舞辟邪，踆蚺張饕餮。**此段詠「萬竅淩虛無」之「靈異」也。杜《北征》詩：「或紅如丹砂，或黑如點漆。」韓《南山詩》連用五十一「或」字，讀之可耳。○痀瘻，見《石公山》。　《三國志・諸葛瑾傳》：「自古至今，安有四五人把持刑柄，而不離刺轉相蹄齧者也！」〔註29〕　《莊子》：「藏舟於壑，藏山於澤，謂之固矣。然而夜半有力者負之而走，昧者不知也。」〔註30〕　《國語》：「禹致群神於會稽之山，防風氏後至，禹殺而戮之，其骨節專車。」〔註31〕　《左傳・宣三年》：「昔夏之方有德也，遠方圖物，貢金九牧，鑄鼎象物，百物而為之備，使民知神姦。」　《列子》：

〔註20〕張協《詠史》。
〔註21〕卷八十一。
〔註22〕《齊物論》。
〔註23〕張祜《讀狄梁公傳》。
〔註24〕卷一百十二上。
〔註25〕卷四百八。
〔註26〕《胠篋》。
〔註27〕《精神訓》。
〔註28〕《富平少侯》。
〔註29〕卷五十二《吳書七》。
〔註30〕《大宗師》。
〔註31〕《魯語下》。

「西海上多昆吾石，冶成鐵作劍，切玉如泥。」〔註 32〕《蘇州府志》：「太湖中小山之名峿者有四，其大不及百畝，高不踰二尋，當湖水大發時亦不浸沒，古稱地肺，故嘗浮於水面也。」《莊子》：「庖丁為文惠君解牛。」〔註 33〕 揚子雲《長楊賦》：「西壓月窟。」《正韻》：「倕，黃帝時巧人名。又唐虞共工名。」〔註 34〕 石囷，見《石公山》。 天廚，見《讚佛詩》。《元史・郊祀志》：「殊非涓潔之道。」〔註 35〕《爾雅・釋山》：「重甗，隒。」注：「山形如累兩甗。甗，甑也，山形狀似之。」《博雅》：「瓿，缶也，又瓶也。」《古史考》：「黃帝始作甑。」《禮》：「山節藻棁者，謂畫梁上短柱為藻文。」〔註 36〕《說文》：「櫨，柱上柎也。」 劉公幹《瓜賦》：「素璣丹瓤。」班孟堅《西都賦》：「上觚稜而棲金雀。」 《周書・王褒傳》：「木皮春厚。」 槎牙，見《松鼠》。 班叔皮《北征賦》：「涉積雪之皚皚。」杜詩：「黃河十月冰。」〔註 37〕《書》：「火炎崑岡，玉石俱焚。」〔註 38〕《司馬相如傳》：「通谷豁兮谽谺。」〔註 39〕《後漢書・靈帝紀》注：「鄧州南陽縣北有宗資碑，旁有兩石獸，鐫其膊，一曰天祿，一曰辟邪，並獸名。」〔註 40〕 王文考《魯靈光殿賦》：「玄熊蚺錟以齗齗。」《正字通》：「蚺，舑字之譌。」《左傳・文十八年》：「縉雲氏有不才子，貪於飲食，冒於貨賄，天下之民謂之饕餮。」**斗起聳雲關，一道通箭筈。碧藕玲瓏根，文螺宛委穴。丹梯躡而上，鬱鬱虛皇闕。突兀撐青旻，插地屏障列。一身生羽翰，百尺跨虹蜺。斷澗吟風楠，颯爽侵毛髮。側竅漏日影，了了澄潭澈。雞聲出煙井，乃與人境接。回思頃所歷，過眼才一瞥。**此段詠「一柱支毫末」之「靈異」也。〇《史記・封禪書》：「成山斗入海。」注：「謂斗絕曲入海也。」李詩：「卻掩青雲關。」〔註 41〕 儲光羲詩：「深林開一道。」〔註 42〕

〔註 32〕按：《列子・湯問篇》：「周穆王大征西戎，西戎獻錕鋙之劍，火浣之布。其劍長尺有咫，練鋼赤刃，用之切玉，如切泥焉。」

〔註 33〕《養生主》。

〔註 34〕按：《莊子・達生》：「工倕旋而蓋規矩，指與物化，而不可以心稽。」陸德明《經典釋文》：「工倕，堯工，巧人也。」

〔註 35〕卷七十二。

〔註 36〕按：《禮記・明堂位》：「山節藻棁。」鄭玄《注》：「山節，刻欂盧為山也。藻棁，畫侏儒柱為藻文也。」

〔註 37〕《故武衛將軍輓歌三首》其二。

〔註 38〕《胤征》。

〔註 39〕《史記》卷一百一十七。

〔註 40〕卷八。

〔註 41〕《遊泰山六首》其二。

〔註 42〕《終南幽居獻蘇侍郎三首時拜太祝未上》其二。

杜詩：「箭栝通天有一門。」〔註43〕《韻會》：「筈與栝、括通用。」《拾遺記》：「西王母來進萬歲冰桃、千年碧藕。」范致能：「甘瓜削玉藕玲瓏。」〔註44〕《拾遺記》：「漢武侍者進洪梁之酒，酌以文螺之卮。」孔靈符《會稽記》：「會稽山南有宛委山，其上有石，俗呼石匱。昔禹治洪水，厥功未就。乃躋於此山，發石匱得金簡玉字，以知山河體勢。」謝玄暉詩：「即此凌丹梯。」〔註45〕《釋名》：「躡，攝也。登其上使攝衣也。」《後漢書．光武紀》：「氣佳哉！鬱鬱蔥蔥然。」〔註46〕陸魯望詩：「共是虛皇簡上仙。」〔註47〕突兀，見《臨江參軍》。杜詩：「鼓枻視清旻。」〔註48〕韓詩：「插地列長屏。」〔註49〕《唐書．魏徵傳》：「帝以所上疏列為屏障。」〔註50〕何仲言詩：「無因生羽翰。」〔註51〕陳伯玉詩：「虹飛百尺橋。」〔註52〕虹蜺，見《縹緲峰》。《水經注》：「斷澗為城。」柳子厚《遊讌南池序》：「其上多楓楠竹箭。」杜詩：「褒公鄂公毛發動，英姿颯爽來酣戰。」〔註53〕《漢書．谷永傳》：「無毛髮之辜。」班孟堅《東都賦》：「激日影而納光。」了了，見《縹緲峰》。沈雲卿詩：「碧水澄潭映遠空。」〔註54〕張如哉曰：「杜詩：『井屋有煙起。』〔註55〕」陶詩：「結廬在人境。」〔註56〕《莊子》：「譬之猶一�星也。」〔註57〕《釋文》：「又作瞥。」劉夢得詩：「君看瞥眼光陰速。」〔註58〕**秦皇及漢武，好大同蠓蠛。齊諧不能志，炙輠不能說。酈桑二小儒，注書事抄撮。陋襲李斯碑，闕補周王碣。關仝亦妙手，惜未適吳越。嵩華雖云高，無以鬥巧拙。時俗趁姿媚，煙巒漫塗抹。妄使傖父輩，笑我驕蟻垤。京江吸金焦，漢水注大別。流峙合而匯，奇氣乃一發。睥睨五嶽間，誰與分優劣。**此段總贊其「靈異」。

〔註43〕《望嶽》。

〔註44〕范成大《次韻馬少伊郁舜舉寄示同遊石湖詩卷七首》其四。

〔註45〕謝朓《遊敬亭山詩》。

〔註46〕卷一上。

〔註47〕陸龜蒙《和襲美醉中即席贈潤卿博士次韻》。

〔註48〕《寄薛三郎中》。

〔註49〕《答張徹》。

〔註50〕《新唐書》卷九十七。

〔註51〕何遜《贈韋記室黯別詩》。

〔註52〕《春日登金華觀》。

〔註53〕《丹青引贈曹將軍霸》。

〔註54〕沈佺期《興慶池侍宴應制》。

〔註55〕《奉送王信州崟北歸》。

〔註56〕《飲酒二十首並序》其五。

〔註57〕《徐无鬼》。

〔註58〕按：劉禹錫《牆陰歌》：「君看眼前光陰促。」

「秦皇」八句見其為書紀所罕，「關仝」八句見其為畫繪所無，「京江」六句又以足前十六句之意。○子山《溫湯碑》：「秦皇餘石，仍為雁齒之階；漢武舊陶，即用魚鱗之瓦。」　揚子《法言》：「好大者為之也。」《爾雅・釋蟲》：「蠓蠛。」注：「小蟲似蚋而喜亂飛。」　《莊子》：「齊諧者，志怪者也。」〔註 59〕　《史記・荀卿傳》注：「輠者，車之盛膏器也。炙之雖盡，猶有餘留者。言淳于髡智不盡如炙輠也。」〔註 60〕　《北史・酈道元傳》：「字善長。歷覽奇書，注《水經》四十卷。」〔註 61〕《唐書・藝文志》：「桑欽《水經》三卷。」〔註 62〕小儒，見《哭志衍》。　秦公緒詩：「注書不向時流說。」〔註 63〕《三國志・曹爽傳》注：「桓範嘗抄撮《漢書》中諸雜事。」〔註 64〕　《水經注》：「秦始皇觀禮於魯，登於嶧山之上，命李斯以大篆勒銘山嶺。」〔註 65〕　《集古錄》：「石鼓久在岐陽，初不見稱於前世，至唐人始盛稱之。而韋應物以為周文王之鼓，至宣王刻詩，韓退之直以為宣王之鼓，在今鳳翔孔子廟中。鼓有十，先時散棄於野，鄭餘慶置於廟而亡其一。皇祐四年，向傳師求於民間得之，十鼓乃足。其文可見者四百六十五，磨滅不可識者過半。」〔註 66〕　《宣和畫譜》：「關仝，一名穜，長安人。畫山水早年師荊浩，晚年筆力過浩遠甚。」〔註 67〕妙手，見《西田》詩。　《一統志》：「嵩高在河南登封縣，太華在華州華陰縣南。」　《老子》：「大巧若拙。」　韓詩：「羲之俗書趁姿媚。」〔註 68〕　何大復詩：「朝來鍾磬隔煙巒。」〔註 69〕《娜嬛記》：「王維為岐王畫一大石，信筆塗抹，自有天然之致。」　《晉書・左思傳》：「陸機與弟雲書曰：『此間有傖父，欲作《三都賦》。』」〔註 70〕　蘇詩：「勿笑一畝園，蟻垤齊衡嵩。」〔註 71〕　《一統志》：「鎮江府大江即楊子江也，亦名京江。」金焦，見《贈蒼雪》。《一統志》：「漢水源出嶓冢山，始出為漾水，東南流為沔水，至漢中流為漢水。大別山在

〔註 59〕《逍遙遊》。
〔註 60〕卷七十四。
〔註 61〕卷二十七。
〔註 62〕《新唐書》卷五十八。
〔註 63〕秦系《寄浙東皇甫中丞》。
〔註 64〕卷九。
〔註 65〕卷二十五。
〔註 66〕卷一。
〔註 67〕卷十。
〔註 68〕《石鼓歌》。
〔註 69〕《月潭寺二首》其二。
〔註 70〕卷九十二《文苑傳》。
〔註 71〕《和陶戴主簿》。按：《韓非子・姦劫弒臣》：「夫世愚學之人，比有術之士也，猶蟻垤之比大陵也。」

漢陽府北江漢合流處。」　《法書苑》:「於天地山川得方圓流峙之形。」《禹貢》:「東匯澤為彭蠡。」《漢書·地理志》注:「匯,回也。」〔註72〕　蘇子由《上韓太尉書》:「頗有奇氣。」　《後漢書·仲長統傳》:「睥睨天地之間。」〔註73〕　又,《曹褒傳》:「優劣殊軌。」〔註74〕**扶杖一村翁,眼看話年月。昔逢猶兒童,今見已耄耋。昨聞縣帖下,搜索到魚鱉。訝彼白鼉逃,無乃青草竭。卻留幽境在,似為肥遁設。當年綺里季,卜居采薇蕨。皓首走漢廷,恨未與世絕。若隨靈威去,此處攬藤葛。子房知難致,欲薦且捫舌。**此段羨山中可以避世,乃一篇之警策也。「扶杖」十句言租賦方亟,當〔註75〕於此避之。「當年」八句言物色方殷,當於此避之。而單舉四皓事,寄託遙深,淺人未易尋測,又相遞說下,令人不覺,並引起下文遊山來。　顧瞻泰曰:「《史記索隱》:『角里先生,河內軹人。孔父秘記作祿里。』《蘇州府志》:『角頭即祿里,在洞庭西山,漢角里先生所居。』《史記正義》:『太湖中洞庭山西南中號祿里邨』,即此。此詩因角里與綺〔註76〕里季同隱而連類及之,仍切包山,非泛引也。」〇扶杖,見《送何省齋》。杜詩:「歲時伏臘走村翁。」〔註77〕　《南史·劉顯傳》:「考校年月,一字不差。」　曹孟德《對酒歌》:「耄耋皆得以壽終。」〔註78〕　白詩:「納租看縣貼。」〔註79〕杜詩:「府帖昨夜下。」〔註80〕李詩:「搜索連洞壑。」〔註81〕《梁書·魚宏傳》:「水中魚鱉盡。」〔註82〕　《禮》:「季夏之月,命漁師伐蛟取鼉。」〔註83〕《三國志·諸葛恪傳》注:「童謠曰:『白鼉鳴,龜背平,南郡城中可長生,守死不去義無成。』」〔註84〕　青草,見《避亂》。　李頎詩:「行人與我翫幽境。」〔註85〕　《易》:「肥遯,无不利。」〔註86〕　《史記·留

〔註72〕卷二十八上。
〔註73〕卷七十九。
〔註74〕卷六十五。又見卷十二《律曆志中》。
〔註75〕「亟當」,讀秀本作墨丁及「當」字下部分的「田」。
〔註76〕「綺」,乙本誤作「緒」。
〔註77〕《詠懷古蹟五首》其四。
〔註78〕《對酒》。
〔註79〕《渭村退居寄禮部崔侍郎翰林錢舍人詩一百韻》。
〔註80〕《新安吏》。
〔註81〕《送王屋山人魏萬還王屋》。
〔註82〕卷二十八。
〔註83〕《禮記·月令》。
〔註84〕卷五十二《吳書七》。
〔註85〕《少室雪晴送王寧》。
〔註86〕《易·遯》上九。

侯世家》:「上欲廢太子,立戚夫人子。留侯曰:『此難以口舌爭也。顧上有不能致者,天下有四人。令太子為書,卑辭安車,因使辯士固請,宜來。』及燕,置酒,太子侍。四人從太子,年皆八十有餘,鬚眉皓白,各言姓名,曰東園公、甪里先生、綺里季、夏黃公。上曰:『煩公幸卒調護太子。』」〔註87〕 卜居,《楚辭》篇名。《詩》〔註88〕:「言采其薇」、「言采其蕨。」 皓首,見《送何省齋》。《史記・田叔傳》:「漢廷臣無能出其右者。」〔註89〕 李詩:「邈爾與世絕。」〔註90〕 靈威,見《林屋洞》。 范致能詩:「三十年來共葛籐。」〔註91〕《詩》:「莫捫朕舌。」〔註92〕 **浮生每連蜷,塵界盡空闊。謀免妻孥愁,計取山水悅。入春桃李過,韶景聽啼鳩。籃輿累親舊,同載有二葉。穆生老而健,孫郎才且傑。彼忘筋力勞,我愛賓朋挈。** 此序攜友同遊,點出穆、孫諸子。○賈生《鵩賦》:「其生兮若萍。」揚子雲《甘泉賦》:「蛟龍連蜷於東厓兮。」《龍龕經》:「色馨香味觸法為六塵界。」張子壽詩:「江岫殊空闊。」〔註93〕 梁元帝《纂要》:「春景曰韶景。」蘇詩:「朝先啼鳩起。」〔註94〕 籃輿,見《縹緲峰》。嵇叔夜《絕交書》:「時時與親舊敘離闊。」《三國志・費禕傳》:「亮特命禕同載。」〔註95〕《周書・顏之儀傳》:「枚乘二葉,俱得遊梁。」〔註96〕此借用。《漢書・楚元王傳》:「常為穆生設醴。」〔註97〕此借用。白詩:「假如老健莫誇張。」〔註98〕《三國志・孫策傳》注:「策時年少,士民皆呼為孫郎。」〔註99〕亦借用。杜詩:「才傑俱登用。」〔註100〕 筋力,見《送何省齋》。《唐書・白居易傳》:「雖有賓朋,無文酒不能娛也。」〔註101〕 **過湖曳輕帆,入寺憩深樾。老僧諧語笑,妙理攻曲蘖。曉起陳槃餐,飽食非粗糲。桑畦路**

〔註87〕卷五十五。
〔註88〕《召南・草蟲》。
〔註89〕卷三十七。又見卷一上《高帝紀上》。
〔註90〕《古風》其五。
〔註91〕范成大《題現老真》。
〔註92〕《大雅・抑》。
〔註93〕張九齡《自彭蠡湖初入江》。
〔註94〕《次韻劉景文登介亭》。
〔註95〕卷四十四《蜀書十四》。「禕」,乙本誤作「禕」。
〔註96〕卷四十。
〔註97〕卷三十六。
〔註98〕《座中戲呈諸少年》。
〔註99〕卷四十六《吳書一》。
〔註100〕《上韋左相二十韻》。
〔註101〕《舊唐書》卷一百六十六,「文」作「琴」。

宛宛，筍屩行兀兀。快意在此遊，失記遺七八。此序初入山時。○「過湖」即前首「從山後過湖」也。杜詩：「輕帆好去便。」〔註102〕入寺，即前「宿福源精舍」也。韓詩：「守縣坐深樾。」〔註103〕杜詩：「濁醪有妙理。」〔註104〕《書》：「若作酒醴。」〔註105〕《爾雅》：「曲蘖。」曉起，見《松鼠》。「盤餐，見《避亂》。《史記·聶政傳》：「用為夫人粗糲之費。」〔註106〕《韻會小補》：「糲葉力蘖切。」白詩：「點檢盤中餐，非精亦非糲。點檢身上衣，無餘亦無闕。」《說文》：「五十畝曰畦。」《楚辭》：「駕八龍之宛宛。」〔註107〕《韻會》：「筍，竹輿。」《公羊傳》：「筍將而來也。」〔註108〕注：「筍者，竹箯，一名編輿。」韓詩：「兀兀狂以狃。」〔註109〕子建《與吳質書》：「亦且快意。」韓詩：「外變迷七八。」〔註110〕**平湖鋪若茵，磐石幾人歇。蹲踞當其旁，拒戶相支遏。黝黑聲訇棱，欲進遭嗔喝。側肩僅容趾，腹背供磨軋。下踹蘚磴牢，上覷崩崖豁。攀躋差毫釐，失足憂一蹶。前奇慕先過，後險欣乍脫。歌呼雜謳稗，嘻笑視履襪。君看長安道，高步多蹉跌。散誕來江湖，蒲伏羞干謁。頭因石丈低，腰向山靈折。**此敘登陟奇險，「下踹」「上覷」，前奇後險。排奡硬語，不滅退之、山谷，蓋遊山詩筆力須與山相肖也。用長安道相形，倍見曠懷。○李詩：「石門中斷平湖出。」〔註111〕白詩：「草岸斜鋪翡翠茵。」〔註112〕宋玉《高唐賦》：「磐石險峻。」《晉書·王長文傳》：「於成都市中蹲踞齧胡餅。」〔註113〕楊炯《渾天賦》：「俯察千仞之谷而黝黑。」李顒文：「鼓訇棱之逸響。」〔註114〕杜詩：「誰能即嗔喝。」〔註115〕程迓亭曰：「■■■■■■■■■■■■■〔註116〕一石如砥，下薄湖潯，方廣數

〔註102〕《江漲》。
〔註103〕《送文暢師北遊》。
〔註104〕《晦日尋崔戢李封》。
〔註105〕《說命下》。
〔註106〕卷八十六。
〔註107〕《離騷》。
〔註108〕文公十五年。
〔註109〕《南山詩》。
〔註110〕《征蜀聯句》。
〔註111〕《和盧侍御通塘曲》。
〔註112〕《答尉遲少監水閣重宴》。
〔註113〕卷八十二。
〔註114〕《雷賦》。
〔註115〕《北征》。
〔註116〕墨丁，稿本、天圖本、讀秀本作「葛芝《臥龍山人集·包山遊記》」。

十丈，或望月，或垂釣，皆絕勝，名千人石。石屋下潔如甃，上平若削，中容遊者數百人，然水滿不能時至。」「磐石」以下五句皆形容此石也。《輿地記》:「太湖東小山名洞庭，其山有三穴。西北一穴內，堂屋一間如人工，南壁開處，側肩得入。」《列子》:「泰豆乃立木為塗，僅可容足。」〔註117〕《後漢書・黃瓊傳》:「腹背相親。」〔註118〕《唐書・李宗閔傳》:「樹黨相磨軋。」〔註119〕《玉篇》:「踹，足跟也。」陸務觀詩:「蘚磴高攀不計層。」〔註120〕《集韻》:「覷同覰〔註121〕。」韓詩:「垠崖劃崩豁。」〔註122〕岑參詩:「山高徒仰止，不得日攀躋。」〔註123〕《大戴禮》:「失之毫釐，差之千里。」〔註124〕《禮》:「君子不失足於人。」〔註125〕李詩:「四足無一蹶。」〔註126〕《左傳・僖三十三年》:「人險而脫。」《史記・曹參世家》:「亦歌呼與相應和。」〔註127〕劉克莊詩:「序酌逮髫稚。」〔註128〕《史記・灌夫傳》:「因嘻笑曰:『將軍貴人也。』」〔註129〕皮襲美詩:「終身無履襪。」〔註130〕李詩:「卻望長安道。」〔註131〕《晉書・郤詵傳・論》:「高步雲衢。」蹉跎，見《又詠古》。陸魯望《江湖散人傳》:「散人者，散誕之人也。」《左傳・昭十三年》:「懷錦奉壺飲冰以蒲伏焉。」干謁，見《送何省齋》「當塗」注。低頭，見《讀史雜詩》。《石林燕語》:「米芾知無為軍，見立石頗奇，即命取袍笏拜之，每呼曰石丈。」《晉書・陶潛傳》:「吾不能為五斗米折腰。」〔註132〕班孟堅《東都賦》:「山靈護野。」注:「山靈，山神也。」**四月將已近，天時早炎熱。揮汗何沾濡，驚飆俄凜**

〔註117〕《湯問》。
〔註118〕卷九十一。
〔註119〕《新唐書》卷一百七十四。
〔註120〕《題寺壁》。按:張元幹《奉同黃檗慧公秀峰昌公丁巳上元日訪鼓山圭公遊臨滄亭為賦十四韻》:「曲折幾蘚磴，竹引春斕斑。」
〔註121〕「覰」，乙本作「覷」。
〔註122〕《調張籍》。
〔註123〕《酬崔十三侍御登玉壘山思故園見寄》「山高」作「高山」。
〔註124〕《保傅》。
〔註125〕《禮記・表記》。
〔註126〕《天馬歌》。
〔註127〕卷五十四。
〔註128〕《上巳與二客游水月洞分韻得事字》。
〔註129〕卷一百零七《魏其武安侯列傳》。
〔註130〕皮日休《太湖詩》其九《桃花塢》。
〔註131〕《觀胡人吹笛》。
〔註132〕卷九十四《隱逸傳》。按:《宋書》卷九十三《隱逸列傳・陶潛》:「我不能為五斗米折腰向鄉里小人。」

冽。歸來北窗枕，響入山溜徹。不寐話夜涼，連床擁裘褐。晚歲艱出門，端居意騷屑。閒蹤習羈旅，逸興貪放達。跌盪馮夷宮，遊戲天吳窟。將毋神鬼怒，亟遣風雨奪。勝事滿現前，得失歸勇怯。衰老偕故人，幸喜茲遊決。此遊畢而憩宿山寺，因賦夜雨之景。觀前首題云「宿福源精舍」，後首題云「遊石公歸是夜驟雨」，則「歸來北窗枕」是仍歸福源精舍。「驚飆」乃將雨之景，溜響乃初雨之景，而「神鬼怒」、「風雨奪」乃驟雨之景。○班婕妤詩：「涼飆敚炎熱。」〔註 133〕《戰國策》：「揮汗如雨。」沾濡，見《鼕清湖》。　張平子《南都賦》：「足逸驚飆。」杜詩：「救汝寒凜冽〔註 134〕。」《晉書・陶潛傳》：「五六月北窗下臥。」〔註 135〕　惠遠詩：「響出山溜滴。」〔註 136〕　孟詩：「松月生夜涼。」〔註 137〕　朱子詩：「妙語夜連床。」〔註 138〕《晉書・郤超傳》：「三軍裘褐者少，恐不可以涉冬。」〔註 139〕　晚歲，見《贈家侍御》。張文昌詩：「漸覺出門難。」〔註 140〕　端居，見《送何省齋》。何仲言詩：「窮秋聽騷屑。」〔註 141〕《史記・范睢傳》：「今臣羈旅之臣也。」〔註 142〕　王子安《滕王閣序》：「逸興遄飛。」《晉書・阮咸傳》：「群從昆弟莫不以放達為行。」〔註 143〕《後漢書・孔融傳》：「放言跌盪。」〔註 144〕《博物志》：「馮夷，華陰潼鄉人也。得仙道，化為河伯。」　遊戲，見《讚佛詩》。《山海經》：「朝陽之谷有神曰天吳，是為水伯。其為獸也，人面八首，八足八尾，皆青黃。」　陸務觀詩：「墨翻初若鬼神怒。」〔註 145〕《史記・封禪書》：「始皇上太山，為暴風雨所擊。」〔註 146〕　王詩：「勝事祗自知。」〔註 147〕《漢書・司馬遷傳》：「勇怯，勢也。」〔註 148〕　衰老，見《贈願雲師・序》。**它年子胥濤，百里聞吒咄。鱣鮪**

〔註 133〕《怨詩》。
〔註 134〕「冽」，《北征》作「慄」。按：杜甫《西閣曝日》：「凜冽倦玄冬。」
〔註 135〕卷九十四《隱逸傳》。按：早見《宋書》卷九十三《隱逸列傳・陶潛》。
〔註 136〕《盧山東林雜詩》。
〔註 137〕《宿業師山房期丁大不至》。
〔註 138〕《有懷南軒老兄呈伯崇擇之二友二首》其一。
〔註 139〕《卷六十七》。
〔註 140〕《早春閒遊》。
〔註 141〕蘇頲《夜發三泉即事》。
〔註 142〕卷七十九。
〔註 143〕卷四十九。
〔註 144〕《後漢書》卷一百，作「跌盪放言」。
〔註 145〕《醉後草書歌詩戲作》。
〔註 146〕卷二十八。
〔註 147〕《終南別業》。
〔註 148〕卷六十二。

隨風雷，頸鎖金牛掣。鮫人拭床几，神女洗環玦。硠磕打空灘，澎湃濺飛沫。噌吰無射鐘，嘹喨蕤賓鐵。孤客為旁皇，嫠婦為悽咽。那知捩柁下，我輩行車轍。此一段因風雨而歎劫灰。○《吳越春秋》:「子胥伏劍死，吳王棄其軀，投之江中。子胥因隨流揚波，依潮來往，蕩激沖岸。」《易》:「震驚百里。」〔註 149〕《戰國策》:「呴藉叱咄，則徒隸之人至矣。」《詩》:「鱣鮪發發。」〔註 150〕張文潛詩：「清溪若奔虬，八鎖束其頸。」〔註 151〕《幽冥錄》:「淮水渚津水極深，人見一金牛，形甚瑰壯，以金為鎖絆。」《述異記》:「南海中有鮫人室，水居如魚。」床几，見《歸雲洞》。　宋玉有《神女賦》。《漢書・雋不疑傳》注：「環，玉環也。玦即玉佩之玦也。」〔註 152〕　王叔師《九思》:「雷霆兮硠磕。」劉夢得詩：「潮打空城寂寞回。」〔註 153〕　《史記・司馬相如傳》:「洶湧澎湃。」〔註 154〕木玄虛《海賦》:「飛沫起濤。」　子瞻《石鐘山記》:「噌吰者，周景王之無射也。」《廣韻》:「嘹喨，閒遠也。」《酉陽雜俎》:「蜀將軍皇甫直好彈琵琶，常造一調，乘涼臨水池彈之，本黃鍾也，而聲入蕤賓。彈於他處，則黃鍾也。夜復彈於池上，覺近岸波動，有物擊水，如魚躍。及下弦，則沒矣。直遂車水竭池索之，得鐵一片，乃方響蕤賓鐵也。」　子建《洛神賦》:「徙倚旁皇。」　子瞻《赤壁賦》:「泣孤舟之嫠婦。」孟東野詩：「笙管為悽咽。」　杜詩：「捩舵開頭捷有神。」〔註 155〕《世說》:「桓大司馬問劉真長曰：『第一流復是誰？』曰：『正是我輩耳。』」〔註 156〕《漢書・陳平作》:「門外多長者車轍。」〔註 157〕**再拜告石公，相逢慰饑渴。既從人間世，忍再洪波沒。志怪作大言，嗜奇私神物。肯學楊焉鐫，願受壺公訣。縮之入懷袖，弄之置盆缽。栽松龍氣上，蓄水雲根活。長留文士玩，勿被山君竊。**此即子瞻「袖中有東海」意，筆更奇恣。「既從人間世，忍再洪波沒」，可謂筆大如椽。○「人間世」,《莊子》篇名。　曹詩：「俯仰觀洪波。」〔註 158〕　《晉書・祖臺之傳》:「撰志怪書行於世。」大言，見《下相懷古》。《易》:

〔註 149〕《震》卦辭。
〔註 150〕《衛風・碩人》。
〔註 151〕張耒《石樓》。
〔註 152〕卷七十一。
〔註 153〕《石頭城》。
〔註 154〕卷一百一十七。
〔註 155〕《撥悶》,「捩舵」作「棙柁」。按：杜甫《清明》:「牙檣捩柁青樓遠。」
〔註 156〕《品藻》。
〔註 157〕卷四十。
〔註 158〕《遠遊篇》。

「是興神物，以前民用。」〔註 159〕《漢書．溝洫志》：「鴻嘉四年，楊焉言：『從河上下，患底柱隘，可鐫廣之。』上從其言，使焉鐫之。而令水益湍怒，為害甚於故。」〔註 160〕　按：「壺公」事詳《龍腹竹歌》。宋子虛詩：「壺中訣盡傳。」〔註 161〕　班婕妤詩：「出入君懷袖。」〔註 162〕　蘇詩：「置之盆盎中，日與山海對。」〔註 163〕　王詩：「種松皆老作龍鱗。」〔註 164〕《舊唐書．明皇紀》：「望氣者以為龍氣。」〔註 165〕《周禮．地官》：「稻人以瀦畜水。」雲根，見《石公山》。《漢書．劉向傳．贊》：「自孔子以後，綴文之士眾矣。」〔註 166〕《史記．武帝紀》：「泰一、皇〔註 167〕山山君、地長。」《正義》曰：「並神名。」**嘗聞岣嶁峰，科斗尊往牒。剝蝕存盤螭，捫索嗟完缺。此山通巴陵，下有神禹札。後代文字衰，致起龍蛇孽。我有琅玕管，上灑湘娥血。濯足臨滄浪，浩思吟不輟。未堪追陽冰，猶足誇李渤。隱從煙霞閉，出供時世閱。刻之藏書巖，千載應不滅。**此段點出作詩。○《山海經》：「衡山一名岣嶁山。」韓詩：「岣嶁山尖神禹碑，字青石赤形摹奇。科斗拳身薤倒披。」〔註 168〕《爾雅》：「科斗，活東。」《注》：「蝦蟆子。」《疏》：「頭圓大而尾細，古文似之。」顏延年《赭白馬賦》：「考方載於往牒。」《老學庵筆記》：「漢隸歲久，風雨剝蝕，故其字無復鋒鋩。」曹詩：「上有棲鸞，下有盤螭。」〔註 169〕　郭景純《江賦》：「爰有包山洞庭、巴陵地道。」《注》：「太湖中有包山，山下有洞庭穴道，潛行通於巴陵。」《吳地記》：「包山去縣百三十里，下有洞穴，潛行水底，無所不通，號為地脈，即十大洞天之第九林〔註 170〕屋洞也。」　神禹札，即靈威丈人事，見《林屋洞》。而上文「山君竊」亦暗用其事也。　子瞻《韓文公廟碑》：「文起八代之衰。」《後漢書．五行志》：「有龍蛇孽。」〔註 171〕《書》：「厥貢惟

〔註 159〕《繫辭上》。
〔註 160〕卷二十九。
〔註 161〕不詳。
〔註 162〕《怨詩》。
〔註 163〕《文登蓬萊閣下石壁千丈，為海浪所戰，時有碎裂，淘灑歲久，皆圓熟可愛，土人謂此彈子渦也。取數百枚，以養石菖蒲，且作詩遺垂慈堂老人》。
〔註 164〕《春日與裴迪過新昌里訪呂逸人不遇》。
〔註 165〕卷八《玄宗本紀上》。
〔註 166〕卷三十六。
〔註 167〕「皇」，卷十二《孝武本紀》作「臯」。
〔註 168〕《岣嶁山》。
〔註 169〕《桂之樹行》。
〔註 170〕「林」，讀秀本作墨丁。
〔註 171〕卷二十七。

璆琳琅軒。」〔註172〕白《新栽竹》詩：「熨手弄琅玕。」〔註173〕《博物志》：「堯之二女，舜之二妃，曰湘夫人。舜崩，二妃啼以涕揮竹，竹盡斑。」《南史・明山賓傳》：「聞山賓談書不輟。」〔註174〕《唐書・宰相世系表》：「趙郡李陽冰，將作少監。」舒元輿《玉筯篆志》：「秦丞相斯變蒼頡籀文為玉筯篆。歷兩漢，至隋氏，無有出者。趙郡李氏子陽冰生開元時，躬入篆室，隔一千年而與秦斯相見。此直見上天以字寶瑞吾唐矣。」《丹鉛錄》：「李陽冰，字少溫，見《宣和畫譜》。」〔註175〕《唐書・李渤傳》：「字濬之，魏橫野將軍申國公發之裔。刻志於學。」〔註176〕子瞻《石鐘山記》：「笑李渤之陋也。」　煙霞，見《讀西臺記》。《荀子》：「時世不同，譽何由生？」〔註177〕《水經注》：「河北有層山，懸巖之中多石室焉。室中若有積卷矣。而世士罕有津逮者，因謂之積書巖。」〔註178〕《古詩》：「三歲字不滅。」〔註179〕李詩：「賦詩留巖屏，千載庶不滅。」〔註180〕

此詩規撫昌黎，可云得其神髓，奇傑橫恣，筆力能與題稱矣。而其最用意者，在「當年綺里季，卜居采薇蕨」八句，蓋子房之薦四皓，所以調護太子。梅村在亡明官中允諭德，固東宮官屬也。而先以編修預東宮講讀之選，載在《明史》。及其遭遇本朝，以徵辟為祭酒，故於子房之薦反覆歎息，欲隨靈威以去，而不徒因奏銷縣帖，羨此幽境也。若泛作遊山詩，則又是退之《南山》，不作可矣。以此揆之，詩更非昌黎可限。　韓《南山詩》連用五十一「或」字，奇矣。王介甫《詠碁贈葉致遠》云：「或撞關以攻，或覷眼而壓。或贏行伺擊，或猛出追躡。垂成忽破壞，中斷俄連接。或外示閑暇，伐事先和燮。或冒突超越，鼓行令震疊。或粗見形勢，驅除令遠蹀。或開拓疆境，欲並包總攝。或僅殘尺寸，如黑子著黶。或橫潰解散，如屍僵血喋。或惭如告亡，或喜如獻捷。」蓋本韓詩而加之以變化，又以「垂成」二句間之，斯與梅村均為善學韓者耳。「隱從煙霞閉」，藏之名山也。「出供時世閱」，傳之其人也。千載不滅，想見作者自命千古處。《北夢瑣

〔註172〕《禹貢》。
〔註173〕原題為《題盧秘書夏日新栽竹二十韻》。
〔註174〕卷五十。按：《論語・微子》：「耰而不輟。」
〔註175〕《丹鉛餘錄》卷十四《李陽冰》。
〔註176〕《新唐書》卷一百一十八。按：《舊唐書》卷一百七十一《李渤傳》：「李渤，字濬之，後魏橫野將軍申國公發之後。……勵志於文學。」
〔註177〕《堯問》。
〔註178〕卷二。
〔註179〕《古詩十九首》其十七（孟冬寒氣至）。
〔註180〕《登梅岡望金陵贈族侄高座寺僧中孚》。

言》:「湘東王筆有三品，忠孝全者用金管書之，德行精粹者用銀管書之，文章贍麗者以斑竹書之。」「我有琅玕管」，是以文章贍麗自命。而灑以湘妃之血，則有超於文章之外者。有筆如此，方可不滅。　按:《浙江通志》引《仙家雜記》:「劉根，字君安，長安人。隱永嘉飛霞洞。」又引《名勝志》。以根為永嘉人，而俱繫之於晉時，與《後漢書》不同。然范蔚宗、葛稚川所載，地已互異，豈漢已有兩劉根皆登仙也？

遊石公歸是夜驟雨明晨微霽同諸君天王寺看牡丹《一統志》:「蘇州府天王寺在洞庭西山桃花塢。唐大中元年，鑿井得天王像，賜額。」

煙嵐澹方霽，沙暖得徐步。訪寺苔徑微，遠近人語誤。道半逢一泉，曲折隨所赴。觸石松頂飛，其白或如鷺。尋源入杳冥，壑絕橋屢渡。中有二比丘，種桃白雲護。花將舞而笑，石則落猶怒。澆之以杯酒，娟然若回顧。此處疑仙源，快意兼緇素。苦辭山地薄，縣官責常賦。蔬果雖已榮，龍象如欲訴。學道與養生，得失從時務。吾徒筋力衰，萬事俱遲暮。太息因歸來，鐘聲發清悟。前半篇是未入寺之景，後半篇是既入寺之語。

○賈閬仙詩:「煙嵐沒遠村。」〔註181〕　杜詩:「沙暖睡鴛鴦。」〔註182〕嵇叔夜《琴賦》:「安軌徐步。」　姚居雲詩:「訪寺臨湖岸。」〔註183〕劉眘虛詩:「苔徑人漸微。」〔註184〕　淵明《桃花源記》:「忘路之遠近。」　《晉書·陶潛傳》:「乃齎酒，先於半道邀之。」〔註185〕盧允言詩:「百花通一泉。」〔註186〕　《後漢書·馬援傳》:「分析曲折。」　《公羊傳》:「泰山之雲，觸石而出，膚寸而合。」〔註187〕陸務觀詩:「滃滃覆松頂。」〔註188〕　枚叔《七發》:「若白鷺之下翔。」　王仲謀詩:「尋源入雲蘿。」〔註189〕《晉書·夏統傳》:「雲霧杳冥。」〔註190〕　王詩:「攀崖度絕壑。」〔註191〕

〔註181〕《登江亭晚望》。

〔註182〕《絕句二首》其一。

〔註183〕姚鵠《送石貫歸湖州》。

〔註184〕按:非劉眘虛詩，出王昌齡《送東林廉上人歸廬山》。「人」，乙本誤作「入」。

〔註185〕卷九十四《隱逸傳》。按:「半道」早見《戰國策·燕策一》:「於是因令其妾酌藥酒而進之。其妾知之，半道而立。」

〔註186〕盧綸《同薛存誠登棲巖寺》。

〔註187〕僖公三十一年。

〔註188〕《盟雲》。

〔註189〕王惲《遊萬固寺》。按:歐陽修《幽谷泉》:「踏石弄泉流，尋源入幽谷。」

〔註190〕卷九十四《隱逸傳》。

〔註191〕《春日遊羅敷潭》。按:宋之問《入崖口五渡寄李适》:「抱琴登絕壑。」

杜詩：「曲折方屢渡。」〔註 192〕 郭景純詩：「中有一道士。」〔註 193〕《魏書・釋老志》：「桑門為息心，比丘為行乞。婦入道者曰比丘尼。」〔註 194〕 劉夢得詩：「種桃道士今何在。」〔註 195〕白雲護，見《避亂》。 宋延清詩：「風來花自舞。」〔註 196〕 杜詩：「磎西五里石，奮怒向我落。」〔註 197〕《世說》：「阮籍胷中壘塊，故須以酒澆之。」〔註 198〕 《正韻》：「娟，媚也。」回顧，見《松鼠》。 仙源，見《避亂》其一。 快意，見前首。緇素，見《讚佛詩》。 苦辭，見《讚佛詩》。《史記・貨殖傳》：「中山地薄人眾。」〔註 199〕 荀公曾《省吏議》：「光武併合吏員，縣官國邑裁置十一。」〔註 200〕《唐書・高崇文傳》：「責賦尤急。」〔註 201〕又，《食貨志》：「常賦之外，進奉不息。」〔註 202〕 柳子厚詩：「蔬果自遠至。」〔註 203〕 龍象，見《讚佛詩》。 學道，見《贈願雲師・序》。養生，見《壽王鑑明》。 《國語》：「民不廢時務。」 筋力，見《送何省齋》。 《離騷》：「恐美人之遲暮。」 歸來，見《礬清湖》。 杜詩：「欲覺聞晨鐘，令人發深省。」〔註 204〕《北史・王晞傳》：「邢子良愛其清悟。」〔註 205〕

按：縣官之說有三。《史〔註 206〕記・荀卿傳》：「中國名曰赤縣神州。」《絳侯世家》注：「《索隱》曰〔註 207〕：『縣官謂天子也。王者官天下，故曰縣官。』」《東平王宇傳》：「今暑熱，縣官年少。」梅村詩中如「縣官今日選娥眉」是也。《史記・平準書》：「輸粟縣官」、「仰給縣官。」《漢書・東方朔傳》：「上以若曹無益於縣官。」《鹽鐵論》：「兵不血刃，咸為縣官。」梅村集中如「寧使當時沒縣官」、「已共田園沒縣官」是也。《周禮・地官・小司徒》：「四甸為縣」；《遂人》：「五鄙為縣。」《國語》：「三鄉為縣。」《漢書・地理志》：「秦併兼四海，分天下

〔註 192〕《西枝村尋置草堂地夜宿贊公土室二首》其一。
〔註 193〕《遊仙詩十九首》其二。
〔註 194〕卷一百一十四。「入」，乙本誤作「人」。
〔註 195〕《再遊玄都觀》：「種桃道士歸何處，前度劉郎今又來。」
〔註 196〕宋之問《春日芙蓉園侍宴應制》。
〔註 197〕《青陽峽》。
〔註 198〕《任誕》。
〔註 199〕卷一百二十九。
〔註 200〕《晉書》卷三十九《荀勗傳》。
〔註 201〕卷一百七十。
〔註 202〕《舊唐書》卷四十八、《新唐書》卷五十二。
〔註 203〕《種白蘘荷》。
〔註 204〕《遊龍門奉先寺》。
〔註 205〕卷二十四。
〔註 206〕「史」，讀秀本作墨丁。
〔註 207〕「隱曰」，讀秀本作墨丁。

為郡縣。」《通典》:「縣令皆秦官，掌治其縣。萬戶以上為令，減萬戶為長。」梅村集中如「縣官責常賦」、「夜穴紅牆縣官捕」是也。

揖山樓《鎮洋縣志》:「樂郊園在東門外半里，大學士王錫爵種芍藥處。錫爵孫太常寺卿時敏拓為園林，有藻野堂、揖山樓、涼心閣諸勝。」

名山誰逢迎，遇人若俯仰。心目無端倪，默然與之往。幽泉互相答，飛鳥入空想。傑閣生其間，櫺軒爭一爽。嘉樹為我圓，坐久惜余賞。暝靄忽而合，明月出孤掌。彈琴坐其中，萬籟避清響。良夜此會難，佳處莫能獎。此遊覽詩也，以清警為尚。○名山，見《讚佛詩》。唐太宗詩:「含笑待逢迎。」〔註208〕《禮》:「習其俯仰詘伸。」〔註209〕心目，見《西田詩》其二。■〔註210〕「端倪，見《廿五日》詩。李詩:「碧荷生幽泉。」〔註211〕袁伯長詩:「廣寒步空想。」〔註212〕傑閣，見《讚佛詩》。櫺軒，見《哭志衍》。《左傳·昭二年》:「有嘉樹焉。」杜詩:「巖排古樹圓。」〔註213〕王詩:「坐久落花多。」〔註214〕蘇詩:「欲浮大白追余賞。」〔註215〕暝靄，見《縹緲峰》。杜牧之詩:「仙掌月明孤影過。」〔註216〕王詩:「獨坐幽篁裏，彈琴復長嘯。」〔註217〕姚伯審詩:「含風萬籟響。」〔註218〕王仲宣詩:「流波激清響。」〔註219〕子瞻《後赤壁賦》:「如此良夜何！」杜詩:「明年此會知誰健。」〔註220〕佳處，見《縹緲峰》。

鹽官僧香海問詩於梅村村梅大發以詩謝之《一統志》:「鹽官故城，今杭州府海寧縣治。」張道濟詩:「紫萼折村梅。」〔註221〕

但訪梅花來，今見梅花去。何必為村翁，重尋灌園處。種梅三十年，

〔註208〕按：非唐太宗詩，出孟浩然《美人分香》。
〔註209〕《禮記·樂記》。
〔註210〕「其二■」，稿本、天圖本、讀秀本作「第二首」。
〔註211〕《古風》其二十六。
〔註212〕袁袁《遠遊》。
〔註213〕《秋日夔府詠懷奉寄鄭監審李賓客之芳一百韻》。
〔註214〕《從岐王過楊氏別業應教》。
〔註215〕《聚星堂雪》。
〔註216〕《早雁》。
〔註217〕《竹里館》。
〔註218〕姚察《遊明慶寺詩》。
〔註219〕《七哀詩三首》其二。
〔註220〕《九日藍田崔氏莊》。
〔註221〕張說《奉酬韋祭酒嗣立偶遊龍門北溪忽懷驪山別業呈諸留守之作》。

繞屋已千樹。饑摘花蕊餐，倦抱花影睡。枯坐無一言，自謂得花意。師今遠來遊，恰與春光遇。索我囊中詩，搔首不能對。寄語謝故人，幽香養衰廢。溪頭三尺水，好洗梅魂句。起四句言詩不在遠，無事外求也，然又非可以不求而得也，故必歷三十年之久，千樹之多，寢食其中，方能有得，又非徒騁誇博，當濯筆於水，甌雪盌中耳。小中見大，可以悟無行，不與先博後約之旨。〇王介甫詩：「華髮尋香始見梅。」〔註222〕　村翁，見《廿五日》詩。　《史記．商君傳》：「灌園於鄙。」〔註223〕　繞屋，見《攀清湖》。蘇《梅花》詩：「江頭千樹春欲暗。」〔註224〕　梁簡文帝詩：「風吹梅蕊香。」〔註225〕《群芳譜》：「鐵腳道人興發則朗誦《南華．秋水篇》，嚼梅花滿口，和雪嚥之。」〔註226〕　楊誠齋詩：「殷勤喚醒梅花睡。」〔註227〕《龍城錄》：「隋開皇中，趙師雄遷羅浮。一日天寒，日暮，於松林間酒肆傍舍，見美人，淡妝素服出迎。師雄與語，言極清麗，芳香襲人。因與扣酒家門，共飲。師雄醉寐，但覺風寒相襲。久之，東方已白，起視，在大梅花樹下。月落參橫，惆悵而已。」　李頎詩：「終朝無一言。」〔註228〕《莊子》：「得意而忘言。」〔註229〕《詩》：「噬肯來遊？」〔註230〕《唐書．李賀傳》：「從小奚奴，背古錦囊，遇所得，書投囊中。」〔註231〕　搔首，見《哭志衍》。　奇語，見《讚佛詩》。李少卿《答蘇武書》：「幸謝故人。」　蘇詩：「二月驚梅晚，幽香此地無。」〔註232〕張子壽詩：「衰廢時所薄。」〔註233〕　張伯雨詩：「雪消春水深三尺。」〔註234〕　蘇詩：「暗香先返玉梅魂。」〔註235〕

〔註222〕《梅》。
〔註223〕卷六十八。
〔註224〕原題作《和秦太虛梅花》。
〔註225〕蕭綱《從頓暫還城詩》。
〔註226〕卷二十二。
〔註227〕《早行鳴山二首》其一。
〔註228〕《無盡上人東林禪居》。
〔註229〕《外物》。
〔註230〕《唐風．有杕之杜》。
〔註231〕《新唐書》卷二百三《文藝列傳下》。按：原出李商隱《李賀小傳》，曰：「恒從小奚奴，騎距驢，背一古破錦囊，遇有所得，即書投囊中。」
〔註232〕《中隱堂詩》其三。
〔註233〕《酬宋使君見贈之作》。
〔註234〕張雨《二月病懷》。
〔註235〕《六年正月二十日，復出東門，仍用前韻》。

直溪吏■■■■■■■■■■■■■■■■■■■■■■〔註 236〕劉心葵《太倉州志》：「直塘市去州北三十里，水無曲折，故民〔註 237〕居民市，亞於雙鳳。」程迓亭箋：「明兵部尚書凌雲翼居直塘，至今猶聚族焉。」■■■■■■■■。〔註 238〕

直溪雖鄉村，故是尚書里。短棹經其門，叫聲忽盈耳。一翁被束縛，苦辭橐如洗。吏指所居堂，即貧誰信爾。呼人好作計，緩且受鞭箠。穿漏四五間，中已無窗幾。屋梁紀月日，仰視殊自恥。昔也三年成，今也一朝毀。貽我風雨愁，飽汝歌呼喜。官逋依舊在，府帖重追起。旁人共欷歔，感歎良有以。東家瓦漸稀，西舍牆半圮。生涯分應盡，遲速總一理。居者今何棲，去者將安徙。明歲留空村，極目唯流水。此首分三段。起十句見催租之惡；「穿漏四五間」以下，拆屋而逋租如故，是自己歎息語；「旁人共欷歔」以下，則旁觀者皆為太息也。○王詩：「庭訓延鄉村。」〔註 239〕《唐書·柳玭傳》：「東都仁和里裴尚書寬子孫眾盛。」〔註 240〕《唐韻》：「棹同櫂。」戴幼公詩：「短櫂晚煙迷。」〔註 241〕《史記·禮書》：「束縛以刑罰。」〔註 242〕李詩：「浦沙淨如洗。」〔註 243〕杜詩：「遂空所坐堂。」〔註 244〕《南史·任昉傳》：「我當為卿作計。」〔註 245〕《唐書·竇軌傳》：「至小過亦鞭箠流血。」〔註 246〕《南齊書·劉瓛傳》：「瓦屋數間，上皆穿漏。」〔註 247〕黃子久詩：「南山落窗幾。」〔註 248〕《南史·蕭恭傳》：「仰屋梁而著書。」〔註 249〕《史記·項羽紀》：「不能仰視。」〔註 250〕

〔註 236〕墨丁，稿本、天圖本、讀秀本作「《一統志》：『直溪在鎮江府金壇縣西三十五里。』又」。

〔註 237〕「民」，吳翌鳳《吳梅村詩集箋注》引《太倉州志》作「名」。

〔註 238〕自「程迓亭箋」至此，稿本、天圖本作「又，習寯《蘇州府志》：『崑山縣尚書里坊為周倫立。』東城巷今屬新陽縣，俟考」。

〔註 239〕《同盧拾遺過韋給事東山別業二十韻給事首春休沐維已陪遊及乎是行亦預聞命會無車馬不果斯諾》。

〔註 240〕《新唐書》卷一百六十三。

〔註 241〕戴叔倫《泛舟》。

〔註 242〕卷二十三。

〔註 243〕《江上寄元六林宗》。

〔註 244〕《彭衙行》。

〔註 245〕卷五十九。

〔註 246〕《新唐書》卷九十五。按：《東觀漢記》卷六《和熹鄧皇后傳》：「宮人盜者，即時首服，不加鞭箠，不敢隱情。」

〔註 247〕卷三十九。

〔註 248〕黃公望《王叔明為陳惟允天香書屋圖》。

〔註 249〕卷五十二、《梁書》卷二十二《太祖五王列傳·蕭恭》，「仰」俱作「看」。

〔註 250〕卷六。

《詩》:「風雨所飄搖。」〔註 251〕 歌呼，見《廿五日遊諸勝》。 戴復古詩:「官賦私逋都了卻。」〔註 252〕 府帖，見《遇南廂園叟》。 欷歔，見《礬清湖》。 魏文帝《與吳質書》:「古人思秉燭夜遊，良有以也。」 杜詩:「來問爾東家。」〔註 253〕 西舍，見《贈李雲田》。 生涯，見《塗松晚發》。《左傳·襄二十六年》:「不有居者。」《古詩》:「去者日以疏。」〔註 254〕 空村，見《贈吳雪航》。 極目，見《蕩子行》。李詩:「惟見碧水流。」〔註 255〕

直溪吏臨頓兒堇山兒蓋仿三吏三別而為之者，而五言兩首氣體較杜為平易，詞采較杜為華瞻，是杜、吳分格處。 遲速總一理」即杜詩之「遠近理亦齊」也。

臨頓兒《一統志》:「臨頓橋在長洲縣治東北。」《續圖經》:「臨頓亦吳時館名。」

臨頓誰家兒，生小矜白皙。阿爺負官錢，棄置何倉卒。紿我適誰家，朱門臨廣陌。囑儂且好住，跳弄無知識。獨怪臨去時，摩首如憐惜。三年教歌舞，萬里離親戚。絕伎逢侯王，寵異施恩澤。高堂紅氍毹，華燈布瑤席。授以紫檀槽，吹以白玉笛。文錦縫我衣，珍珠裝我額。瑟瑟珊瑚枝，曲罷恣狼藉。我本貧家子，邂逅遭拋擲。一身被驅使，兩口無消息。縱賞千黃金，莫救餓死骨。歡樂居它鄉，骨肉誠何益。此詩當於對面思之。蓋寫其兒被寵，憶家之苦，正是寫阿爺逋逃棄子之痛也。起十句初別阿爺，「三年」以下十二句學為歌兒，末十句悲思骨肉。〇曹詩:「借問誰家子。」〔註 256〕 崔顥詩:「生小不相識。」〔註 257〕《左傳·昭二十六年》:「有君子白皙，鬒鬚眉。」《古木蘭詩》:「阿爺無大兒。」按：爺當作耶。《增韻》:「俗謂父曰耶。」杜詩「見耶背面啼」是也。《唐書·逆臣傳》:「史思明負官錢，無以償。」〔註 258〕 魏文帝詩:「棄置勿重陳。」〔註 259〕倉卒，見《讀西臺記》。《史記·項羽紀》注:「紿，欺也。」〔註 260〕杜詩:「未知適誰門。」〔註 261〕《晉書·曲允傳》:「南開朱門，

〔註 251〕《豳風·鴟鴞》。
〔註 252〕《題申季山所藏李伯時畫村田樂圖》。
〔註 253〕《陪鄭廣文遊何將軍山林十首》其四。
〔註 254〕《古詩十九首》其十四（去者日以疏）。
〔註 255〕按：李白詩未見此句。《謝公亭》:「山空碧水流。」
〔註 256〕《白馬篇》。
〔註 257〕《長干曲四首》其二。
〔註 258〕卷二百二十五上。
〔註 259〕《雜詩二首》其二。
〔註 260〕卷七。
〔註 261〕《示從孫濟》。

北望青樓。」〔註 262〕沈休文詩：「秋風吹廣陌。」〔註 263〕　白詩：「好住舊林泉。」〔註 264〕　《左傳．僖九年》：「夷吾弱不好弄。」成十六年：「童子何知焉！」《史記．外戚世家》：「姊去我西時。」〔註 265〕　《南史．徐陵傳》：「寶誌摩其頂。」〔註 266〕秦少游詞：「見子〔註 267〕無限憐惜。」　司空文明詩：「黃金用盡教歌舞。」〔註 268〕《禮》：「兄弟親戚稱其慈也。」〔註 269〕　東方曼倩《答賓戲》：「逢蒙絕伎十弧矢。」《莊子》：「侯王之佐與？」〔註 270〕　《後漢書．楊賜傳》：「數蒙寵異之恩。」〔註 271〕《詩序》：「蓼蕭則恩澤乖矣。」　高堂，見《送何省齋》。《古樂府》：「坐客氈氍毹。」〔註 272〕　《楚辭》：「華燈錯些。」〔註 273〕又：「瑤席兮玉瑱。」〔註 274〕　王仲初詩：「黃金捍撥紫檀槽。」〔註 275〕　《西京雜記》：「秦咸陽宮有玉笛，長二尺三寸，二十六孔。」《漢書．貨殖傳》：「富者木土被文錦。」〔註 276〕謝玄暉詩：「舞衣襞未縫。」〔註 277〕　江采蘋詩：「何必珍珠慰寂寥。」〔註 278〕　瑟瑟、珊瑚，見《讚佛詩》。白詩：「曲罷常教善才服。」〔註 279〕「狼藉，見《松鼠》。　杜詩：「我本良家子。」〔註 280〕　邂逅，見《松鼠》。白詩：「洛下田園久拋擲。」〔註 281〕《古焦仲卿妻詩》：「不堪母驅使。」　《魏志》注：「曹公曰：『非有四目兩口，但多智耳。』」〔註 282〕此借用。消息，見《臨江參軍》。　千黃金，見《遇劉雪舫》。　杜詩：「那知餓死填溝

〔註 262〕卷八十九《忠義列傳》。
〔註 263〕沈約《直學省愁臥詩》。
〔註 264〕《答林泉》。
〔註 265〕卷四十九。
〔註 266〕卷六十二。
〔註 267〕「子」，《品令》二首其二（掉又懼）作「了」。
〔註 268〕司空曙《病中嫁女妓》。
〔註 269〕《禮記．曲禮上》。
〔註 270〕《漁父》。
〔註 271〕卷八十四。
〔註 272〕《隴西行》。
〔註 273〕《招魂》。
〔註 274〕《九歌．東皇太一》。
〔註 275〕按：實出張籍《宮詞》其二。
〔註 276〕卷九十一。
〔註 277〕《贈王主簿詩二首》其一。
〔註 278〕《謝賜珍珠》。
〔註 279〕《琵琶行》。
〔註 280〕《後出塞五首》其五。
〔註 281〕《酬別周從事二首》其二。
〔註 282〕卷一《武帝紀》。

鑿。」〔註 283〕又:「路有凍死骨。」〔註 284〕《古詩》:「歡樂難具陳。」〔註 285〕 骨肉,見《遇南廂園叟》。

〔註 283〕《醉時歌》。
〔註 284〕《自京赴奉先縣詠懷五百字》。
〔註 285〕《古詩十九首》其四(今日良宴會)。

吳詩補注

卷三

清涼山讚佛詩

漢主丘希範《與陳伯之書》:「漢主不以為疑。」**護置琉璃屏**《洞冥記》:「漢武帝所幸宮人麗娟，常致於琉璃帳，恐垢污體也。」宋洪邃《侍兒小名錄》:「孫亮作琉璃屏風，甚薄，而瑩每於月下清夜舒之，愛姬四人坐屏風內，而外望之，了如無隔。」張如哉曰:「《集覽》引《西京雜記》，止注琉璃屏，未注護置。梅村正用此二事也。」**凡羽**袁伯長詩:「清遠敵凡羽。」**東方生**褚少孫《滑稽傳》:「齊人有東方生名朔。」**深宮**《戰國策》:「居深宮之中。」**孔雀**唐代宗勅:「花紋所織孔雀、仙鶴亦宜禁斷。」**諮嗟謝生筆**《後漢書·延篤傳》:「三輔諮嗟。」梁簡文帝《與湘東王書》:「決羽謝生，豈三千之可及?」此借用。**楞伽**楞同棱。伽音茄。**微聞**《史記·五宗世家》:「微聞其事。」**有不到**張如哉曰:「《楚辭》:『日安不到，燭龍何照?義和之未揚，若華何光?』《注》:『羲和，日御也。』」**峰頭**李有中詩:「峰頭鶴去三清遠。」**吐氣**子建《洛神賦》:「含辭未吐，氣若幽蘭。」**寄語漢皇帝**按:《晉書·劉聰載記》:「有為吾遺漢皇帝。」然此詩自用《長恨歌》之漢皇耳。**滅沒**見《臨江參軍》。**〇穆天子**《穆天子傳》六卷，汲冢書，郭璞注。**白雲出杯底**《穆天子傳》:「天子觴西王母於瑤池之上，王母為天子謠曰:『白雲在天，邱陵自出。』」**西幸**按:李詩有「六龍西幸萬人歡」。然《漢書》十三歲而周徧五嶽四瀆，已包在內。兼於漢武為切也。**層臺**《老子》:「九層之臺，起於累土。」**幸**《玉篇》:「幸，御所親愛也。」與西幸、望幸之幸不同。**西**

陵履張如哉曰：「屨當作履。」**賢聖**《古詩》：「賢聖莫能度。」**有為**《金剛經》：「一切有為法。」

石公山

無地張如哉曰：「『下峥嶸而無地』本《楚辭・遠遊》篇，相如賦用之也。」**三問不吾對**《左傳・哀二十七年》：「三問，卒辭不對。」

歸雲洞

仙翁崔曙詩：「河上仙翁去不回。」**自茲去**李詩：「揮手自茲去。」**瀟湘浦**李詩：「乃在洞庭之南，瀟湘之逋。」

縹緲峰

細徑劉得仁詩：「細徑縈巖未。」**人聲**歐陽永叔《秋聲賦》：「四無人聲，聲在樹間。」**灝氣**龍門陳尚義宜齋曰：「班孟堅《西都賦》：『鮮灝氣之清英。』」**殘雲**隋煬帝詩：「殘雲尚有雷。」**丹砂**杜詩：「妻子亦何人，丹砂負前諾。」

林屋洞

沉虛宮程迓亭曰：「言神龍去而龍宮虛也。」杜詩：「臺榭楚宮虛。」**禹力**《左傳・昭元年》：「禹之力也。」■■■■**兒童**蘇詩：「覔句效兒童。」**幽異**謝靈運詩：「清旦索幽異。」**路穿三江底**王詩：「洞穿江底出江南。」

送周子俶

妻子識君心高達夫詩：「送君還山識君心。」**○脫身萬仞淵六句**程《箋》：「指丁酉科場事。」**贏餓糧**《莊子》：「贏糧而從之。」**○破產求神仙**程《箋》：「《婁東耆舊傳》：『子俶喜黃白之術，以之匱乏。』」**微祿**杜詩：「何日霑微祿。」**詎可先骨肉**程《箋》：「《婁東耆舊傳》：『子俶少嗣於叔祖，有同產五人，因五析其嗣產。』」

蕩子失意行贈李雲田徐電發《續本事詩》：「雲田才高淪落，好遊狹邪。嘗眷延平蕭伎〔註1〕，欲娶。又聘盧江女羅弱，其副室周寶鎖尼之，不〔註2〕果。龔芝麓為賦《老蕩子行》。」陳其年《婦人集》：「周炤，字寶鐙。江夏女子。」程迓亭曰：「《西

〔註1〕「伎」，乙本誤作「夜」。
〔註2〕「不」，乙本誤作「示」。

堂雜俎》:《招蕩子》注云:『代周實鐺招李雲田也。』詩自『中夜理璀瑟』至『出作廬敖遊』,皆代寶鐙招雲田語,與尤詩意同。」

賢豪見《贈雪舫》。**公侯**《詩》:「爾公爾侯。」**鶯花二三月,送君下揚州**丘希範《與陳伯之書》:「暮春三月,江南草長。雜花生樹,群鶯亂飛。」《莫愁樂》:「聞歡下揚州。」**白浪惡**李詩:「人道橫江好,儂道橫江惡。一風三日吹倒山,白浪高於瓦官閣。」**腸斷**文通《別賦》:「行子腸斷。」**一顧**借用李夫人歌。袁淑,字陽源。**吾欲竟此曲**見《閬州行》。

從山後過湖宿福源精舍

斷山口王少伯詩:「月從斷山口。」**道人**《避暑錄話》:「晉、宋間,佛學初行,其徒猶未有僧稱,通曰道人。」**客夢**杜牧之詩:「枕繞泉聲客夢涼。」

二十五日偕穆苑先孫浣心葉予聞允文遊石公山盤龍石梁寂光歸雲諸勝

仙人閭《漢書・郊祀志》:「石閭在泰山下,方士言仙人閭也。」**月窟工倕伐**《酉陽雜俎》:「月中有桂,高五百丈,下有一人,常斫之,樹創隨合。其人姓吳名剛,河西人。」**隒**音巘。**瓿**音部。**炎炎崑岡爇**《莊子》:「大言炎炎。」《左傳・僖二十八年》:「爇僖負羈氏。」《說文》:「爇,燒也。」**錟**音啖。**耼**音眲。**餮**音鐵。**蜺**音齧。**過眼**子瞻《寶繪堂記》:「譬之塵雲之過眼。」**綺里季**程《箋》:「汪道昆《遊洞庭山記》云:『去法喜菴,過綺里,指為綺里季故居。余西入里巷,問黃公泉,出里則長松千章,相對夾道,蓋花山道也。』」〇按:《蘇州府志》:「黃公泉即漢夏黃公隱處。」黃公泉亦在包山,然不如祿里村之載在《正義》也。**入春**薛元卿詩:「入春纔七日。」**筍屩**筍,竹輿。屩,草履。即《縹緲峰》之「藍輿雜徒步」也。然筍自可以為屩,如籐屐、柘屐之類。若專指筍為輿,則《九峰草堂歌》何以云「筍屐藍輿鶯燕忙」乎?況下文「腹背供磨軋」,則竹輿無所施矣。前注非是。**拒戶相支遏**《蘇州府志》:「林屋洞有三門,同會一穴內,以石門為隔。」按:三門即《輿地記》之三穴拒戶,支遏即石門為隔之意。《左傳・定元年》:「天之所支,不可壞也。」《廣韻》:「支,持也。」《爾雅・釋詁》:「遏,止也。」《注》:「以逆相止曰遏。」**前奇後險**蓋本於韓詩「先強勢已出,後鈍嗔詎譊」。而「先強」二句本張茂先詩「前悲尚未弭,後憂方復起」也。**孤客**杜牧之詩:「一夜不眠孤客耳。」**湘娥**詳《贈楚雲》。**浩思**薛洪度詩:「浩思藍山玉彩寒。」

遊石公歸是夜驟雨明晨微霽同諸君天王寺看牡丹驟雨，見《塗松晚發》。　柳子厚詩：「茲晨始微霽。」程《箋》：「按：錢陸燦（字湘靈）云：詩竟不及牡丹，何也？疑有逸處。」

欲訴司空表聖詩：「似欲上訴於蒼穹。」

揖山樓

默然《史記・孟嘗君傳》：「嬰默然。」**相答**子瞻《後赤壁賦》：「行歌相答。」

鹽官僧香海問詩於梅村村梅大發以詩謝之

訪梅李詩：「走傍寒梅訪消息。」**種梅**宋劉翰詩：「自鋤明月種梅花。」**花影**詳《送志衍》。**恰與春光遇**按：此句反用蘇詩「上人自恨探春遲」及韓致光「梅花不肯傍春光語」也。

直溪吏

一翁李詩：「雖無二十五老者，且有一翁錢少陽。」

臨頓兒

阿爺按：《遇南廂園叟》作「耶」字，用《木蘭詩》之耶孃，阿耶也。近人多作爺字，如《續本事詩》引郭元登「阿爺便歸官且住」之類，蓋本於《梁書・侯景傳》「惟憶阿爺名標」耳。

吳詩集覽　卷四上

黎城靳榮藩介人輯

七言古詩一之上舊說梅村七言〔註 1〕古專倣元、白，世傳誦之，然時有嫩句累句。五七言近體聲華格律不減唐人，一時無與為儷，故特表而出之。　江寧袁枚子才《錄本》曰：「梅村七言古用元、白敘事之體，擬王、駱用事之法，調既流轉，語復奇麗，千古高唱矣。」　張如哉曰：「梅村七古氣格〔註 2〕恢宏，開合變化，大約本盛唐王、高、岑、李諸家而稍異，其篇幅時出入於李杜。《永和宮詞》、《琵琶行》、《女道士彈琴歌》、《臨淮老妓行》、《王郎曲》、《圓圓曲》，雖有與元、白名篇酷似處，然非專仿元、白者也。至於《鴛湖曲》、《畫蘭曲》、《拙政園》、《山茶花》、《白燕吟》諸作，情韻雙絕，綿邈綺合，則又前無古，後無今，自成為梅村之詩。」　梅村七古，王貽上收《讀楊參軍悲鉅鹿詩》、《永和宮詞》、《琵琶行》、《聽女道士卞〔註 3〕玉京彈琴歌》、《東萊行》、《雒陽行》、《題蘇門高士圖贈孫徵君鍾元》、《通玄〔註 4〕老人龍腹竹歌》、《雁門尚書行》、《田家鐵獅歌》、《題崔青蚓洗象圖》、《宮扇十二首》，陳其年收《三松老人歌》、《送舊總憲龔孝升》、《過疊陽觀訪文學博》、《悲歌贈吳季子》、《蕭史青門曲》、《琵琶行》、《卞〔註 5〕玉京彈琴歌》、《銀泉山》、《海戶曲》、《宮扇》、《蟋蟀盆歌》、《田家鐵獅歌》、《雒陽行》、《永和宮詞十四首》，賦閒草堂收《鴛湖曲》、《永和宮詞》、《雁門尚書行》、《畫中九友歌》、《雪中遇獵》、《悲歌贈吳季子六首》。按：《讀楊參軍詩》、《三松老人歌》，本集不載，而三選以外，梅村名作尚多，如《畫蘭曲》、《堇山兒》、《松山哀》、《詠拙政園》、《山茶花》、《白燕吟》等首皆卓然可傳於世者，較三選所收未易定其軒輊也。

〔註 1〕「言」，讀秀本作墨丁。
〔註 2〕「格」，讀秀本作墨丁。
〔註 3〕「卞」，乙本誤作「下」。
〔註 4〕「玄」，乙本作「元」。
〔註 5〕「卞」，乙本誤作「下」。

行路難《晉書・袁山松傳》:「舊歌有行路難曲,辭頗疏質,山松好之,乃文其辭句,婉其節制,每因酣醉縱歌之。」〔註6〕

奉君乘鸞明月之美扇,耶溪赤堇之寶刀,莞蒻桃笙之綺席,陽阿激楚之洞簫。丈夫得意早行樂,歌舞任俠稱人豪。舉杯一歌行路難,酒闌鍾歇風蕭蕭。此破題也。句法仿鮑明遠。○明遠《擬行路難》:「奉君金卮之美酒,玳瑁玉匣之雕琴,七彩芙蓉之羽帳,九華蒲萄之錦衾。」〔註7〕晁無咎《行路難》:「贈君珊瑚夜光之角枕,玳瑁明月之雕床,一繭秋蟬之麗縠,百和更生之寶香。」〔註8〕江詩:「紈扇如團月,出自機中素。畫作秦王女,乘鸞向煙霧。」〔註9〕班婕好詩:「裁成合歡扇,團團似明月。」〔註10〕《越絕書》:「薛燭曰:『當造此劍之時,赤堇之山破而出錫,若耶之溪涸而出銅。』」《大清一統志》:「若耶溪在紹興府會稽縣東南二十八里。赤堇山在會稽縣東南三十里。」《穀梁傳》:「孟勞者,魯之寶刀也。」〔註11〕《〈文選・秋興賦〉注》:「莞蒻,蒲扇也。」又,《吳都賦》注:「桃笙,桃枝簟也。吳人謂簟為笙。」張孟陽《劍閣銘》:「焚其綺席。」《楚辭》:「涉江採菱,發揚荷些。」〔註12〕《文選注》:「五臣本『揚』作『陽』字。《涉江》、《採菱》、《陽阿》皆楚歌曲名。『荷』當為『阿』。」又:「宮庭震警〔註13〕,發激楚些。」王逸注:「激,感也。」《漢書・王褒傳》注:「洞簫無底者。」〔註14〕《史記・李斯傳》:「以見主之得意。」〔註15〕楊子幼《報孫會宗書》:「人生行樂耳。」《史記・陸賈傳》:「從歌舞鼓琴瑟侍者十人。」〔註16〕又,《季布傳》:「弟季心為任俠。」〔註17〕又,《張耳〔註18〕傳》:「此而不成封侯之業者,非人豪也。」〔註19〕鮑詩:「舉杯

〔註6〕卷八十三。
〔註7〕《擬行路難十八首》其一。
〔註8〕晁補之《行路難和鮮于大夫子駿》。
〔註9〕《雜體詩三十首》其三《班婕妤詠扇》。
〔註10〕《怨詩》。
〔註11〕僖公元年。
〔註12〕《招魂》。
〔註13〕「警」,《招魂》作「驚」。
〔註14〕按:《漢書》卷六十四下《王褒傳》未見此注。《漢書》卷九《元帝紀》:「元帝多材藝,善史書,鼓琴瑟,吹洞簫。」顏師古《注》:「如淳曰:『簫之無底者。』」
〔註15〕卷八十七。
〔註16〕卷九十七。
〔註17〕卷一百。
〔註18〕「耳」,讀秀本作墨丁。
〔註19〕卷八十九。

斷絕行路難。」〔註20〕《漢書・高祖紀》注：「飲酒者半罷半在謂之闌。」〔註21〕陸士衡詩：「鼓鍾歇，豈自歡。」〔註22〕《史記・刺客傳》：「風蕭蕭兮易水寒。」〔註23〕

沈歸愚師嘗謂阮公《詠懷》反覆零亂，興寄無端，和愉哀怨，雜集於中，令讀者莫求歸趣，此其為阮公之詩也。必求時事以實之，則鑿矣。吾謂梅村《行路難》諸首亦當作如是觀。

其二

長安巧工製名燈，七龍五鳳光層層。中有青熒之朱火，下有映徹之澄冰。遊魚揚鬐肆瀺灂，飛鳥奮翼思騫騰。「騫」應作「騫」。**黑風吹來遍槐市，狂花振落燒觚稜。金吾之威不能禁，鐵柱倒塌銅盤傾。使人策馬不能去，青燐鬼哭唯空城。**此首詠舊都也。按：明季南北兩京俱非以上元破者，詩蓋全用此體耳。俟再考。○《西京雜記》：「長安巧工丁緩者，為常滿燈，七龍五鳳，雜以芙蓉蓮藕之奇。」白詩：「紅綠層層錦繡斑。」〔註24〕　班孟堅《西都賦》：「琳瑉青熒。」《晉書・樂志》：「蘊朱火，燎芳薪。」〔註25〕　《拾遺記》：「孫亮作琉璃屏風，甚薄而瑩澈。」程迓亭曰：「孫國敉《燕都遊覽志》：『京師燈市有冰燈，細剪百彩〔註26〕，澆水成之。』下二句正敘冰燈之狀。」　陶詩：「臨水愧遊魚。」〔註27〕《莊子》：「揚而奮鬐。」〔註28〕瀺灂，見《哭志衍》。　《戰國策》：「莊辛謂楚王曰：『鼓翅奮〔註29〕翼。』」杜詩：「騫騰坐可致，九萬起於斯。」〔註30〕　《北史・京兆王黎傳〔註31〕》：「夜叉羅刹，此鬼食人。非遇黑風，事同飄墮。」〔註32〕《三輔黃圖》：「去城七里，東為常滿倉，倉之北為槐市。」　《齊民要術》：「種棗。候大蠶入簇，以杖擊其枝間，振落狂花。」觚稜，見《廿五日詩》。　《漢書・百官公

〔註20〕《擬行路難十八首》其四，「行」作「歌」。
〔註21〕卷一上。
〔註22〕陸機《鞠歌行》。
〔註23〕卷八十六。
〔註24〕按：非白居易詩，出白行簡《在巴南望郡南山呈樂天》。
〔註25〕卷二十二。按：早見《宋書》卷二十《樂志二》。
〔註26〕「彩」，讀秀本作墨丁。
〔註27〕《始作鎮軍參軍經曲阿》。
〔註28〕《外物》。
〔註29〕「翅奮」，讀秀本作墨丁。
〔註30〕《贈崔十三評事公輔》。
〔註31〕「黎傳」，讀秀本作墨丁。
〔註32〕卷十六。按：早見《魏書》卷十六。

卿表》:「中尉，秦官，掌徼循京師。武帝太初元年更名執金吾。」〔註 33〕韋述《西都襍記》:「西都京城街衢，有金吾曉暝傳呼，以禁夜行。惟正月十五日夜，敕許金吾弛禁，前後各一日。」　張如哉曰:「《古詩》:『請說銅爐器，崔嵬象南山。上枝似松栢，下根據銅盤。』」杜詩:「銅盤燒爛光吐日。」〔註 34〕注:「銅盤，燭臺也。」《論衡》:「人之兵死也，其血為燐。血者，生時之精氣也。」鬼哭，見《閬州行》。《漢書・燕剌王旦傳》:「歸空城兮狗不吠，雞不鳴。」〔註 35〕

按:《吳江縣志》:乙酉九月初一日，署縣孔允履任時，空城已三月矣。未幾，陳湖諸處鄉兵復起。丙戌正月，燒縣治而去。梅村此詩，其為吳江作歟？

顧瞻泰曰：此詩指詠舊都為是，未必為吳江一邑作也。

其三

君不見無須將閭叫呼天，賜錢請葬驪山邊。父為萬乘子黔首，不得耕種咸陽田。君不見金墉城頭高百尺，河間成都弄刀戟。草木萌芽殺長沙，狂風烈烈吹枯骨。人生骨肉那可保，富貴榮華幾時好。龍子作事非尋常，奪棗爭梨天下擾〔註 36〕**。金床玉几不得眠，一朝零落同秋草。**此首刺內鬩也。前兩段引古，末段喚醒而嗟悼之。〇《樂府解題》:「《行路難》，備言世路艱難以及離別悲傷之意，多以『君不見』為首。」《史記・李斯傳》:「扶蘇謂蒙恬曰：『父而賜子死，尚安復請？』即自殺。」〔註 37〕《後漢書・廣陵思王荊傳》:「無為扶蘇將閭叫呼天也。」〔註 38〕《三餘贅筆》:「吳人呼暖酒器為急須。急須者，以其應急而用。吳人謂須為蘇，故其音同。」〔註 39〕按：此則須與蘇通。而無之通扶，未詳。《通鑑綱目》:「秦二世元年，囚公子將閭於內宮，將殺之。將閭仰而呼天，拔劍自殺。宗室震恐。公子高欲犇，不敢，乃上書，請從死先帝，得葬驪山之足。二世可之，賜錢以葬。」《史記・秦始皇紀》:「更名民曰黔首。齊人淳于越進曰:『今陛下有海內，而子弟為匹夫。』」〔註 40〕《綱目質實》:「咸陽，秦之縣名，孝公徙都於此。其地在山南水北，山水皆陽，故曰咸陽。」《大清一統志》:「金墉城在洛陽縣東北，魏明帝

〔註 33〕卷十九上。
〔註 34〕《相逢歌贈嚴二別駕》。
〔註 35〕卷六十三。
〔註 36〕「擾」，讀秀本作墨丁。
〔註 37〕卷八十七。
〔註 38〕卷七十二。
〔註 39〕《三餘贅筆・急須僕僧》。
〔註 40〕卷六。

築。」枚叔《七發》:「高百尺而無枝。」《晉書》〔註41〕:「長沙厲王乂,武帝第六子也。東海王越收乂送金墉城。張方遣部將郅輔勒兵三千,就金墉收乂,至營,炙而殺之。」又,「成都王穎,武帝第十六子也。」又,「河間王顒,安平獻王孚孫,太原烈王瓌之子也。」《通鑑綱目》:「晉惠帝太安二年,河間王顒、成都王穎舉兵反。冬十月,長沙王乂奉帝及穎兵戰於建春門,大破之。十一月,穎進兵逼京師。永興元年,東海王越使張方殺長沙王乂。秋七月,東海王越奉帝征穎,穎遣兵拒戰。光熙元年,頓丘太守馮嵩執成都王穎送鄴。南陽王模誅河間王顒。」《晉書・杜會〔註42〕傳》:「取帳下刀戟,付工磨之。」　又,《長沙王傳》:「初,乂執權之始,洛下謠曰:『草木萌芽殺長沙。』」〔註43〕　又,《五行志》:「元康中,京洛童謠曰:『南風起,吹白沙,遙望魯國何嵯峨,千歲髑髏生齒牙。』」〔註44〕按:「狂風烈烈吹枯骨」似括此謠之意。杜詩:「霹靂魍魎兼狂風。」〔註45〕《詩》:「冬日烈烈,飄風發發。」〔註46〕《三國志・先主志》:「冢中枯骨,何足介意!」〔註47〕《五代史・范延光傳》:「骨肉不能相保。」〔註48〕　李巨山詩:「富貴榮華能幾時。」〔註49〕《北齊・琅琊王儼傳》:「龍子作事,固自不似凡人。」〔註50〕杜詩:「龍種自與常人殊。」〔註51〕《南史・王泰傳》:「年數歲,時祖母集諸孫姪,散棗栗於床,群兒競之,泰獨不取。」〔註52〕《孔融家傳》:「年四歲時,每與諸兄共食梨,融輒引小者。」《梁書・武陵王紀傳》:「世祖與紀書曰:『讓棗推梨,長罷懽愉之日。』」〔註53〕按:陳其年《三芝集序》有「長幼爭梨,弟兄奪棗」,與梅村此詩俱反用元帝語耳。《北史》:「咸陽王歌:『金床玉几不得〔註54〕眠。』」　沈初明《通天臺表》:「甲帳珠簾,一朝零落。」《古詩》:「將隨秋草萎。」〔註55〕

〔註41〕卷五十九。
〔註42〕出《晉書》卷一百《杜曾傳》。作「杜會」誤。
〔註43〕卷五十九。
〔註44〕卷二十八。
〔註45〕《君不見簡蘇徯》。
〔註46〕《小雅・四月》。
〔註47〕卷三十二《蜀書二》。
〔註48〕《新五代史》卷五十一。
〔註49〕李嶠《汾陰行》。
〔註50〕《北齊書》卷十二。
〔註51〕《哀王孫》。
〔註52〕卷二十二。又見《梁書》卷二十一《王泰傳》。
〔註53〕卷五十五。又見《南史》卷五十三《梁武帝諸子》。
〔註54〕「得」,《北史》卷十九作「能」。按:早見《魏書》卷二十一上《獻文六王・咸陽王》,亦作「能」。
〔註55〕《古詩十九首》其八(冉冉孤生竹)。

《明史·諸王傳》:「崇禎七年,流賊大熾,聿鍵斸金築南陽城,又援潞藩例,乞增兵三千人。不許。九年秋八月,京師戒嚴,倡義勤王。詔切責,勒還國。事定,下部議,廢為庶人,幽之鳳陽。」〔註56〕《綏寇紀略》:「聿鍵紹封為唐王,嘗望烽火接天,思海內且大亂,拊髀太息曰:『安能鬱鬱死此下乎?』然王血氣方剛,自〔註57〕用,又不能卹其宗人,過寖淫上聞,非真有淮南、濟北之心,伍被、開章之計也。南陽要害地,而王建請轉廣,書辭不遜順,失藩臣禮。會都門有急,王請提軍入援,事不行,廷臣輒文致其罪,乃下詔廢為庶人,禁錮之。自此諸藩慄息,不敢復言兵事矣。」按《明史》,聿鍵於福王時赦出,後又稱監國於閩,被執,死於福州。〔註58〕詩當為聿鍵作歟?

其四

愁思忽不樂,乃上咸陽橋。盤螭蹲獸勢相齧,谽呀口鼻吞崩濤。當時平明出萬騎,馬蹄蹀躞何逍遙。長安冠蓋一朝改,紫裘意氣非吾曹。柴車辟易伏道畔,舍人辭去妻孥嘲。人生太行起面前,何必褒斜棧閣崎嶇高。

此詩刺薄俗也,有灞亭將軍之感。○鮑詩:「愁思忽而至。」〔註59〕《詩》:「今我不樂。」〔註60〕 杜詩:「塵埃不見咸陽橋。」〔註61〕 子建《桂〔註62〕之樹行》:「上有棲鸞,下有盤螭。」梁簡文詩:「石蹲還似獸。」〔註63〕 谽呀,見《林屋洞》。柳子厚詩:「炎煙六月咽口鼻。」〔註64〕郭景純《江賦》:「駭崩浪而相礧。」 《漢書·叔孫通傳》:「先平明,謁者治禮,引以次入殿門。」〔註65〕《史記·梁孝王世家》:「出從千乘萬

〔註56〕 卷一百十八。

〔註57〕 《綏寇紀略》卷八「自」上有「恣」字。

〔註58〕 《明史》卷一百十八《諸王三》:「十七年,京師陷,福王由崧立於南京,乃赦聿鍵出。大清順治二年五月,南都降。聿鍵行至杭,遇鎮江總兵官鄭鴻逵、戶部郎中蘇觀生,遂奉入閩。南安伯鄭芝龍、巡撫都御史張肯堂與禮部尚書黃道周等定議,奉王稱監國。閏六月丁未,遂立於福州,號隆武,改福州為天興府。進芝龍、鴻逵為侯,封鄭芝豹、鄭采為伯,觀生、道周俱大學士,肯堂為兵部尚書,余拜官有差。……明年二月駐延平。……八月,聿鍵出走,數日方至汀州。大兵奄至,從官奔散,與妃曾氏俱被執。妃至九瀧投於水,聿鍵死於福州。」

〔註59〕 《擬行路難十八首》其七。

〔註60〕 《唐風·蟋蟀》。

〔註61〕 《兵車行》。

〔註62〕 「桂」,讀秀本作墨丁。

〔註63〕 《晚春詩》。

〔註64〕 《寄韋珩》。

〔註65〕 卷四十三。按:早見《史記》卷九十九《叔孫通列傳》。

騎。」〔註66〕　按：《馬蹄》，《莊子》篇名。陳後主詩：「蹀躞紫騮馬。」〔註67〕逍遙，見《避亂》。　冠蓋，見《送何省齋》。　盧昇之詩：「青雲蓋兮紫霜裘。」〔註68〕《史記・晏子傳》：「意氣揚揚，甚自得也。」〔註69〕吾曹，見《避亂》。　《〈後漢書・趙壹傳〉注》：「柴車，敝惡之車。」〔註70〕《〈漢書・項籍傳〉注》：「辟易，謂開張而易其本處。」〔註71〕《論衡》：「道畔巨樹，塹邊長溝。」〔註72〕　《史記・藺相如傳》：「舍人相與諫曰：『臣等不肖，請辭去。』」〔註73〕子瞻《謝表》：「妻孥之所竊笑。」〔註74〕劉孝標《廣絕交論》：「世路險巇，一至於此！太行孟門，豈云嶄絕。」李詩：「山從人面起。」〔註75〕　《大清一統志》：「褒谷在漢中府褒城縣北，南口曰褒，北口曰斜。」《輿程記》：「陝西棧道長四百二十里，自鳳縣東北草涼驛為入棧道之始，南至褒城之開山驛，路始〔註76〕平，為出棧道之始。」〔註77〕《褒城縣志》：「洪武二十五年，因故址增修，約為棧閣二千二百七十五間，統名曰連雲棧。」崎嶇，見《攀清湖》。

其五

君不見南山松柏何蔥菁，於世無害人無爭。斧聲丁丁滿崖谷，不知其下何王陵。玉箱夜出寶衣盡，冬青葉落吹魚燈。石馬無聲缺左耳，豐碑倒折纏枯藤。當時公卿再拜下車過，今朝蔓草居人耕。此詩弔廢陵也。○《詩》：「如南山之壽。如松柏之茂。」〔註78〕按：「蔥菁」，當作「蔥青」。　《戰國策》：「自以為無患，與人無爭也。」〔註79〕　《詩》：「伐木丁丁。」〔註80〕崖谷，見《閬州行》。　杜詩：「不知何王殿。」〔註81〕　《漢武內傳》：「茂陵冢中，先有一玉

〔註66〕卷五十八。
〔註67〕《紫騮馬二首》其二。
〔註68〕盧照鄰《懷仙引》。
〔註69〕卷六十二。
〔註70〕後漢書卷一百十下《文苑列傳下》，「敝」作「弊」。
〔註71〕卷三十一。
〔註72〕《自紀篇》。
〔註73〕卷八十一。
〔註74〕《謝量移汝州表》。
〔註75〕《送友人入蜀》。
〔註76〕「始」，讀秀本作墨丁。
〔註77〕《大清一統志》卷八十七《漢中府・連雲棧》。
〔註78〕《小雅・天保》。
〔註79〕《楚四》。
〔註80〕《小雅・伐木》。
〔註81〕《玉華宮》。

箱、一玉杖，是西域康渠王所獻，帝甚愛之，故入梓宮中。其後四年，有人於扶風市中，買得此二物。」劉夢得詩：「火入荒陵燒〔註82〕寶衣。」《輟耕錄》：「楊璉真珈發趙氏諸陵。唐珏收遺骸瘞地而藏，又掘宋常朝殿冬青植於上，作《冬青行》。」〔註83〕《本草》：「女貞，一名冬青。」《皇覽・冢墓記》：「始皇葬驪山，以人魚為膏〔註84〕燭。」 薛陶臣詩：「石馬無聲蔓草寒。」〔註85〕《居易錄》：「昌平州柳林村夜有物，似馬，食人田禾。群伺之，不可得。乃相約攢弓矢射之。馬被創，逸去。眾隨血跡尋之，至周皇親墓，一石馬身有血痕，始知食禾者乃石馬耳。」〔註86〕《周禮・夏官》注：「得禽獸者取左耳。」 豐碑，見《讀西臺慟哭記》。任華詩：「褭褭〔註87〕枯藤萬丈懸。」 顧寧人《昌平山水記》：「大紅門，門三道。東西二角門，門外各有碑，刻曰：官員人等，至此下馬。」 《詩》：「野有蔓草。」〔註88〕居人，見《避亂》。

此首似悲前朝陵寢而作。恭惟我大清至仁如天，於有明之孝、景、泰、永四陵，每遣官特祭，而昌平州各陵，亦設守陵軍三十餘戶，歲祀有常。至思陵，修自本朝，更為曠典。初無玉箱夜出、豐碑倒折之事也。詩中所詠，當是附葬西山，或諸王監國者耳。觀「何王」字可見。

其六

漢家身毒鏡，大如八銖錢。蒲桃錦囊雖黯澹，盤龍婉轉絲結連。云是宣皇母后物，摩挲愛惜宮中傳。土花埋沒今千年，對此撫几長歎息，金張許史皆徒然。此詩悲外戚也。○《史記・大宛傳》：「身毒在大夏東南可數千里。」〔註89〕《西京雜記》：「宣帝被收繫郡邸獄，臂上猶帶史良娣合採婉轉絲繩係身毒國寶鏡一枚，大如八銖錢。舊傳此鏡能見妖魅，佩之者為天神所福，故宣帝從危獲濟。及即大位，每持此鏡，感咽移辰，常以琥珀笥盛之，緘以戚里織成錦，一曰斜文錦。」〔註90〕 又：「霍光妻遺淳于衍蒲桃錦二十四匹。」〔註91〕吳子華詩：「不奈

〔註82〕《荊門道懷古》，「燒」作「化」。
〔註83〕卷四《發宋陵寢》。
〔註84〕「膏」，讀秀本作墨丁。
〔註85〕薛逢《漢武宮辭》。
〔註86〕卷三。
〔註87〕「褭褭」，任華《懷素上人草書歌》作「嫋嫋」。
〔註88〕《鄭風・野有蔓草》。
〔註89〕卷一百二十三。
〔註90〕卷一。
〔註91〕卷一。

春煙籠黯澹。」〔註92〕　庾詩：「盤龍明鏡餉秦嘉。」〔註93〕吳叔庠詩：「花釵玉宛轉，珠繩金絡紈。」〔註94〕魏明帝詩：「瓜葛相結連。」〔註95〕　《漢書・宣帝紀》：「太子納史良娣，生史皇孫。皇孫納王夫人，生宣帝。」〔註96〕　《琅〔註97〕琊王歌辭》：「一日三摩挲。」〔註98〕杜詩：「樹木猶為人愛惜。」〔註99〕　李義山詩：「土花漠漠雪〔註100〕茫茫。」《南史・郭祖深傳》：「坐見埋沒。」〔註101〕　陸士衡詩：「撫几〔註102〕不能寐。」鮑詩：「拔劍擊柱長歎〔註103〕息。」〔註104〕　《漢書・功臣表》：「秺敬侯金日磾。」《外戚恩澤侯表》：「富平敬侯張安世。平恩戴侯許廣漢。樂陵安侯史高。」揚子雲《解嘲》：「有談范、蔡之說於金、張、許、史之間則狂矣。」

其七

君不見黃河之水從天來，一朝乃沒梁王臺。梁王臺成高崔嵬，禁門平旦車如雷。千尺金堤壞，百里嚴城開。君臣將相竟安在，化為白黿與黃能。音痲。**乃知水可亡人國，昆明劫灰何如哉！**此悲汴梁之陷也。〇李詩：「君不見黃河之水天上來。」〔註105〕　《九域志》：「繁臺，本梁孝王吹臺。其後有繁姓居其側，里人乃以姓呼之。」繁音婆。《詩》：「陟彼崔嵬。」〔註106〕　鮑詩：「禁門平旦開。」〔註107〕杜牧之《阿房宮賦》：「雷霆乍驚，宮車過也。」《漢書・郊祀志》：「河決金堤，其符也。」〔註108〕《括地志》：「金堤一名千里堤，在白馬縣東五

〔註92〕吳融《東歸望華山》。
〔註93〕《燕歌行》。
〔註94〕《玉臺新詠》卷六吳均《和蕭洗馬子顯古意詩六首》其五作「花釵玉腕轉，珠繩金絡丸」。
〔註95〕《種瓜篇》。
〔註96〕卷八。
〔註97〕「琅」，讀秀本作墨丁。
〔註98〕八曲其一。
〔註99〕《古柏行》。
〔註100〕「雪」，李商隱《雜歌謠辭・李夫人歌》作「雲」。
〔註101〕卷七十。
〔註102〕「幾」，陸機《赴洛道中作詩二首》其二作「枕」。
〔註103〕「歎」，讀秀本作墨丁。
〔註104〕鮑照《擬行路難十八首》其六。
〔註105〕《將進酒》。
〔註106〕《周南・卷耳》。
〔註107〕《代放歌行》。
〔註108〕卷二十五上。

里。」《一統志》:「白馬故城在衛輝府滑縣東二十里。」 嚴城，見《石公山》。 阮詩:「梁王安在哉？」〔註 109〕《九歌》:「乘白黿兮逐文魚。」〔註 110〕《吳越春秋》:「鯀投於水，化為黃能。」注:「或作熊。」《爾雅》:「三足鼈，能。」《史記・魏世家》:「知伯曰:『吾始不知水之可以亡人之國也，乃今知之。』」〔註 111〕《高僧傳》:「昔漢武穿昆明池底得黑灰，問東方朔。朔曰:『可問西域梵人。』後竺法蘭至，眾人追問之，蘭云:『世界終盡，劫火洞燒。此灰是也。』」〔註 112〕

按:《明史・周王傳》:「崇禎十五年四月，李自成再圍汴，築長圍，城中樵採路絕。九月，賊決河灌城，城圮。」〔註 113〕又，《高名衡傳》:「賊圖開封者三，士馬損傷多，積忿，誓必拔之。圍半年，師老糧匱，欲決黃河灌之。以城中子女貨寶，猶豫不決。會有獻計於巡按御史嚴雲京者，請決河以灌賊。我方鑿朱家寨口，賊知，移營高阜，艨艟巨筏以待，而驅掠民夫數萬反決馬家口以灌城。九月癸未望，夜半，二口並決。天大雨連旬，黃流驟漲，聲聞百里。丁夫荷鍾〔註 114〕者，隨堤漂沒十數萬，賊亦沉萬人。河自北門，貫東南門以出，流入於渦水。」此詩蓋指其事。《綱目》謂「自成初無遠圖，所得城邑，輒焚燬棄去。及灌開封，敗秦軍，群賊皆來附，遂犯承天，焚獻陵。自號奉天倡義大元帥。尋改襄陽曰襄京，設官屬，僭號新順王」〔註 115〕。是流賊之禍至灌開封而始大，為有明存亡所關。梅村特抽出言之，所感於天下之故深矣。

其八

男兒讀書良不惡，屈首殘編務穿鑿。窮年矻矻竟無成，徒使聲華受蕭索。君不見王令文章今大進，邱公官退才亦盡。寂寂齋居白著書，太玄奇字無人問。此詩以自悲也。〇李少卿《答蘇武書》:「男兒生以不成名。」《魏書・朱弁傳》:「弁人身良自不惡。」〔註 116〕《史記・蘇秦傳》:「夫士業已屈首受書。」〔註 117〕殘編，見《贈家侍御》。穿〔註 118〕鑿，見《哭志衍》。 退之《進學解》:「恒

〔註 109〕《詠懷》其六十（駕言發魏都）。
〔註 110〕其八《河伯》。
〔註 111〕卷四十四。
〔註 112〕卷一《漢洛陽白馬寺竺法蘭》。
〔註 113〕卷一百十六。
〔註 114〕「鍾」，《明史》卷二百六十七作「鍤」。
〔註 115〕《御批歷代通鑑輯覽》卷一百十五「癸未 十六年春正月，李自成陷承天」。
〔註 116〕卷六十三。
〔註 117〕卷六十九。
〔註 118〕「穿」，讀秀本作墨丁。

兀兀以窮年。」王子淵《聖主得賢臣頌》：「終日矻矻」。　聲華，見《送何省齋》。蕭索，見《哭志衍》。《南齊書・王儉傳》：「字仲寶。為侍中、尚書令、鎮軍。」〔註 119〕又，《丘靈鞠傳》：「在沈淵座見王儉詩，淵曰：『王令文章大進。』靈鞠曰：『何如我未進時。』靈鞠宋世文名甚盛，入齊頗減。王儉曰：『丘公仕宦不進，才亦退矣。』」〔註 120〕　左太沖詩：「寂寂揚子宅。」〔註 121〕蘇詩：「羨君常齋居。」〔註 122〕《史記・虞卿傳》：「虞卿不得意，乃著書。」〔註 123〕　《漢書・揚雄傳・贊》〔註 124〕：「以為經莫大於《易》，故作《太玄》。」又：「劉棻嘗從雄學作奇字。」

其九

伏軾說人主，談笑稱上客。一見賜黃金，再見賜白璧。夜半宮中獨召見，母弟通侯皆避席。上殿批逆鱗，下殿犯貴戚。犀首進讒譖，韓非受指讁。夜走函谷關，逡巡不能出。君不見范睢折脅懲前事，身退功成歸蔡澤。此詩即韓〔註 125〕子《說難》之意。或有感於張至發而作與？說見《其十一》。○《戰國策》：「蘇秦伏軾撙銜，橫歷天下，庭說諸侯之王〔註 126〕。」又：「安有說人主不能出其金玉錦繡，取卿相之尊者乎？」〔註 127〕　《史記・春申君傳》：「其上客皆躡珠履。」〔註 128〕　又，《虞卿傳》：「躡屩擔簦，一見趙王，賜白璧一雙，黃金百鎰，再見拜為上卿。」〔註 129〕　又，《賈生傳》：「賈生徵見。至夜半，文帝前席。」〔註 130〕　又，《范睢傳》：「穰侯，華陽君，昭王母宣太后之弟也。而涇陽君、高陵君皆昭王同母弟也。穰侯相，三人者更將。范睢得見於離宮。秦王屏左右，宮中虛無人。於是廢太后，逐穰侯、高陵、華陽、涇陽君於關外。」〔註 131〕通侯，見《劉雪舫》徹侯注。司馬長卿《上林賦》：「二子愀然改容，若自失，逡巡避席。」按：《蘇秦傳》

〔註 119〕卷二十三。
〔註 120〕卷五十二。
〔註 121〕《詠史詩八首》其四（濟濟京城內）。
〔註 122〕非蘇軾詩，出蘇轍《張恕寺丞益齋》。
〔註 123〕卷七十六。
〔註 124〕卷八十七下。
〔註 125〕「韓」，讀秀本作墨丁。
〔註 126〕「王」，《秦策一》作「主」。
〔註 127〕《秦策一》。
〔註 128〕卷七十八。
〔註 129〕卷七十六。
〔註 130〕卷八十四。
〔註 131〕卷七十九。

亦有「黃金千鎰，白璧百雙」語。「伏軾說人主」，用蘇秦事，而「一見」、「再見」，則借用侯嬴論虞卿語。「夜半宮中獨召見」，用范睢事，而「夜半」字借用《賈生傳》中語。　上殿，出《漢書・蕭何傳》。《韓子》：「人主亦有逆鱗，說之者能無嬰人主之逆鱗，則幾矣。」〔註 132〕《漢書・朱雲傳》：「『願賜上方斬馬劍，斷佞臣一人，以勵其餘。』上問：『誰也？』對曰：『安昌侯張禹。』上大怒。御史將雲下，雲攀殿檻，檻折。雲呼曰：『臣得下從龍逢、比干遊於地下，足矣！』」〔註 133〕按：「上殿」句明用《韓子》語，「下殿」句暗用朱雲事也。《史記》：「犀首者，魏之陰晉人也，名衍，姓公孫氏。與張儀不善。魏王相張儀，犀首弗利。犀首聞張儀復相秦，害之。張儀已卒之後，犀首入相秦。」〔註 134〕《說文》：「讒，譖也。」《玉篇》：「譖，讒也。」《史記》：「韓非者，韓之諸公子也。秦王說之。李斯、姚賈害之。下吏治非。李斯使人遺非藥，使自殺。」〔註 135〕指謫，見《臨江參軍》。《一統志》：「函谷關在陝州靈寶縣南。戰國時秦故關也。」《史記・商君傳》：「商君亡至關下，欲舍客舍。客人不知其是商君也，曰：『商君之法，舍人無驗者坐之。』」〔註 136〕　逡巡，見《哭志衍》。折脅，見《讀史雜詩》。《史記・范睢傳》：「須賈曰：『范叔有說於秦邪？』曰：『不也。睢前日得過於魏相，故亡逃至此，安敢說乎！』」〔註 137〕按：「懲前事」指此。《漢書・夏侯勝傳》：「上知勝素直，謂曰：『先生通正言，無懲前事。』」〔註 138〕《史記・蔡澤傳》：「蔡澤曰：『四時之序，成功者去。』應侯曰：『善。』請歸相印。昭王新說蔡澤計劃，遂拜為秦相。」〔註 139〕

其十

君不見鄭莊洗沐從知交，傾身置驛長安郊。又不見任君談辭接後進，冠蓋從遊數百乘。人生盛名致賓客，失勢人情諒非昔。年少停車莫掃門，故人行酒誰離席。此首與第四首略同。但第四首雖有「舍人」、「妻孥」語，而意於泛指為多。此首則專就賓客言之耳。○《漢書・鄭當時傳》：「字莊，陳人也。孝景時，為太子舍人。每五日洗沐，常置驛馬長安諸郊，請謝賓客，夜以繼

〔註 132〕《說難》。
〔註 133〕卷六十七。
〔註 134〕卷七十《張儀列傳》。
〔註 135〕卷六十三《韓非列傳》。
〔註 136〕卷六十八。
〔註 137〕卷七十九。
〔註 138〕卷七十五。
〔註 139〕卷七十九。

日。」〔註 140〕　又，《張湯傳》：「湯傾身事之。」〔註 141〕　《南史・任昉傳》：「字彥升，樂安博昌人也。時人慕之，號曰任君，言如漢之三君也。」〔註 142〕劉孝標《廣絕交論》：「近世有樂安任昉，類田文之愛客，同鄭莊之好賢。於是冠蓋輻湊，衣裳雲合。」　盛名，見《礬清湖》。《史記》：「太史公曰：『夫以汲、鄭之賢，有勢則賓客十倍，無勢則否，況眾人乎！』」〔註 143〕　又，《廉頗傳》：「失勢之時，故客盡去。」〔註 144〕　又，《齊悼惠王世家》：「魏勃少時，欲求見齊相曹參，家貧無以自通，乃常獨早夜掃齊相舍人門外。相舍人怪之。勃曰：『原見相君，無因，故為子掃，欲以求見。』於是舍人見勃曹參，因以為舍人。」〔註 145〕　又，《魏其武安傳》：「魏其侯為壽，獨故人避席耳，餘半膝席。」〔註 146〕

其十一

直諫好言事，召見拜司隸。彈劾中黃門，鯁切無所避。天子初見容，謂是敢言吏。以茲增感激，居官厲鋒氣。奏對金商門，縛下都船獄。髡頭徙朔方，眾怒猶不足。私劍揣其喉，赤車再收族。橫屍都亭前，妻子不敢哭。酒色作直都殺人，藏頭畏尾徒碌碌。此首有披鱗折檻之意，可想見梅村風節。〇《後漢書・蔡邕傳》：「召拜郎中，校書東觀。遷議郎。邕上封事。」又特詔問。邕對曰：『前者乳母趙嬈，貴重天下。今者道路紛紛，復云有程大人者，將為國患。』初，邕與司徒劉郃素不相平，叔父衛尉質又與將作大匠陽球有隙。球即中常侍程璜女夫也。璜遂使人飛章言邕。質數以私事請託於郃，郃不聽。邕含隱切，志欲相中。邕上書自陳曰：『今年七月，召詣金商門，問以災異，齎詔申旨，誘臣使言。』於是下邕，質於洛陽獄。有詔減死一等，與家屬髡鉗徙朔方。陽球使客追路刺邕，客感其義，皆莫為用。球又賂其部主，使加毒害。所賂者反以其情戒邕，故每得免焉。董卓為司空，聞邕名高，辟之。及卓被誅，邕在司徒王允坐，殊不意，言之而歎，有動於色。允勃然叱之。即收付廷尉治罪。邕遂死獄中。」〔註 147〕　《漢

〔註 140〕卷五十。
〔註 141〕卷五十九。
〔註 142〕卷五十九。又見《梁書》卷十四《任昉傳》。
〔註 143〕卷一百二十《汲鄭列傳》。
〔註 144〕卷八十一。
〔註 145〕卷五十二。
〔註 146〕卷卷一百〇七。
〔註 147〕卷九十下。

書・賈山傳》:「求修正之士使直諫。」〔註 148〕《戰國策》:「平原君曰:『勝也何敢言事。』」〔註 149〕《漢書・百官表》:「司隸校尉,周官,武帝〔註 150〕四年初置。〔註 151〕哀帝復置,但為司隸。」《唐書・李邕傳》:「彈劾任職。」〔註 152〕黃門,見《讀史雜詩》。《唐書・李義琰傳》:「帝每顧問,必鯁切不回。」〔註 153〕又,《韋思謙傳》:「大丈夫當敢言地。」〔註 154〕《後漢書・袁安傳》:「聞之者皆感激。」〔註 155〕《漢書・趙廣漢傳》:「專厲彊壯蜂氣。」師古曰:「蜂與鋒同。」〔註 156〕又,《薛宣傳》:「少為廷尉書佐、都船獄吏。」〔註 157〕《三國志・吳範傳》:「範髡頭自縛。」〔註 158〕《漢書・地理志》:「朔方郡,武帝元朔二年開。西部都尉治窳渾。」〔註 159〕又,《衛青傳》:「取河南地為朔方郡。」師古曰:「當北地郡之北,黃河之南也。」〔註 160〕《一統志》:「朔方故城在外藩蒙古鄂爾多斯有翼後旗界內。」《左傳・襄十年》:「眾怒難犯。」《後漢書・皇甫嵩傳》:「利劍已揣其喉。」〔註 161〕又,《隗囂傳》:「覆案口語,赤車奔馳。」《注》:「小使車赤轂,白蓋,赤帷。」〔註 162〕張茂先詩:「虎〔註 163〕步蹈橫屍。」■〔註 164〕《漢書・司馬相如傳》:「於是相如往,捨都亭。」〔註 165〕《晉書・傅咸傳》:「酒色之殺人,此甚於作直。坐酒色死,人不為悔。逆畏以直致禍,此由心不直正,欲以苟且為明哲耳!」〔註 166〕《宋史・張亢傳》:

〔註 148〕卷五十一。
〔註 149〕《趙三》。
〔註 150〕《漢書》卷十九上原有「征和」二字。
〔註 151〕《漢書》卷十九上原有「綏和二年」四字。
〔註 152〕《新唐書》卷二百〇二《文藝列傳中》。
〔註 153〕《新唐書》卷一百〇五。
〔註 154〕《新唐書》卷一百一十六,無「大」字。按:此恐引自類書,陰勁弦《韻府群玉》卷十二、張英《御定淵鑒類函》卷一百二十九、卷二百六十一、卷二百八十一均有「大」字。
〔註 155〕卷七十五。
〔註 156〕卷七十六。
〔註 157〕卷八十三。
〔註 158〕卷六十三《吳書十八》。
〔註 159〕卷二十八下。
〔註 160〕卷五十五。
〔註 161〕卷一百〇一。
〔註 162〕卷四十三。
〔註 163〕「虎」,張華《晉凱歌二首》其二《勞還師歌》作「武」。
〔註 164〕墨丁,讀秀本作空格。
〔註 165〕卷五十七上。按:早見《史記》卷一百一十七《司馬相如列傳》。
〔註 166〕卷四十七。

「漢兒皆藏頭膝間。」〔註 167〕《左傳・文十七年》:「畏首畏尾。」碌碌，見《讀西臺記》。

此首多用蔡中郎事。然中郎未為司隸，亦未嘗橫屍都亭，作者直是借他人之酒杯澆胸中之塊壘。惟恐人認作懷蔡中郎詩，特於此兩句微露之耳。謝皐羽《西臺慟哭記》開首便云:「宰相魯公，開府南服。」皐羽之去魯公已數百載，且魯公何時為宰相耶？若疑為皐羽柱〔註 168〕撰，則固哉高叟之為詩矣。　按:《梅村墓表》:「淄用張至發，烏程黨也，繼烏程而相，剛復過烏程。先生始進，即首劾淄川。奏雖寢不行，其黨皆側目。頃之，遷南京國子監司業。時黃道周以事下獄，先生遣監中生涂某齎表至京。涂伏闕上疏申理，道周黨人當軸者以為先生指使，將深文其獄，以中先生。會其人死，乃已。」夫首劾淄川，是鯁切見容也；申理漳浦，是激厲鋒氣也。而當軸深文，則不至於橫屍都亭不止矣。然雖攖眾怒，終以藏頭露尾為恥。此《梅花庵聯句》所謂「望崇敦雅素，氣直折壬〔註 169〕憸」者也，與《讀史雜詩》第二首意略同。

其十二

拔劍橫左膝，瞋目悲歌向坐客。集作「嗔目」，非。**我初從軍縛袴褶，手擊黃麞弓霹靂。生來不識官家貴，帶甲持兵但長揖。驅馬來中原，尚書奏功級。前庭論爵賞，後殿賜飲食。烏韃家兒坐我上，壞坐爭言多酒失。御史彈文讀且糾，待罪驚憂不敢出。還君絳衲兩當衫，歸去射獵終南山。**

此首言為老將之難，與《長安雜詠》第四首同意。　分五段。首二句一段作破題，領起通篇，以下皆「瞋目悲歌」語也。「我初」四句作一段，序在軍立功時，然「不識官家貴」、「持兵但長揖」已為「壞坐爭言」伏線。「驅馬」四句作一段，言歸而敘功，然「論爵賞」、「賜飲食」又為「壞坐爭言」作引，是篇中過文。「坐我上」四句作一段，點明爭坐被，與「我初」一段相配。末二句作一段，與首段相配，乃結語也。〇杜詩:「王郎酒酣拔劍斫地歌莫哀。」〔註 170〕王仲謀詩:「橫膝伴詩哦。」〔註 171〕《莊子》:「瞋目而語難。」〔註 172〕悲歌，見《臨江參軍》。李詩:「坐客三千人。」〔註 173〕《史記・

〔註 167〕卷三百二十四。
〔註 168〕「柱」，似當作「杜」。
〔註 169〕「壬」，乙本誤作「王」。
〔註 170〕《短歌行贈王郎司直》。
〔註 171〕（元）王惲《番禺杖》。
〔註 172〕《說劍》。另，《莊子・》:「晝出瞋目而不見丘山。」《盜跖》:「案劍瞋目。」
〔註 173〕按：非李白詩，出顧況《寄上兵部韓侍郎奉呈李戶部盧刑部杜三侍郎》。

張釋之傳》:「起田中從軍。」〔註 174〕《南史・沈慶之傳》:「慶之戎衣履韎縛袴入見。」〔註 175〕《隋書・禮儀志》:「袴褶,近代服以從戎。今纂嚴,則文武百官咸服之。車駕親戎,則縛袴,不舒散也。」〔註 176〕《唐書・五行志》:「《如意初里歌》曰:『黃麞草裏藏,彎弓射爾傷。』」〔註 177〕《南史・曹景宗傳》:「拓弓弦作霹靂聲。」〔註 178〕《國老談苑》:「徐鉉為散騎常侍,太宗謂曰:『官家之稱,其義安在?』鉉曰:『三皇官天下,五帝家天下,蓋皇帝之謂也。』」杜詩:「男兒既介冑,長揖別上官。」〔註 179〕按:「生來不識官家貴」暗用細柳都尉「軍中聞將軍令,不聞天子之詔」,「帶甲持兵但長揖」暗用周亞夫「介冑之士不拜」語意。《詩》:「驅馬悠悠。」〔註 180〕中原,見《贈蒼雪》。《宋書・百官志》:「尚書,古官也。舜攝帝位,龍作納言,即其任也。秦世,發吏四人在殿中,主發書,故謂之尚書。」〔註 181〕《詩》:「以奏膚公。」〔註 182〕毛《傳》:「公,功也。」《唐書・百官志》:「思勳郎一人,員外郎二人,掌官吏勳級。」〔註 183〕左太沖詩:「連璽曜前庭。」〔註 184〕《後漢書・馬皇后紀》:「延及北閣後殿。」〔註 185〕按:「瓛」通「桓」,見《說文》。「家兒」,用《晉書・郭琦傳》。說附後。《後漢書・戴憑傳》:「博士說經,皆不如臣,而坐居臣上。」〔註 186〕《吳質別傳》:「質朝京師,詔上將軍及特進以下皆會質所。時上將軍曹真性肥,中領軍朱鑠性瘦,質招憂,使說肥瘦。真拔刀瞋目,遂罵坐。質案劍曰:『曹子丹,何敢恃勢驕耶?』鑠因起。質顧叱之曰:『朱鑠,敢壞坐!』」〔註 187〕《漢書・灌夫傳》:「夫數以酒失得過丞相。」〔註 188〕《歸田錄》:「魯簡肅公嘗易服飲酒肆中,真宗笑曰:

〔註 174〕卷一百〇二。
〔註 175〕《南史》卷三十七:「慶之戎服履韈縛袴入,上見而驚曰。」
〔註 176〕卷十一《禮儀志六》。
〔註 177〕《舊唐書》卷三十七、《新唐書》卷三十五。
〔註 178〕卷五十五。又見《梁書》卷九《曹景宗傳》。
〔註 179〕《垂老別》。
〔註 180〕《鄘風・載馳》。
〔註 181〕卷三十九。
〔註 182〕《小雅・六月》。
〔註 183〕《新唐書》卷四十六。
〔註 184〕《詠史詩八首》其三。按:「前庭」此前已見於詩。劉楨《贈五官中郎將詩四首》其三:「白露塗前庭,應門重其關。」
〔註 185〕卷十上。
〔註 186〕卷一百九上。
〔註 187〕《三國志》卷二十一《魏書二十一・吳質傳》裴松之《注》。
〔註 188〕按:出《史記》卷一百零七《魏其武安侯列傳》。《漢書》卷五十二《灌夫傳》無「得」字。

『卿為宮臣，恐為御史所彈。』　待罪，見《哭志衍》「對仗劾三公」注。《南史·柳元景傳》：「薛安都怒甚，乃脫兜鍪，解所帶鎧，惟著絳衲兩當衫，馳入賊陣，所向無前。」〔註 189〕《史記·李將軍傳》：「屏野居藍田南山中射獵。」〔註 190〕《大清一統志》：「終南山在西安府城南五十里。」按：鮑《行路難》末二句云：「還君金釵玳瑁簪，不忍見之益愁思。」〔註 191〕此仿其句法，而意則用杜詩「短衣匹馬隨李廣，看射猛虎終殘年」〔註 192〕也。

《大清一統志》：「烏桓故地在外藩蒙古統部。」又〔註 193〕：「外藩蒙古統部。漢末烏桓、鮮卑雜處其間。元之先曰蒙古。迄明世，北陲不靖。本朝龍興，蒙古科爾沁部率先歸附。及既滅察哈爾，諸部相繼來降。於是正其疆界，悉遵約束。有大征伐，並帥師以從。及定鼎後，錫以爵祿，俾得世及。每歲朝貢，以時奔走，率職惟謹。設理藩院以統之。蓋奉正朔、隸版圖者，部落二十有五，為旗五十有一，並同內八旗。」藩封萬里，中外一家，曠古所未有也。此詩所詠，豈在諸部初附之時，故用《晉書·郭琦傳》之「家兒能事」〔註 194〕而兼取《說文》之「公執桓圭」字，以示戒武臣與？　漢高祖悉去秦苛儀法，為簡易。群臣飲酒爭功，醉或妄呼，拔劍擊柱。〔註 195〕此詩通首皆作拔劍妄呼語。淮陰之羞與噲伍，灌夫之大言罵坐，皆足為萬世戒。不如祭征虜雅歌投壺，徐中山不矜不伐，為善處功名之際也。末二語廢退之中仍然屈強，惜不知所指何許人耳。

其十三

平生俠遊尚輕利，劇孟為兄灌夫弟。使酒罵坐人，探丸斫俗吏。流血都市中，追兵數十騎。借問追者誰，云是灞陵杜稺季。抽矢弗射是故人，兩馬相逢互交臂。吾徒豈相厄，便當從此逝。泰山羊氏能藏跡，北海孫公堪避世。複壁埋名二十年，赦書卻下咸陽尉。歸來故鄉無負郭，破家結客成何濟。此首言為遊俠之難。○《史記·禮書》：「輕利剽遫，卒如

〔註 189〕卷三十八。又見《宋書》卷七十七《柳元景傳》。
〔註 190〕卷一百〇九。
〔註 191〕《擬行路難十八首》其九。
〔註 192〕《曲江三章章五句》其三。
〔註 193〕卷一百九十四。
〔註 194〕卷九十四。
〔註 195〕《史記》卷九十九《叔孫通列傳》。

標風。」〔註 196〕《漢書・游俠傳》:「劇孟者,洛陽人也。以俠顯。」〔註 197〕《史記・季布傳》:「弟季心,氣蓋關中。嘗殺人,亡之吳,從袁絲匿。長事袁絲,弟畜灌夫、籍福之屬。」〔註 198〕《漢書・灌夫傳》:「為人剛直使酒。田蚡劾灌夫罵坐不敬。」〔註 199〕 又,《酷吏・尹賞傳》:「閭里少年群輩殺吏,受賕報仇,相與探丸為彈,得赤丸者斫武吏,得黑丸者斫文吏。」〔註 200〕又,《賈誼傳》:「類非俗吏之所能為也。」〔註 201〕 又,《食貨志》:「操其奇贏,日遊都市。」〔註 202〕 劉希逸詩:「走馬追兵急。」〔註 203〕《古詩》:「借問誰家子。」〔註 204〕《漢書・孫寶傳》:「徵為京兆尹。故吏侯文以剛直不苟合。立秋日署文東部督郵。入見,敕曰:『今日鷹隼始擊,當順天氣取奸惡,以成嚴霜之誅,掾部渠有其人乎?』文曰:『霸陵杜穉季。』穉季者,大俠。」〔註 205〕《史記・項羽紀》:「若非吾故人乎?」〔註 206〕《吳越春秋》:「今日凶凶,兩賊相逢。」交臂,見《送何省齋》。《史記・季布傳》:「高祖急,顧丁公曰:『兩賢豈相厄哉!』」〔註 207〕 又,《高祖紀》:「吾亦從此逝矣。」〔註 208〕《後漢書・蔡邕傳》:「往來依泰山羊氏,積十二年。」〔註 209〕徐孝穆《傅大士碑》:「聖人無名,顯用藏跡。」 「北海孫公」、「複壁」,並見《又詠古》第六首。「埋名」,出《漢書・翟方進傳》。《漢書・公孫瓚傳》:「唯有此中可避世。」〔註 210〕《北史・崔浩傳》:「南鎮上宋改元赦書。」〔註 211〕《〈後漢書・光武紀〉注》:「廷尉,秦官。聽獄必質於朝廷,故曰廷尉。」〔註 212〕《漢官儀》:「大縣兩尉,長安四尉。建隆間,

〔註 196〕卷二十三。

〔註 197〕卷九十二。按:《史記》卷一百二十四《遊俠列傳》:「田仲已死,而雒陽有劇孟。周人以商賈為資,而劇孟以任俠顯諸侯。」

〔註 198〕卷一百。

〔註 199〕《漢書》卷五十二。按:原出《史記》卷一百零七《魏其武安侯列傳》。

〔註 200〕卷九十。

〔註 201〕卷四十八。

〔註 202〕卷二十四上。

〔註 203〕劉希夷《將軍行》。

〔註 204〕曹植《白馬篇》。

〔註 205〕卷七十七。

〔註 206〕卷七。

〔註 207〕卷一百。

〔註 208〕卷八。

〔註 209〕卷九十下。

〔註 210〕出《後漢書》卷一百三《公孫瓚傳》,作《漢書》誤。

〔註 211〕卷二十一。

〔註 212〕卷一上。

詔諸縣置尉一員，在主簿下。」又，《〈史記・高祖紀〉注》：「咸陽，今渭北渭城是也。」〔註 213〕按：秦都咸陽，則尉當指廷尉。然咸陽又秦之縣名，則亦可如《漢書・百官表》縣令、長「皆有丞、尉，秩四百石至二百石」之尉矣。　《史記・蘇秦傳》：「且使我有雒陽負郭田二頃，吾豈能佩六國相印乎！」〔註 214〕　破家，見《又詠古》。《古樂府》有《結客少年場行》。

其十四

今我思出門，圖作雒陽賈，東遊陳鄭北齊魯。白璧一雙交王公，明珠十斛買歌舞。關中軺車方算緡，高艑峩峩下荊楚。道阻淮南兵，貨折河東估。朝為猗頓暮黔婁，乞食吹籥還故土。此首為商旅之難。○庾詩：「何處覓錢刀，求為洛陽賈。」〔註 215〕　《莊子》：「雲將東遊。」〔註 216〕《左傳・僖四年》：「師出於陳、鄭之間，國必甚病。」《鹽鐵論》：「宛周齊魯，商徧天下。」〔註 217〕　白璧句，見《其九》。　喬知之詩：「明珠十斛買娉婷。」　賈誼《過秦論》：「關中之固，金城千里。」《〈漢書・食貨志〉注》：「商賈有軺車，使出二算，重其賦也。」又，《武帝紀》：「元狩四年初，算緡錢。」《注》：「緡，絲也。以貫錢也。一貫千錢，出算二十也。」　白詩：「高檣大艑鬧驚春。」〔註 218〕《楚辭》：「層冰峨峨，飛雪千里些。」〔註 219〕《詩》：「奮伐荊楚。」〔註 220〕　又：「道阻且長。」〔註 221〕《漢書・諸侯王年表》：「北界淮瀕，略廬、衡，為淮南。」〔註 222〕《北史・魏宗室傳・贊》：「河東俗多商賈。」〔註 223〕《史記・貨殖傳》：「猗頓用盬鹽起。」〔註 224〕賈誼《過秦論》：「陶朱、猗頓之富。」《貧士傳》：「黔婁先生者，魯人也。」《史記・范睢傳》：「伍子胥鼓腹吹篪，乞食於吳市。」〔註 225〕徐廣《注》：「『篪』，

〔註 213〕卷八。
〔註 214〕卷六十九。
〔註 215〕《對酒歌》。
〔註 216〕《在宥》。
〔註 217〕《力耕第二》。
〔註 218〕《重題小舫贈周從事兼戲微之》。
〔註 219〕《招魂》。
〔註 220〕《商頌・殷武》。
〔註 221〕《秦風・蒹葭》。
〔註 222〕卷十四。
〔註 223〕卷十五。
〔註 224〕卷一百二十九。
〔註 225〕卷七十九。

一作『簫』。」《元史・趙復傳》:「雖居燕,不忘故土。」〔註 226〕

其十五

丈夫少年使絕域,從行吏士交河卒。布衣功拜甘泉侯,獨護高車四十國。黎城王尊祖按武曰:「『獨護』,疑是『都護』。」**蒲萄美酒樽中醉,汗血名駒帳前立。富貴歸故鄉,上書乞骸骨。漢使遮玉關,不遣將軍入。軍中夜唱行路難,條支海上秋風急。**此首見行域外之難。○漢武帝詔:「可為將相及使絕國者。」《漢書・李廣傳》:「吏士無人色。」〔註 227〕又,《西域傳》:「車師前,王居交河城。〔註 228〕河水分流繞城下,故號交河。」《史記・功臣侯年表》:「甘泉侯王竟,漢王元年初從起高陵,屬劉賈,以都尉從軍侯。」《漢書・鄭吉傳》:「並護車師以西北道,故號都護。都護之置,自吉始焉。」〔註 229〕《唐書・回鶻傳》:「俗多乘高輪車,亦號高車部。」〔註 230〕《後漢書・班超傳》:「於是西域五十餘國悉皆納質內屬焉。」〔註 231〕 又,《西域傳》:「大宛左右以蒲陶為酒。」〔註 232〕王子羽詩:「蒲萄美酒夜光盃。」〔註 233〕 《漢書・武帝紀》:「大初四年春,貳師將軍李廣利斬大宛王首,獲汗血馬來。」〔註 234〕《趙憙傳》:「卿名家駒。」〔註 235〕

其十六

西莫過金牛關,懸崖鐵鎖猿猱攀。南莫過惡道灘,盤渦利石戈矛攢。猩猩啼兮杜鵑叫,落日青楓山鬼嘯。篁竹深巖不見天,我所悲兮在遠道。此又專指西南之難也。○金牛,見《閬州行》。《一統志》:「金牛廢縣在寧羌州東北。」《漢中府志》:「金牛故城在沔州西南九十里,即金牛驛也。」 杜詩:「懸崖置屋牢。」〔註 236〕又:「鐵鎖高垂不可攀。」〔註 237〕猿猱,見《閬州行》。《臥遊錄》:「惡道溪

〔註 226〕卷一百八十九《儒學列傳一》。
〔註 227〕卷五十四。
〔註 228〕「車師前,王居交河城」,《漢書》卷九十六下作「車師前國,王治交河城」。
〔註 229〕卷七十。
〔註 230〕《新唐書》卷二百一十七上。
〔註 231〕卷七十七。
〔註 232〕按:非《後漢書》,出《漢書》卷九十六上《西域傳》。
〔註 233〕王翰《涼州詞二首》其一。
〔註 234〕卷六。
〔註 235〕《後漢書》卷五十六。
〔註 236〕《山寺》。
〔註 237〕《玄都壇歌寄元逸人》。

中九十九里有五十九灘。王右軍遊此，歎其奇絕，遂書突星瀨於石。」　郭景純《江賦》:「盤渦谷轉。」《說文》:「利，銛也。」元詩:「矛攢有森束。」〔註238〕《爾雅》:「猩猩小而好啼。」《成都記》:「望帝化為鳥，名曰杜鵑。」　杜詩:「魂來楓林青。」〔註239〕《楚辭》有《山鬼》篇。　《山鬼》:「余處幽篁兮終不見天。」深巖，見《贈願雲師》。張平子詩:「我所思兮在泰山。」〔註240〕《古詩》:「所思在遠道。」〔註241〕

按:明亡後，張獻忠尚流毒川中，而王應熊等號召無成，亦紛紛不足道。其見於《一統志》者，順治八年，郝浴巡撫四川，時巨寇劉文繡等踞滇黔，吳三桂握重兵屯保寧，久無功。浴劾其縱兵剽掠，任用私人，保藏異志。未幾，東西川俱陷。三桂棄保寧，退走綿州，則金牛以西非樂土也。王養正、夏萬亨俱死武昌，而楊廷麟、萬元吉、彭期生之徒皆守贛州以死，則惡道灘真絕地也。梅村此詩，蓋為蜀贛人危之，而悲在遠道，較太白《蜀道難》意更惘切。　此種詩人不能學，亦不可學。夫無病而呻吟，則學杜者之過矣。

其十七

結帶理流蘇，流蘇紛亂不能理。當時羅帷鑒明月，皎皎容華若桃李。一自君出門，深閨厭羅綺。有人附書還，君到長干里。名都鶯花發皓齒，知君眷眷嬋娟子。太行之山黃河水，君心不測竟如此。寄君翡翠之鵜釵，傅璣之墮珥，勸君歸來且歡喜，臥疾空床為君起。此首刺福世子也。說附後。　明遠《行路難》一首起句云:「剉蘗染黃絲，黃絲歷亂不可治。」此詩起處亦仿其句法。〇皇甫茂政詩:「結帶明心許。」〔註242〕《娜嬛記》:「輕雲鬢髮甚長，每梳頭，立於榻上，猶拂地。已綰髻，左右餘髮各粗一指，結束作同心帶，垂於兩肩，以珠翠飾之，謂之流蘇髻。富家女子多以青絲效其制。」　《石〔註243〕詩》:「明月何皎皎，照我羅床幃。」阮詩:「薄幃鑒明月。」〔註244〕　曹詩:「容華若桃李。」〔註245〕　《古詩》:「自君之出矣。」〔註246〕　張見賾詩:「深閨久離

〔註238〕《和東川李相公慈竹十二韻》。
〔註239〕《夢李白二首》其一。
〔註240〕《四愁詩》。
〔註241〕《古詩十九首》其六（涉江採芙蓉）。
〔註242〕皇甫冉《見諸姬學玉臺體》。
〔註243〕「石」，當作「古」。出《古詩十九首》其十九（明月何皎皎）。
〔註244〕《詠懷》其一（夜中不能寐）。
〔註245〕《雜詩七首》其四（南國有佳人）。
〔註246〕徐幹《室思詩六章》其三（浮云何洋洋）。

別。」〔註247〕羅綺，見《讚佛詩》。　杜詩：「一男附書至。」〔註248〕　長干〔註249〕，見《贈李雲田》。　曹詩：「名都多妖女。」〔註250〕鶯花，見《贈李雲田》。曹詩：「誰為發皓齒。」〔註251〕　《晉書・王尚之傳》：「骨肉不遠，眷〔註252〕眷累世。」張子壽詩：「豈無嬋娟子。」〔註253〕　李《行路難》詩：「欲渡黃河冰塞川，將登太行雪暗天。」　《莊子》：「人心險於山川。」〔註254〕《漢書・蒯通傳》：「患生於多欲，而人心難測也。」〔註255〕　宋玉《諷賦》：「以翡翠之釵，掛臣冠纓。」鶼釵，未詳。按：《爾雅》：「南方有比翼鳥焉，不比不飛，其名謂之鶼鶼。」疑鶼釵即雙釵也。施肩吾詩：「卻還雙股釵。」〔註256〕　《史記・李斯傳》：「傅璣之珥。」〔註257〕又，《滑稽傳》：「前有墮珥。」〔註258〕　韓詩：「得酒且歡喜。」〔註259〕　《古詩》：「空床難獨守。」〔註260〕李詩：「長袖拂面為君起。」〔註261〕

按：此詩全用比體。「流蘇紛亂」比現在失意之景。「羅帷明月」比北都貴盛之時。「容華桃」李自比其才。「一自君出門」比由崧之避闖南下。「深閨厭羅綺」比亂時之不願簪紱也。「君到長干」言福世子稱號金陵。《輿地紀勝》：長干是秣陵縣東里巷名。《宋史》「曹彬下江南，登長干，北望金陵」是也。「皓齒」「嬋娟」比馬士英、阮大鋮等眷眷不測，見由崧親小人，遠賢臣，舉措倒置也。「寄君釵珥」即掛冠神武門意。《梅村墓表》謂「南中立君，登朝一月歸」是也。然終望由崧之不肯偷安，言安得見歸來而為之起乎？梅村此詩實有睠睠君國，溫柔敦厚之遺，《小雅》怨誹而不亂，不徒詩品之高。集中似此者亦難多得矣。

〔註247〕張正見《有所思》。
〔註248〕《石壕吏》。
〔註249〕「干」，乙本誤作「于」。
〔註250〕《名都篇》。
〔註251〕《雜詩七首》其四（南國有佳人）。
〔註252〕「眷」，卷三十七《宗室列傳・忠王司馬尚之》作「蒙」。
〔註253〕張九齡《登古陽雲臺》。
〔註254〕《列禦寇》。
〔註255〕卷四十五。
〔註256〕《定情樂》。
〔註257〕卷八十七。
〔註258〕卷一百二十六。
〔註259〕《秋懷詩十一首》其一（窗前兩好樹）。
〔註260〕《古詩十九首》其二（青青河畔草）。
〔註261〕《白紵辭三首》其一（揚清歌，發皓齒）。

其十八

吾將老焉惟糟丘，裸身大笑輕王侯。禮法之士憎如讎，此中未得逍遙遊。不如飲一斗，頹然便就醉，執法在前無所畏。君不見嵇生幽憤阮生哭，箕踞狂呼不得意。此結句也，思老醉鄉亦無可如何之意。○《左傳・隱十一年》:「使營菟裘，吾將老焉。」《南史・陳暄傳》:「速營糟丘，吾將老焉。」〔註262〕次句暗用禰衡事。詳六言絕句。　禮法句，見《哭志衍》。　逍遙遊，《莊子》篇名。《古詩》:「不如飲美酒。」〔註263〕《史記・滑稽傳》:「臣飲一斗亦醉。」〔註264〕《宋書・顏延之傳》:「得酒必頹然自得。」〔註265〕《說文》「頹」作「穨」。《滑稽傳》:「執法在傍，御史在後。」〔註266〕《晉書・趙志傳》:「去矣嵇生。」〔註267〕又，《嵇康傳》:「一旦縲紲，乃作《幽憤詩》。」〔註268〕又，《阮籍傳》:「時率意獨駕，不由徑路，車跡所窮，輒慟哭而返。」〔註269〕杜詩:「塞上得阮生。」〔註270〕　劉伯倫《酒德頌》:「奮髯箕踞，枕麴藉糟。」《唐書・李白傳》:「張旭每大醉呼叫，狂走乃下筆。」〔註271〕《史記・虞卿傳》:「虞卿不得意。」〔註272〕

永和宮詞《明史・周后傳》:「田貴妃有寵而驕，后裁之以禮。歲元日，寒甚，田妃來朝，翟車至廡下。后良久方御坐，受其拜，拜已遽下，無他言。而袁貴妃之來朝也，相見甚歡，語移時。田妃聞而大恨，向帝泣。帝嘗在交泰殿與后語不合，推后仆地，后憤不食。帝悔，使中使持貂裀賜后，且問起居。妃尋以過斥居啟祥宮，三月不召。一日，后侍帝於永和門看花，請召妃。帝不應。后遽令以車迎之，乃相見如初。」〔註273〕按:《日下舊聞》引《愍書》:「坤寧宮，皇后所居。左曰景和門，右曰隆福門。東宮，貴妃所居。東二長街之東曰永和宮。」是永和乃田妃之宮，景和乃周后召貴妃看花之門也。《明史》「侍帝於永和門看花」，「永」字應作「景」。田妃一生以景和看花為過脈，故梅村特精彩敘出，兼仿《連昌宮詞》之題樣也。又按:

〔註262〕卷六十一。
〔註263〕《古詩十九首》其十三（驅車上東門）。
〔註264〕卷一百二十六。
〔註265〕卷七十三。
〔註266〕卷一百二十六。
〔註267〕卷九十二《文苑傳》。
〔註268〕卷四十九。
〔註269〕卷四十九。
〔註270〕《貽阮隱居》。
〔註271〕《新唐書》卷二百〇二《文藝列傳中》。
〔註272〕卷七十六。
〔註273〕卷一百十四《后妃列傳二》。

《玉堂薈記》：「田貴妃居承乾宮，袁貴妃據翊坤宮。」

揚州明月杜陵花，夾道香塵迎麗華。舊宅江都飛燕井，新侯關內武安家。雅步纖腰初召入，鈿合金釵定情日。豐容盛鬋固無雙，蹴鞠彈棋復第一。上林花鳥寫生綃，禁本鍾王點素毫。楊柳風微春試馬，梧桐露冷暮吹簫。此詩即田妃傳也。先敘其邑里氏族及色藝之工。○《明史．后妃傳》：「恭淑貴妃田氏，陝西人，后家揚州。」〔註 274〕杜牧之詩：「明月滿揚州。」〔註 275〕《綱目集覽》：「杜陵在長安東南，漢宣帝葬此，更名杜陵。」韓君平詩：「春衣夜宿杜陵花。」〔註 276〕《周禮》：「鄉師帥其屬，夾道而蹕。」《拾遺記》：「石季倫屑沉水之香，如塵末，布象床上，使所愛者踐之。」《南史．后妃傳》：「張貴妃，字〔註 277〕麗華。」《大清一統志》：「江都故城在揚州府江都縣西南四十六里，漢置。」《飛燕外傳》：「父馮萬金。江都王孫女姑蘇主嫁江都中尉趙曼，曼幸萬金，萬金得通趙主，一產二女，皆冒姓趙。流轉至長安。」按：江都本飛燕故里，而用井字者，亦如綠珠井、文君井之類耳。《漢書．百官表》：「爵十九關內侯。」《史記》：「武安侯田蚡者，孝景后同母弟也。」〔註 278〕陸士龍詩：「雅步擢纖腰。」〔註 279〕陳鴻《長恨歌傳》：「定情之夕，授金釵鈿合以固之。」《樂府解題》：「《定情》篇，漢繁欽所作。」《後漢書．南匈奴傳》：「昭君豐容靚飾，光明漢宮。」〔註 280〕《楚辭》：「盛鬋不同制，實滿宮些。」〔註 281〕《吳越春秋》：「無忌報平王曰：『秦女天下無雙。』」傅休奕《彈棋賦序》：「漢成帝好蹴鞠，劉向以為勞人體，竭人力，非至尊所宜御。乃因其體，作彈棋。今觀其道，蹴鞠道也。」杜詩：「昭陽殿里第一人。」〔註 282〕上林，見《讚佛詩》。《宣和畫譜》：「易元吉初以工花鳥專門。」韓詩：「生綃數幅垂中堂。」〔註 283〕按：禁本，禁中之本。《魏志．鍾繇傳》：「字元常，穎川長社人也。」〔註 284〕《晉書．王羲之傳》：「逮乎鍾王以降，略可言焉。」〔註 285〕

〔註 274〕卷一百十四《后妃列傳二》。
〔註 275〕《揚州三首》其一（煬帝雷塘土）。
〔註 276〕韓翃《贈張千牛》。
〔註 277〕「字」，《南史》卷十二作「名」。
〔註 278〕卷一百七《武安侯列傳》。
〔註 279〕陸雲《為顧彥先贈婦往返詩四首》其二。
〔註 280〕卷一百十九。
〔註 281〕《招魂》。
〔註 282〕《哀江頭》。
〔註 283〕《桃源圖》。
〔註 284〕卷十三。
〔註 285〕卷八十。

顏延年詩：「深心託毫素。」〔註 286〕　韋端巳詩：「朱鬣馬嘶楊柳風。」〔註 287〕李巨山詩：「試馬依紅埒，吹簫弄紫霞。」〔註 288〕　庾子山《小園賦》：「桐間露落。」**君王宵旰無歡思，宮門夜半傳封事。玉几金床少晏眠，陳娥衛豔誰頻侍。貴妃明慧獨承恩，宜笑宜愁慰至尊。皓齒不呈微索問，蛾眉欲蹙又溫存。**此段言思陵勤勞而妃獨承恩也。〇羅昭諫詩：「聖君宵旰望升平。」〔註 289〕　《丹鉛錄》：「刺閨，夜有急事，投刺於宮門也。」〔註 290〕封事，見《贈吳雪航》。　玉几金床，見《遇雨南廂園叟》。杜詩：「三軍同宴眠。」〔註 291〕　富嘉謨《麗色賦》：「燕姬趙女，衛豔陳娥。」《田妃傳》：「妃生而纖妍，性寡言，多才藝。崇禎元年封禮妃，進皇貴妃。」《南史．梁郤皇后傳》：「后幼明慧。」〔註 292〕陳其年《婦人集》：「明田貴妃明慧沉默，寡言笑，最得帝寵。」杜詩：「虢國夫人承主恩。」〔註 293〕　《楚辭》：「既含睇兮又宜笑。」〔註 294〕司馬長卿《上林賦》：「皓齒燦爛，宜笑的皪。」《拾遺記》：「吳主潘夫人，父坐法，輸入織室。吳主使圖其容貌。夫人憂戚不食，減瘦改形。工人寫其真狀以進，吳主見而喜悅，曰：『此神女也。愁容尚能惑人，況在歡樂！』」《詩》：「螓首蛾眉。」〔註 295〕司空表聖詩：「地爐生火自溫存。」〔註 296〕**本朝家法脩清宴，房帷久絕珍奇薦。敕使惟追陽羨茶，內人數減昭陽膳。維揚服制擅江南，小閣爐煙沉水含。私買瓊花新樣錦，自脩水遞進黃柑。**此段言思陵恭儉而妃獨被寵也。〇《明史．后妃傳》：「終明之代，宮壼肅清，論者謂其家法之善，超軼漢、唐。」〔註 297〕東方曼倩《非有先生論》：「得賜清讌之間。」《北史．劉行本傳》：「何褻昵房帷之間哉！」〔註 298〕《書》：「珍禽奇獸，不育於國。」〔註 299〕　元《連昌宮辭》：「去年敕使因斫竹。」盧仝詩：「天子未嘗陽羨茶，百草不

〔註 286〕《五君詠五首》其五《向常侍》。
〔註 287〕韋莊《貴公子》。
〔註 288〕李嶠《馬武騎輓歌二首》其二。
〔註 289〕羅隱《塞外》。
〔註 290〕《丹鉛餘錄》卷八《刺閨》。又見《升菴集》卷七十《刺閨》。
〔註 291〕《遣興三首》其一。
〔註 292〕卷十二《后妃傳下》。
〔註 293〕《虢國夫人》。一作張祜《集靈臺》。
〔註 294〕《九歌．山鬼》。
〔註 295〕《衛風．碩人》。
〔註 296〕司空圖《修史亭三首》其一。
〔註 297〕卷一百十三《后妃列傳一》。
〔註 298〕卷七十。
〔註 299〕《旅獒》。

敢先開花。」〔註 300〕《教坊記》:「妓女入宜春苑,謂之內人,亦曰前頭人,以常在上前頭也。」杜詩:「寇盜尚憑陵,當君減膳時。」〔註 301〕昭陽,見《讚佛詩》。潘皆山曰:「按:毛大可《彤史拾遺記》:『時天下飢饉,府庫虛,上憂勞,議節用。周后所行合上意。』《明史·周后傳》:『帝以寇亂茹蔬。后見帝體瘁,具饌將進,而瀛國夫人奏適至,曰:夜夢孝純太后歸,語帝瘁而泣,且曰:為我語帝,食毋過苦。帝追念孝純,且感后意,舉匕箸,相向而泣。』所謂『房帷久絕珍奇薦』、『內人數減昭陽膳』也。」《明史·地理志》:「揚州府。辛丑年十二月曰維揚府。丙午正月曰揚州府。」《宋史·后妃傳》:「安妃每製一服,外間即傚之。」〔註 302〕 小閣,見《西田》詩其三。梁簡文詩:「爐煙入斗帳。」〔註 303〕《南方草木狀》:「木心與節堅黑,沈水者為沉香。」潘皆山曰:「按:《彤史拾遺記》:『田妃善粧攏,每以新飾變宮中儀法。燕見卻首服,別作副髮藏髮間,宮衣用紗縠雜掇諸剪繡,而隱以他色,如罨畫然。』又:『嘗厭宮闈過高迥,崇杠大牖,所居不適意,乃就廊房為低檻曲楯,蔽以敞槅,雜採揚州諸什器、床簟供設其中。』所謂『維揚服制擅江南,小閣爐煙沉水含』也。」 蔣子正《山房隨筆》:「揚州瓊花,天下袛一本。」王仲初詩:「猶戀機中錦樣新。」〔註 304〕潘皆山曰:「《彤史拾遺記》:『宮中凡令節,宮人以插帶相餉。偶貴妃宮婢戴新樣花,他宮皆無有,中宮宮婢向上叩頭乞賜,上使中官出採辦,越數百里不能得。上以問妃,妃曰:此象生花,出嘉興,有吳吏部家人攜來京,而妾買之。上不悅。』所謂『私買瓊花新樣錦』也。」 丁用晦《芝田錄》:「李德裕取惠山泉,自常州至京置遞,號水遞。」杜牧之詩:「越浦黃柑嫩。」〔註 305〕**中宮謂得君王意,銀鐶不妒溫成貴。早日艱難護大家,比來歡笑同良娣。奉使龍樓賈佩蘭,往還偶失兩宮歡。雖云樊嫕能辭令,欲得昭儀喜怒難。**此言周后本與妃相愛,而后與妃有隙也。○《〈周禮·內宰〉疏》:「《漢舊儀》稱皇后為中宮。」《詩》:「貽我彤管。」《傳》:「古者,后妃群妾以禮御於君所,當御者,以銀鐶進之。」《漢書注》:「鐶,讀與環同。」《宋史·仁宗紀》:「至和元年,貴妃張氏薨,追冊為皇后,賜謚溫成。」〔註 306〕又,《歐陽修傳》:「昔溫成之寵,太后處之裕如。」〔註 307〕《獨斷》:「天子稱天家。親

〔註 300〕《走筆謝孟諫議寄新茶》。
〔註 301〕《病橘》。
〔註 302〕卷二百四十三《后妃列傳下》。
〔註 303〕《曉思詩》。
〔註 304〕王建《留別田尚書》。
〔註 305〕《新轉南曹未敘朝散初秋暑退出守吳興書此篇以自見志》。
〔註 306〕卷十二。
〔註 307〕卷三百十九。

近侍從官稱大家，又曰官家。」《漢書・外戚傳》：「太子有妃，有良娣，有孺子，妻妾凡三等。」〔註308〕《南史・后妃傳》：「太子宮置三內職，良娣比開國侯。」〔註309〕按：詩意似不指太子宮。《韻會》：「娣音第，女弟也。」蓋本《韻會》之意而借用良娣字耳。《漢書・成帝紀》：「出龍樓門。」〔註310〕《注》：「門樓上有銅龍，若白鶴、飛廉之為名也。」《西京雜記》：「戚夫人侍兒賈佩蘭。」《史記・酷吏傳》：「景帝往來兩宮間。」〔註311〕《飛燕外傳》：「其姑妹樊嫕。婕妤益貴倖，號昭儀。昭儀素卑事後，不虞見答之暴，熟視不復言，樊嫕脫簪，叩頭出血，扶昭儀為拜後。昭儀拜，乃泣曰：『我娣弟其忍相搏乎？』后亦泣。」按：樊嫕有二。《後漢書・梁竦傳》：「會貴人姊南陽樊調妻嫕上書自訟，辭證明審，遂得引見。乃留嫕止宮中，連月乃出。」〔註312〕此另一樊嫕。詩當用《飛燕外傳》之樊嫕也。《史記・屈原傳》：「嫺於辭令。」〔註313〕**綠綈小字書成印，瓊函自署充華進。請罪長教聖主憐，含辭欲得君王慍。君王內顧恤傾城，故劍還存敵體恩。手詔玉人蒙詰問，自來階下拭啼痕。**此言妃被遣之由。○《漢書・外戚傳》：「中黃門田客持詔記，盛綠綈方底，封御史中丞印。」〔註314〕李長吉詩：「越王嬌郎小字書。」〔註315〕按：瓊函，猶玉檢。《詩傳》：「瓊，玉之美者。」《玉篇》：「署，書檢也。」《晉書・輿服志》：「淑妃、淑媛、淑儀、修華、修容、修儀、婕妤、容華、充華，是為九嬪。」〔註316〕王子淵《洞簫賦》：「蒙聖主之渥恩。」子建《洛神賦》：「含辭未吐。」傾城，見《鬱清湖》。《漢書・外戚傳》：「孝宣許皇后，元帝母也。宣帝養於掖庭，號皇曾孫。曾孫立為帝，公卿議更立皇后，皆心儀霍將軍女。上乃詔求微時故劍，大臣知指，白立許婕妤為皇后。」〔註317〕《北史》：「周主贇將立五后，辛彥之曰：『后與天子敵體，不宜有五。』」〔註318〕《後漢書・蓋勳傳》：「帝常手詔問之。」〔註319〕《詩》：「其人如玉。」〔註320〕李詩：「秋

〔註308〕卷九十七上。
〔註309〕《南史》卷十一《后妃列傳上》。按：早見《南齊書》卷二十《皇后列傳》。
〔註310〕卷十。
〔註311〕卷一百二十二。
〔註312〕卷六十四。
〔註313〕卷八十四。
〔註314〕卷九十七上。
〔註315〕《湖中曲》。
〔註316〕卷二十五。
〔註317〕卷九十七上。
〔註318〕卷八十二《儒林列傳下・何妥傳》。
〔註319〕卷八十八。
〔註320〕《小雅・白駒》。

浦玉為人。」〔註 321〕《漢書・王嘉傳》:「吏詰問嘉。」〔註 322〕《公羊傳》:「反袂拭面涕沾袍。」〔註 323〕杜詩:「啼痕滿面垂。」〔註 324〕**外家官拜金吾尉,平生遊俠多輕利。縛客因催博進錢,當筵便殺彈箏伎。班姬才調左姬賢,霍氏驕奢竇氏專。涕泣微聞椒殿詔,笑譚豪奪灞陵田。**「灞」,應作「霸」。 此言妃家被議之事。〇《漢書・竇嬰田蚡傳》:「上曰:『俱外家。』」〔註 325〕《明史・職官志》:「金吾、羽林等十九衛掌守衛巡警。」〔註 326〕《田妃傳》:「父弘遇以女貴,官左都督,好佚遊,為輕俠。」輕利,見《行路難》。《漢書・陳遵傳》:「官尊祿厚,可以償博進矣。」〔註 327〕《注》謂博所賭也。《晉書・王敦傳》:「王愷、石崇以豪侈相尚,愷嘗置酒,有女伎吹笛,小失聲韻,愷便毆殺之。」〔註 328〕《史記・李斯傳》:「退彈箏而取昭虞。」〔註 329〕《漢書・外戚傳》:「孝成班倢伃誦詩及窈窕、德象、女師之篇。」〔註 330〕《晉書・王接傳》:「才調秀出。」〔註 331〕又,《后妃傳》:「左貴嬪名芬,少好學,善綴文。太始八年,拜修儀。」〔註 332〕《漢書・霍光傳》:「初,霍氏奢侈。茂陵徐生曰:『霍氏必亡。』」〔註 333〕又,《外戚傳》:「孝宣霍皇后,大司馬大將軍博陸侯光女也。」〔註 334〕《左傳・隱三年》:「驕、奢、淫、泆,所自邪也。」《後漢書・竇皇后紀》:「章德竇后,扶風平陵人。和帝即位,尊后為皇太后。兄憲,弟篤、景,並顯貴,擅威權。帝手詔曰:『竇氏雖不遵法度。』」〔註 335〕《左傳・襄二十九年》:「齊高子容與宋司徒見知伯。賓出,司馬侯言於知伯曰:『二子皆將不免。子容專,司徒侈,皆亡家之主也。』」《漢書・外戚傳》注:「師古曰:『椒房,殿名,在未央宮,皇后所居。』」《史記・魏其武安侯傳》:「丞相嘗使籍福請魏其城南田。」〔註 336〕《後漢

〔註 321〕《贈崔秋浦三首》其三。
〔註 322〕卷八十六。
〔註 323〕哀公十四年。
〔註 324〕《元日寄韋氏妹》。
〔註 325〕卷五十二。
〔註 326〕卷七十六。
〔註 327〕卷九十二。
〔註 328〕卷九十八。
〔註 329〕卷八十七。
〔註 330〕卷九十七下。
〔註 331〕卷五十一。
〔註 332〕卷三十一《后妃列傳上》。
〔註 333〕卷六十八。
〔註 334〕卷九十七上。
〔註 335〕卷十上。
〔註 336〕卷卷一百〇七。

書・竇憲傳》:「憲恃宮掖聲埶，遂以賤直請奪沁水公主園田。」〔註 337〕《管子》:「大賈富家，不得豪奪吾人。」按:《史記》、《漢書》俱作「霸陵」。師古曰:「霸陵在長安東南。」**有司奏削將軍俸，貴人冷落宮車夢。永巷傳聞去玩花，景和門裏誰陪從。天顏不懌侍人愁，後促黃門召共遊。初勸官家佯不應，玉車早到殿西頭。**此敘其被斥而復召之事。玩花景和，是詩題點睛處。○《田妃傳》:「嘗有過，謫別宮省愆。」■〔註 338〕《後漢書・后妃紀》:「光武中興，六宮稱號，惟皇后、貴人。」〔註 339〕司空表聖詩:「漸覺一家看冷落。」〔註 340〕杜牧之《阿房宮賦》:「雷霆乍驚，公車過也。」《〈漢書・高后紀〉注》:「周宣姜后脫簪珥，待罪永巷，後改為掖庭。永，長也。本謂宮中之長巷也。」《〈後漢書・靈帝紀〉注》:「永巷，宮中署名也。」《春明夢餘錄》:「坤寧東露頂曰貞德齋，西露頂曰養正軒，東披簷曰清暇居，北圍廊曰遊藝齋，左曰景和門，右曰隆福門。」〔註 341〕《南齊書・豫章王嶷傳》:「車馬數遊幸，惟嶷陪從。」〔註 342〕《史記・蕭相國世家》:「高帝不懌。」〔註 343〕《長恨歌傳》:「聞霓裳羽衣一曲，則天顏不怡。」按:「侍人愁」暗用《太真外傳》「妃初出，上無聊，中官趨過者或笞撻之」等語。　黃門，見《讀史雜詩》。官家，見《行路難》其十二。■〔註 344〕　揚子雲《甘泉賦》:「方玉車之千乘。」李義山詩:「涼風只在殿西頭。」〔註 345〕**兩王最小牽**〔註 346〕**衣戲，長者讀書少者弟。聞道群臣譽定陶，獨將多病憐**〔註 347〕**如意。豈有神君語帳中，漫云王母降離宮。巫陽莫救蒼舒恨，**集作「蒼」，非。**金鎖彫殘玉筯紅。從此君王慘不樂，叢臺置酒風蕭索。已報河南失數州，況經少子傷零落。**此一段中分三小段。前四句妃有子而寵，中四句言其子夭殤，後四句莊烈之惆失子也。○《明史・諸王傳》〔註 348〕:「田貴妃生永王慈照、悼靈王慈煥、悼懷王及皇七子。」又:「悼懷王，莊烈帝第六子，生二歲殤。第七子生三歲殤。」按:曰最小，曰少子，

〔註 337〕卷五十三。
〔註 338〕墨丁，讀秀本作空格。
〔註 339〕卷十上。
〔註 340〕《修史亭三首》其一。
〔註 341〕卷六。
〔註 342〕卷二十二。
〔註 343〕卷五十三。
〔註 344〕「其十二■」，稿本、天圖本、讀秀本作「第十二首」。
〔註 345〕《宮辭》。
〔註 346〕「牽」，讀秀本作墨丁。
〔註 347〕「憐」，讀秀本作墨丁。
〔註 348〕卷一百二十《諸王列傳五》。

則應屬第六子、第七子也。然二歲殤者，恐不能讀書。而《綏寇紀略》與《堯峰文鈔》所載者，與《明史》互有異同，則仍指慈炤、慈煥耳。《綏寇紀略》等附書於後。牽衣，見《閬州行》。《漢書・外戚傳》:「孝元傅昭儀，哀帝祖母也。男為定陶恭王。恭王薨，子代為王。多以珍寶賂遺趙昭儀及帝舅驃騎將軍王根。皆見上無子，欲豫自結為久長計，更稱譽定陶王。」〔註 349〕 又:「漢王得定陶戚姬，愛幸，生趙隱王如意。」〔註 350〕按:《史記》:「呂后召趙王，周昌謂使者曰:『王且亦病，不能奉詔。』」是如意未嘗病也。或慈煥五歲而殤，則多病耳。然定陶入繼大統，如意幾代太子，而莊烈不聞有薄東宮之事，似亦非其倫也。《史記・封禪書》:「壽宮神君最貴者太乙，其佐曰大禁，司命之屬皆從之，弗可得見，聞其言，言與人音等。時去時來，來則風肅然，居室帷中。」〔註 351〕《明史・諸王傳》:「悼靈王慈煥，莊烈帝第五子，生五歲而病，帝視之，忽云:『九蓮菩薩言帝待外戚薄，將盡殤諸子。』遂薨。九蓮菩薩者，神宗母孝定李太后也。太后好佛，宮中像作九蓮座，故云。帝念王靈異，封為孺孝悼靈王元機慈應真君。」〔註 352〕按:李太后於莊烈為曾王母，蓋借用字也。王母、離宮，見《讚佛詩》。《楚辭・招魂》:「恐後之謝，不能復用巫陽焉。」倉舒，見《讚佛詩》。杜牧之詩:「銀鑰卻收金鎖合。」〔註 353〕杜詩:「豈敢惜彫殘。」〔註 354〕《記事珠》:「鮫人之淚，圓者成明珠，長者成玉筋。」 杜詩:「滿堂慘不樂〔註 355〕。」〔註 356〕《大清一統志》:「叢臺在廣平府邯鄲縣城東北。」按:「叢臺置酒」疑暗用慎夫人事。《史記集解》:「張晏曰:『慎夫人，邯鄲人也。』」曹詩:「置酒高殿上。」〔註 357〕蕭索，見《哭志衍》。《資治通鑑綱目三編》:「崇禎十四年春正月，李自成陷河南，殺福〔註 358〕王常洵。九月陝西總督傅宗龍軍潰於新蔡，死之。十一月，李自成陷南陽，殺唐王聿鏌。十五年春二月，陝西總督汪喬年軍潰於襄城，死之。」〔註 359〕按:《流賊傳》，自成、獻忠陷郟，入光州，殘商城、羅山、息縣、信陽、固始，入泌陽，皆在此時。至李自成陷開封，

〔註 349〕卷九十七下《孝元傅昭儀》。
〔註 350〕卷九十七上。
〔註 351〕卷二十八。
〔註 352〕卷一百二十《諸王列傳五》。
〔註 353〕《宮詞二首》其二（監宮引出暫開門）。
〔註 354〕《廢畦》。
〔註 355〕「不樂」，讀秀本作墨丁。
〔註 356〕《聽楊氏歌》。
〔註 357〕《箜篌引》。
〔註 358〕「福」，讀秀本作墨丁。
〔註 359〕卷三十八。

則已在貴妃薨後矣。《戰國策》：「丈夫亦愛憐其少子乎？」零落，見《礬清湖》。《田妃傳》：「所生皇五子，薨於別宮，妃遂病。」附《綏寇紀略》：「東宮田貴妃，上所愛幸，生兩男，皇五子早殤，永王年少。上感天下亂，悽愴骨肉傷懷。」〔註360〕《堯峰文鈔．書張縉始末》：「田貴妃生永王、皇四子，皇四子先貴妃殤。」〔註361〕**貴妃瘦損坐匡床，慵髻啼眉掩洞房。荳蔻湯溫冰簟冷，荔支漿熱玉魚涼。病不禁秋淚沾臆，裴回自絕君王膝。苔沒長門有夢歸，花飛寒食應相憶。**此言貴妃之病且薨也。○《莊子》：「麗之姬，艾封人之子也。晉國之始得之也，涕泣沾襟；及其至於王所，與王同匡床。」〔註362〕按：「匡」，一作「筐」。《後漢書．梁冀傳》：「冀妻孫壽作愁眉、啼粧、墮馬髻。」《楚辭》：「絙洞房些。」〔註363〕《飛燕〔註364〕外傳》：「婕妤浴荳蔻湯。」《本草綱目》：「荳蔻性溫，而調散冷氣甚速。」李義山詩：「冰簟且眠金鏤枕。」〔註365〕《楊妃傳》：「楊妃生於蜀，好荔枝。」《荔支譜》：「取荔初熟者，味帶微酸時，榨出白漿。將蜜勻煮，蜜熟為度，置之磁瓶，若葉封口完固。經月，漿蜜結成香膏。」《本草綱目》：「生荔枝多食發熱。」《天寶遺事》：「貴妃至夏苦熱，常有肺渴。每日含一玉魚兒於口中。蓋藉其涼津沃肺也。」王渙詩：「李夫人病已經秋。」〔註366〕杜詩：「人生有情淚沾臆。」〔註367〕《楚辭》：「焉乃逝以徘徊。」〔註368〕《晉書．楊皇后傳》：「太始十年，崩於明光殿，絕於帝膝。」〔註369〕李詩：「謝公行處蒼苔沒。」〔註370〕按：司馬長卿有《長門賦》，李有《長門怨》。于武陵詩：「寒宵頻夢歸。」〔註371〕韓君平詩：「春城無處不飛花，寒食東風御柳斜。」〔註372〕梁武帝樂府：「寄語故情人，知我心相憶。」〔註373〕**玉匣珠襦啟便房，薤歌無異葬同昌。君王欲制哀蟬賦，誄筆詞臣有謝莊。頭白宮娥暗嚬蹙，庸知朝露非為福。宮**

〔註360〕卷八《汴渠塾》。
〔註361〕卷三十六。
〔註362〕《齊物論》。
〔註363〕《招魂》。
〔註364〕「飛燕」，讀秀本作墨丁。
〔註365〕《可歎》。
〔註366〕《惆悵詩十二首》其二。
〔註367〕《哀江頭》。
〔註368〕《遠遊》。
〔註369〕卷三十一《后妃列傳上》。
〔註370〕《廬山謠寄盧侍御虛舟》。
〔註371〕《客中》。
〔註372〕韓翃《寒食》。
〔註373〕《襄陽蹋銅蹄歌三首》其二。

草明年戰血腥，當時莫向西陵哭。此下四句一轉。上四句見殯葬哀誄之盛，下四句就宮娥口中引出興亡之感。○《田妃傳》：「十五年七月薨。葬昌平天壽山，即思陵也。」《西京雜記》：「漢帝送死，皆珠襦玉匣。」《漢書・霍光傳》注：「便房，藏中便坐也。」　《事物紀原》：「漢武時，李延年為《薤露曲》，送王公貴人。」蘇鶚《同昌公主傳》：「咸通九年，同昌公主薨，上哀痛甚，自製輓歌詞，令百官繼和。」按：咸通，唐懿宗年號。　哀蟬，見《讚佛詩》。《漢書・李夫人傳》：「上又自為作賦，以傷悼夫人。」〔註 374〕　《文選注》：「宋孝武殷淑儀薨，追進為貴妃，謝莊為誄。」〔註 375〕　元詩：「白頭宮女在。」〔註 376〕　曹孟德詩：「譬如朝露。」〔註 377〕《史記・越世家》：「何遽不為福乎？」〔註 378〕　杜詩：「宮草霏霏承委佩。」〔註 379〕又：「昨夜東風吹血腥。」〔註 380〕又：「積屍草木腥，流血川原丹。」〔註 381〕　陸士衡引魏武《遺令》：「時時登銅雀臺，望吾西陵墓田。」■〔註 382〕《周皇后傳》：「崇禎十七年三月十八日暝，都城陷。帝令后自裁。后遂先帝崩。帝又命袁貴妃自縊，繫絕，久之蘇。帝拔劍斫其肩，又斫所御妃嬪數人。」〔註 383〕**窮泉相見痛倉黃，還向官家問永王。幸免玉環逢喪亂，不須銅雀怨興亡。自古豪華如轉轂，武安若在憂家族。愛子雖添北渚愁，外家已葬驪山足。夜雨椒房陰火青，杜鵑啼血濯龍門。漢家伏后知同恨，止少當年一貴人。**前四句承上文而進一層言之，中四句若為田妃慰者，而悲涼更甚，下四句作詠歎也。○潘安仁詩：「之子歸窮泉。」〔註 384〕《左傳・隱元年》：「若闕地及泉，隧而相見。」倉黃，見《避亂》。《明史・諸王傳》：「永王慈炤，莊烈帝第四子。崇禎十五年三月，封永王。賊陷京師，不知所終。」又，《流賊傳》：「帝歸乾清宮，令送太子及永王、定王於戚臣周奎、田弘遇第。太子投周奎家，不得入。二王亦不能匿，先後擁至，皆不屈。」〔註 385〕　《太真外傳》：「楊貴妃小字玉環。」《舊唐書・楊貴妃傳》：「祿山叛，潼關失守，從幸至馬

〔註 374〕卷九十七上《外戚列傳上》。
〔註 375〕卷五十七謝希逸《宋孝武宣貴妃誄》。
〔註 376〕《故行宮》。
〔註 377〕《短歌行》。
〔註 378〕卷四十一。
〔註 379〕《宣政殿退朝晚出左掖》。
〔註 380〕《哀王孫》。
〔註 381〕《垂老別》。
〔註 382〕墨丁，天圖本、讀秀本作空格。
〔註 383〕卷一百十四《后妃列傳二》。
〔註 384〕《悼亡詩三首》其一。
〔註 385〕卷三百〇九。

嵬。陳玄禮密啟太子，誅國忠父子。而軍不散。帝不獲已，與妃訣，遂縊死於佛堂。」〔註 386〕《詩》：「喪亂既平。」〔註 387〕　陸士衡《弔魏武文》：「怨西陵之茫茫，登雀臺而群悲。」　庾詩：「金穴盛豪華。」〔註 388〕左太沖《吳都賦》：「唱櫂轉轂。」　《史記・武安侯傳》：「上曰：『使武安侯在者，族矣。』」〔註 389〕　愛子，見《送何省齋》。《楚辭》：「帝子降兮北渚，目眇眇兮愁予。」〔註 390〕　驪山足，見《行路難》。　杜詩：「陰房鬼火青。」〔註 391〕　白詩：「杜鵑啼血猿哀鳴。」〔註 392〕《後漢書・明德馬皇后紀》：「濯龍門，外家問起居者，車如流水。」〔註 393〕《唐六典》：「興慶宮北曰濯龍門。」　《後漢書・伏后紀》〔註 394〕：「董承女為貴人，操誅承，而求貴人殺之。」又：「以尚書令華歆為郗慮〔註 395〕副，入宮收後。」**碧殿淒涼新木拱，行人尚識昭儀冢。麥飯冬青問茂陵，斜陽蔓草埋殘壟。昭丘松檟北風哀，南內春深擁夜來。莫奏霓裳天寶曲，景陽宮井落秋槐。**上四句誌田妃之墓，結四句因北都而並哀南渡，筆力更為遒絕。有此一結，方振得全篇住。〇沈雲卿詩：「碧殿下秋陰。」〔註 396〕《左傳・僖三十二年》：「爾墓之木拱矣。」　《漢書・外戚傳》：「昭儀位視丞相。」〔註 397〕昭其儀，尊之也。《明史・莊烈紀》：「帝崩於萬歲山。昌平人啟田貴妃墓以葬。」〔註 398〕《昌平山水記》：「以田妃之槨為帝槨。」　劉後村詩：「漢寢唐陵無麥飯。」〔註 399〕冬青，見《行路難》。按：明武宗葬茂陵，與詩意不合。詩自借用漢武葬茂陵耳。　韓致光詩：「處處斜陽草似苔。」〔註 400〕蔓草，見《行路難》。《方言》：「秦、晉之間，冢謂之壟，亦作壠。」　《荊州記》：「富陽東南七十里有楚昭王墓，所謂昭丘。」《唐書・苗晉卿傳》：「苗氏松檟獨無傷。」〔註 401〕　《唐書・

〔註 386〕卷五十一《后妃列傳上》。
〔註 387〕《小雅・常棣》。
〔註 388〕《見遊春人詩》。
〔註 389〕卷一百〇七。
〔註 390〕《九歌・湘夫人》。
〔註 391〕《玉華宮》。
〔註 392〕《琵琶行》。
〔註 393〕卷十上《后紀上》。
〔註 394〕卷十下《后紀下》。
〔註 395〕「慮」，乙本作「虛」。
〔註 396〕沈佺期《遊少林寺》。
〔註 397〕卷九十七上。
〔註 398〕卷二十四。
〔註 399〕《寒食清明二首》其一。
〔註 400〕韓偓《半醉》。
〔註 401〕《新唐書》卷一百四十。

地理志》：「南內曰興慶宮，在東內之南。」〔註 402〕《拾遺記》：「魏文帝改靈芸之名曰夜來。」　劉夢得詩：「莫唱貞元供奉曲。」〔註 403〕《太真外傳》：「進見之日，奏《霓裳羽衣曲》。」按：明皇納楊妃在天寶四載。　《南畿志》：「景陽井在臺城內。陳後主與張麗華、孔貴嬪投其中以避隋兵。」李義山詩：「景陽宮井剩堪悲。」〔註 404〕《長恨歌傳》：「宮槐秋落。」

徐電發《本事詩》：「此詠明季田貴妃遺事也。仁和沈寬題曰：『群盜縱橫日，深宮涕淚時。千年亡國恨，珥筆侍臣知。』」　舊說謂此詩詳敘田貴妃始末。凡貴妃之明慧、思陵之恭儉、周后之賢淑，以及田氏前此之承恩、后此之夭折，一一可被管絃，幾欲參長慶之席矣。惟「長者讀書少者弟」句未免稚氣。而以伏后比擬周后，殊覺不於其倫。　榮藩按：「長者讀書少者弟」，蓋本於老杜「賢者是兄愚者弟」。然老杜句法工拙瑕瑜，往往互見，亦惟杜可為之，后賢不必有之也。至操以臣弒后，闖以民迫君后於死，皆國之賊也。但周后死時，猶云領聖旨，信非獻伏之倫耳。「金鎖彫殘玉筋紅」，予初疑其牽合。然王子淵詩「誰憐下玉筯，向暮掩金屏」，已有之矣。　潘皆山曰：「按：《彤史拾遺記》：『妃頗干預，每見上，輒為外家乞恩澤。而弘遇以妃故，官左都督，交遊結納，極園林聲伎之盛。朝士附勢者爭相造請，每以外情輸宮禁，上頗厭之。會妃以構后故，上怏怏，本欲斥妃以泄后忿，會上入，不食，妃問之。上曰：吾欲破格用朝臣，而朝臣中孰可用者？妃曰：聞霍華賢好。上出，而薦華賢者適至。上大怒，摘妃冠，斥居啟祥宮省愆。』據此，則知妃之被譴，不獨工讒搆后也。詩中比之飛燕、昭儀，且以霍氏驕奢、竇氏專斥之，其旨微矣。」

琵琶行並序

去梅村一里，為王太常煙客南園，今春梅花盛開，予偶步到此，忽聞琵琶聲，出於短垣叢竹間，循牆側聽，當其妙處，不覺拊掌。主人開門延客，問向誰彈，則通州白在湄、子彧如。父子善琵琶，好為新聲。須臾花下置酒，白生為予朗彈一曲，乃先帝十七年以來事，敘述亂離，豪嘈淒切。坐客有舊中常侍姚公，避地流落江南，因言先帝在玉熙宮中，梨園子弟奏水嬉、過錦諸戲，內才人於暖閣齎鏤金曲柄琵琶，彈清商雜

〔註 402〕《舊唐書》卷三十八。
〔註 403〕《聽舊宮中樂人穆氏唱歌》。
〔註 404〕《景陽井》。

調。自河南寇亂，天顏常慘然不悅，無復有此樂矣。相與哽咽者久之。於是作長句紀其事，凡六百二言，仍命之曰《琵琶行》。王煙客，見《西田》詩。《鎮洋縣志》：「梅村在太倉衛東。」又：「王氏南園在朝音庵北，大學士王錫爵別墅。錫爵孫，太常寺卿時敏。」《漢書．百官表》：「奉常，秦官，掌宗廟禮儀。景帝中六年，更名太常。」　《國語》：「君有短垣而自踰之。」謝玄暉詩：「窗前一叢竹。」　《正考父鼎銘》：「循牆而走。」《史記．張蒼傳》：「呂后側耳於東廂聽」。　《世說》：「司馬太傅問謝車騎：『惠子五車，何以無一言入？』玄謝曰：『當是妙處不傳。』」　《晉書．劉惔傳》：「一坐撫掌大笑。」《韻會》：「撫，通作拊。」《北史．李諧傳》：「賓司一言制勝，文襄為之拊掌。」　王西樵有《聽白璧雙琵琶詩》。徐電發曰：「白生璧雙，名珏，通州人，琵琶第一手。吳梅村曾作《琵琶行》。陳其年詩所謂『一曲紅鹽數行淚，江南祭酒不勝情』者也。」張如哉曰：「按此則白在湄即珏也。」程迓亭曰：「白在湄，南通州人。其子彧如，流落吾州，以琵琶法授賈二。賈二授李佳譽。今不傳。」　《後漢書．邊讓傳》：「作北里之新聲。」　元《琵琶歌》：「涼州大遍最豪嘈。」淒切，見《閬州行》。　中常侍，見《讀史雜詩》注。　《一統志》：「玉熙宮在西長安門內街北，金鼇玉蝀橋之西。明建。莊烈帝每宴於此，作過錦、水嬉之戲。」　《明皇雜錄》：「天寶中，上命宮中女子數百人為梨園弟子，皆居宜春院北。上素曉音律，時有馬仙期、李龜年、賀懷智皆洞知律度，而龜年特承恩遇。後流落江南，每遇良晨勝景，常為人歌數闋，座上聞之，莫不掩泣罷酒。」《日下舊聞》引《燕史》：「鍾鼓司陳御前雜戲，削木為傀儡，高二尺餘，肖蠻王軍士男女之像，有臀無足，下安卯榫，用竹板承之，注水方木池，以錫為箱，支以木櫈，用紗圍其下，取魚蝦萍藻躍浮水面，中官隱紗圍中，將人物用竹片託浮水上，謂之水嬉。其以雜劇故事及癡兒騃女市井騶儈之狀，約有百回，每四十餘人，各以兩旗引之登場，謂之過錦。皆鍾鼓司承應。」　《宋書．后妃傳》：「晉置才人，爵視千石以下。」《日下舊聞》：「暖閣在乾清宮後，凡九間。」　《南史．褚彥回傳》：「齊武帝在東宮宴集，賜以金鏤柄銀柱琵琶。」〔註405〕按：曲項琵琶見《南史．簡文紀》。　《後漢書．仲長統傳》：「發清商之妙曲。」　《金鼇退食筆記》：「明愍帝每宴玉熙宮，作過錦、水嬉之戲。一日宴次，報至汴梁失守，親藩被害，遂大慟而罷，自是不復幸玉熙宮矣。」　白《琵琶行序》：「凡六百一十六言，命曰《琵琶行》。」

琵琶急響多秦聲，對山慷慨稱入神。同時渼陂亦第一，兩人失志遭遷謫。絕調王康並盛名，崑崙摩詰無顏色。百餘年來操南風，竹枝水調謳吳儂。里人度曲魏良輔，高士填詞梁伯龍。北調猶存止絃索，朔管胡

〔註405〕《南史》卷二十八。按：早見《南齊書》卷二十三《褚淵傳》。

琴相間作。盡失傳頭誤後生，誰知卻唱江南樂。此詩與《江南逢李龜年》同妙。首段言明代多工琵琶者，後頗失傳，而不圖遇之也。○陸士衡詩：「急弦無懦響。」《史記・李斯傳》：「真秦之聲也。」《明史・藝文志》：「康海《對山集》十九卷、《樂府》二卷。王九思《渼陂集》十九卷、《樂府》四卷。」■〔註406〕《古詩》：「一彈再三歎，慷慨有餘哀。」〔註407〕又：「新聲妙入神。」〔註408〕《明史・文苑傳》：「康海，字德涵，武功人。授修撰。王九思，字敬夫，鄠人。由庶吉士至郎中。海、九思同里、同官，同以瑾黨廢。每相聚沜東鄠、杜間，挾聲伎酣飲，製樂造歌曲，自比俳優，以寄其怫鬱。九思嘗費重貲購樂工學琵琶。海擫彈尤善。後人傳相仿傚，大雅之道微矣。」宋玉《神女賦》：「悵而失志。」蘇廷碩詩：「舊史饒遷謫。」湯惠休詩：「絕調徒飛揚。」盛名，見《鑿清湖》。段安節《琵琶錄》：「建中中，有康崑崙稱第一。」《唐書・王維傳》：「字摩詰。」薛用弱《集異記》：「王維右丞年未弱冠，文章得名，性閑音律，妙能琵琶。」無顏色，見《讚佛詩》。《南齊書・謝朓傳》：「二百年來無此詩也。」《左傳・成九年》：「使與之琴，操南音。」又：「樂操土風，不忘舊也。」劉夢得《竹枝序》：「竹枝，巴歈也，音協黃鍾羽，末如吳聲，含思宛轉，有淇濮之豔焉。」《碧雞漫志》：「予數見唐人說水調，各有不同。予因疑水調非曲名，乃俗呼音調之異名。按《隋唐嘉話》：『煬帝鑿汴河，自製水調歌，非水調中製歌也。』」蘇詩：「語音猶是帶吳儂。」宋玉《答問》：「其始曰下里巴人。」張平子《西京賦》：「度曲未終。」高士，見《題河渚圖》。《藝苑雌黃》：「柳三變，字景莊，一名永，字耆卿。喜作小詞。然薄於操行，當時有薦其才者。上曰：『得非填詞柳三變乎？』」楊升庵《詞品》：「填詞起於唐人，而六朝已濫觴矣。」《蘇州府志》：「崑山梁辰魚，字伯龍，以例貢為太學生，好輕俠，善度曲，囀喉發響，聲出金石。崑有魏良輔者，造曲律，世所謂崑山腔者，自良輔始。而伯龍獨得其傳，著《浣紗傳奇》，梨園子弟喜歌之。」《呂氏春秋》：「有娀氏二佚女，帝令燕遺二卵，北飛不返，二女作歌，始為北音。」《文心雕龍》：「塗山歌於候人，始為南音；有娀謠乎飛燕，始為北聲。」元詩：「夜半月高絃索鳴。」謝希逸《月賦》：「聽朔管之秋引。」《獨異記》：「陳子昂居京師，不為人知。時東市有賣胡琴者，價百萬，子昂輦千緡市之。」《漢書・樂志》：「列國以相間。」按：《史記・十二諸侯年表》：「七十子之徒口受其傳指。」疑「傳頭」即「傳指」也。按：《感舊集》有沈自然《江南樂》一首，蓋樂府題也。**今春偶步城南斜，王家池館彈琵琶。**

〔註406〕墨丁，讀秀本作空格。
〔註407〕《古詩十九首》其五（西北有高樓）。
〔註408〕《古詩十九首》其四（今日良宴會）。

悄聽失聲叫奇絕，主人招客同看花。為問按歌人姓白，家住通州好尋覓。褲褶新更回鶻裝，虬鬚錯認龜茲客。點出南園並白生父子。〇李義山詩：「低樓小經城南道。」　池館，見《哭志衍》。　陶詩：「遙瞻皆奇絕。」　劉夢得詩：「無人不道看花回。」　白詩：「花前欲按歌。」李長吉詩：「莫忘作歌人姓李。」　《晉書・郭璞傳》：「璞更令尋覓。」　袴褶，見《行路難》其十二。■〔註409〕《唐書・回鶻傳》：「元魏時，亦號高車部，或曰敕勒，訛為鐵勒。至隋曰韋紇，稱回紇。德宗立，請易回紇曰回鶻，言捷鷙猶鶻。」《文獻通考》：「龜茲，或稱西州回鶻，或稱西州龜茲，或稱龜茲回紇。」　《三國志・崔琰傳》：「虬鬚直視，若有所瞋。」《酉陽雜組》：「玄宗常伺察諸王。寧王常夏中揮汗鞔鼓，所讀書乃龜茲樂譜也。上知之，喜曰：『天子兄弟，當極醉樂耳。』」《一統志》：「古龜茲國，東去焉耆九百里，西去疏勒一千王百里，在今吐魯番。」《漢書・傅介子傳》注：「服虔曰：『龜茲音丘慈。』」**偶因同坐話先皇，手把檀槽淚數行。抱向人前訴遺事，其時月黑花茫茫。**此四句領起前半篇，下便於白生口中手中曲曲描寫。〇《晉書・鄭沖傳》：「翼亮先皇。」　檀槽，見《臨頓兒》。《史記・韓長孺傳》：「一言泣數行下。」　又，《樂毅傳》：「最勝之遺事也。」　王少伯詩：「其時月黑猿啾啾。」**初撥鵾弦秋雨滴，刀劍相磨轂相擊。驚沙拂面鼓沉沉，砉然一聲飛霹靂。南山石裂黃河傾，馬蹄迸散車徒行。鐵鳳銅盤柱摧塌，四條弦上煙塵生。**序云：「朗彈一曲，乃十七年以來事。」此段所彈者，風塵四起，其聲猛以厲。〇《酉陽雜組》：「古琵琶用鵾雞筋。」秋雨，見《礬清湖》。　陶貞白有《刀劍錄》。《史記・蘇秦傳》：「車轂擊。」　明遠《蕪城賦》：「驚沙坐飛。」《楚辭》：「長袂拂面。」《上林賦》：「沉沉隱隱。」　《莊子》：「砉然嚮然。」沈雲卿《霹靂引》：「始戛羽以騞砉。」　《詩》：「節彼南山，維石巖巖。」《國史補》：「李牟月夜泛舟，吹煙竹笛。俄有客呼船請載。既至，請吹之。其聲清壯，山石可裂。」陸務觀詩：「哀絲豪竹助劇飲，如鉅野受黃河傾。」　馬蹄，見《行路難》。孔平仲《日出》詩：「輝光一迸散。」《周禮・夏官》：「乃陳車徒如戰之陳。」　■■銅盤，見《行路難》。《說文》：「摧，折也。」《集韻》：「塌，墮也。」　王仲初詩：「鳳凰飛出四條弦。」杜詩：「煙塵多戰鼓。」**忽焉摧藏若枯木，寂寞空城烏啄肉。轆轤夜半轉咿啞，嗚咽無聲貴人哭。碎珮叢鈴斷續風，冰泉凍壑瀉淙淙。明珠瑟瑟拋殘盡，卻在輕攏慢撚中。**此段所彈者，國破城空，其聲淒以寂。〇《唐詩紀事》：「董思恭《詠琵琶》云：『摧藏千里態，掩抑幾重悲。』」《漢書・鄒陽傳》：「枯木朽株，樹功而不忘。」　劉夢得詩：「潮打空城寂寞回。」杜詩：「日暮不收烏啄瘡。」　梁昭

〔註409〕「其十二■」，稿本、天圖本、讀秀本作「第十二首」。

太子詩：「銀床繫轆轤。」顧瞻泰曰：「韓致光詩：『應是石城艇子來，兩槳咿呀過花塢。』」　蔡文姬詩：「行路亦嗚咽。」《詩》：「有聞無聲。」貴人，見《水和宮詞》。溫飛卿詩：「碑佩叢鈴滿煙雨。」虞伯施《琵琶賦》：「聯綿斷續。」　元《琵琶歌》：「冰泉嗚咽流鶯歰。」《拾遺記》：「冰荷者，出冰壑之中。」高達夫詩：「石泉淙淙若風雨。」　明珠瑟瑟，見《臨頓兒》。白詩：「抛殘口業未抛詩。」　又：「輕籠慢撚撥復挑。」**斜抹輕挑中一摘，澻慄颼飀憯肌骨。銜枚鐵騎飲桑乾，白草黃沙夜吹笛。可憐風雪滿關山，烏鵲南飛行路難。猨嘯鼯啼山鬼語，瞿塘千尺響鳴灘。**此段所彈者，北都既破，南京旋覆，諸王遷播，都無一成，其聲散以哀。○《黃瓜臺辭》：「一摘使瓜好。」《九辨》：「憀慄兮若在遠行，登山臨水兮送將歸。」按：「憀」或作「憭」。此更通作「澻」。左太沖《吳都賦》：「與風飈颺，颮瀏颼飀。」歐陽永叔《秋聲賦》：「砭人肌骨。」《國語》：「越王乃令左軍銜枚，泝江五里以須。亦令右軍銜枚，踰江五里以須。」杜詩：「合昏排鐵騎。」桑乾，見《臨江參軍》。　沈純甫詩：「白草黃沙風雨夜。」《古詩》：「前日風雪中，故人從此去。」《古木蘭詩》：「關山度若飛。」　曹孟德樂府：「月明星稀，烏鵲南飛。」　庾詩：「猿嘯風還急。」李詩：「鼯啼桂方秋。」山鬼，見《行路難》。　瞿塘，見《哭志衍》。鳴灘，見《塗松晚發》。**坐中有客淚如霰，先朝舊直乾清殿。穿宮近侍拜長秋，咬春燕九陪遊燕。**此四句領起後半篇，下便於中常侍口中曲曲描寫。○鄭守愚詩：「坐中亦有江南客。」淚如霰，見《避亂》。《明史・職官志》：宦官有直殿監。《癸辛雜識》：「凡異姓入宮，為懸牌於腰。」《明史・職官志》：御前近侍有乾清宮管事。長秋，見《讀史雜詩》。《燕史》：「立春日，無貴賤，食蘿蔔，曰咬春。」《帝京景物略》：「白雲觀，元太極宮故墟，出西便門一里。觀中塑丘真人像。都人正月十九日致酹酒祠下，謂之燕九節。」《漢書・蕭望之傳》：「自武帝遊燕，後庭故用宦者。」**先皇駕幸玉熙宮，鳳紙僉名喚樂工。苑內水嬉金傀儡，殿頭過錦玉玲瓏。一自中原盛豺虎，煖閣才人撤歌舞。插柳停撾素手箏，燒燈罷擊花奴鼓。**此俱姚常侍語。上四句道其盛，下四句述其衰。○《唐書・崔胤傳》：「覩綸言於鳳紙。」《改蟲齋筆疏》：「元之平宋也，降表僉謝後名。汪元量詩『侍臣已寫歸降表，臣妾僉名謝道清』是也。」《晉書・樂志》：「太元中，破苻堅，獲其樂工楊蜀等。」《列子》：「周穆王時，偃師者為木人，能歌舞，此傀儡之始也。」顧瞻泰曰：「按：《大業拾遺記》：『杜寶修《水飾圖經》十五卷，有七十二勢，皆刻木為之。木人長二尺許，衣以綺羅，裝以金碧。』金傀儡本此。」　白詩：「柱觸玉玲瓏。」　中原豺虎，見《贈蒼雪》。　王子安詩：「佩玉鳴鸞罷歌舞。」《荊楚歲時記》：「江淮間，寒食日，家家折柳插門。」

《唐書・禮樂志》:「西涼伎有彈箏、搊箏。」《古詩》:「纖纖出素手。」 《唐書・明皇紀》:「二十八年二月望日，御勤政樓，讌群臣，連夜燒燈。」《楊妃外傳》:「汝陽王璡，小名花奴，尤善羯鼓。帝嘗謂待臣曰:『召花奴將羯鼓來，為我解穢。』」**我亦承明侍至尊，止聞鼓樂奏雲門。段師淪落延年死，不見君王賜予恩。一人勞悴深宮裏，賊騎西來趨易水。萬歲山前鼙鼓鳴，九龍池畔悲笳起。**此將以上白生所彈、常待所說俱收入作者甲里，是又梅村之朗彈一曲也。以後每四句一轉，豪槽淒切。　前四句就自己，後四句就思陵說。鼓樂云門、鼙鼓悲笳，俱與琵琶相映。○承明，見《送何省齋》。《〈周禮・天官・大司樂〉注》:「黃帝曰雲門大卷。」杜詩:「宮中聖人奏雲門。」《天寶遺事》:「上欲遷幸，登花蕚樓，置酒四顧，乃命進玉環。玉環者，睿宗所御琵琶也，未常持用，至是命樂工賀懷智取調之，又命僧段師彈之。」淪落，見《避亂》。延年，見《哭志衍》。 《周禮》:「大府幣余之賦，以待賜予。」《詩》:「以事一人。」司馬長卿《長門賦》:「步從容於深宮。」《綱目集覽》:「易水源出易州南，閻山東，經霸州文安入澱。」　萬歲山、鼙鼓，見《遇劉雪舫》。《大清一統志》:「九龍池在昌平州西南翠屏山下，泉出九穴，穴鑿石為龍，泉出其吻，豬而為池。明時為車駕謁陵事畢臨幸之所。」悲笳，見《臨江參軍》。**換羽移宮總斷腸，江村花落聽霓裳。龜年哽咽歌長恨，力士淒涼說上皇。前輩風流最堪羨，明時遷客猶嗟怨。即今相對苦南冠，升平樂事難重見。**前四句從琵琶說起，龜年比白生，力士比姚常侍也。後四句與篇首康王諸公相此，並與樂天之賦《琵琶行》相比照，正是悲歌自己也。○楊補之詞:「換羽移宮，偷聲減字，不怕人腸斷。」　杜■《江南逢李龜年》詩:「正是江南好風景，落花時節又逢君。」霓裳，見《永和宮詞》。《雲溪友議》:「李龜年奔江潭，曾於湖南採訪使筵上唱『紅豆生南國，秋來發幾枝。贈公多採擷，此物最相思』。」《古焦仲卿妻詩》:「哽咽不能語。」白有《長恨歌》。《唐書・宦者傳》:「高力士，馮盎曾孫也。中人高延福養為子，故冒其姓。從上皇還，進開府儀同三司。」《玄宗紀》:「至德二載，上號曰太上至道聖皇天帝。」唐使臣詩:「猶在枝頭說上皇。」　孔文舉《與曹操書》:「今之少年喜謗前輩。」子建《求自試表》:「志欲自效於明時。」李詩:「一為遷客去長沙。」按:遷客指王康也，而樂天亦在其中。白《琵琶行序》:「元和十年，余左遷九江郡司馬。明年秋，送客湓浦口，聞舟船中夜彈琵琶者，是夕始覺有遷謫意。」 《晉書・王導傳》:「何王作楚囚相對？」《左傳・成九年》:「南冠而縶者，誰也？」 《漢書・梅福傳》:「升平可致。」**白生爾盡一杯酒，綠來此伎推能手。岐王席散少陵窮，五陵召客君知否。獨有風塵潦倒人，偶逢絲竹便沾巾。江湖滿地南鄉子，鐵笛哀歌**

何處尋。此八句是餘波，觸緒興懷，情景俱杳然無盡。○按：白生出《漢書·儒林傳》，謂白光少子也。王詩：「勸君更盡一杯酒。」《舊唐書》：「岐王範，睿宗子，好學工書，雅愛文章之士。」杜詩：「岐王宅裏尋常見。」程大昌《雍錄》：「少陵原在長安縣西南四十里。」《長安志》：「少陵原西有杜子美故宅。」 班孟堅《西都賦》：「北眺五陵。」李易安詞：「知否？知否？」 潦倒，見《送何省齋》。《晉書·王羲之傳》：「中年以來，傷於哀樂，須正賴絲竹陶寫。」《世說》：「桓子野每聞清歌，輒喚奈何。」按：此詩反用羲之語，暗用子野事也。杜必簡詩：「歸思欲沾巾。」 杜詩：「江湖滿地一漁翁。」按：南鄉子，詞名。說附後。 鐵笛，見《避亂》。左太沖詩：「哀歌和漸離。」

陳其年《摸魚兒·賦白生彈琵琶》自序云：「家善百自崇川來，小飲冒巢民先生堂中，聞白生璧雙亦在河下，喜甚，數使趣之。須臾，白生抱琵琶至，撥絃按拍，作陳隋數弄，頓爾生致。余也悲從中來，拼〔註410〕不自知其何以然也。別後寒燈孤館，雨聲蕭槭，謾賦長短句，時漏下已四鼓矣。」 鄧孝威《聽白三琵琶二首》：「北極諸陵黯落暉，南朝流水照青衣。都來寫入霓裳裏，彈向空園雪亂飛。」「白狼山下白三狼，酒後偏能說戰場。颯颯悲風飄瓦礫，人間何處不昆陽。」 予既以錦屏山之九龍池入注矣。按：《昌平州志》：「思陵在錦屏山下。」似於莊烈為合。然上句纔詠萬歲山，偶句未必遽及昌平州也。《日下舊聞》引曹靜照《紅蕉集·宮詞》曰：「口勅傳宣幸玉熙，樂工先候九龍池。粧成傀儡新翻戲，盡日開簾看水嬉。」則九龍池距玉熙為近，仍在內苑矣。 《大清一統志》：「南鄉故城在南陽府淅川縣南。」按：《明史》：唐王聿鍵，南陽其藩封地。崇禎間，幽之鳳陽。福王時，赦出。後又稱監國於閩，被執於福州。梅村作此詩，蓋當諸偽監國者厭飛煙滅之後而憑弔，於聿鍵又不敢質言之，故就南鄉以寄愾與？或如劉公幹詩「昔我從元后，整駕至南鄉」，而統怨切於南渡之君臣與？請以質之博聞者。

〔註410〕「拼」，稿本、天圖本、讀秀本作「併」。

吳詩集覽　卷四下

七言古詩一之下

雒陽行《明史・地理志》:「洛陽，萬曆二十九年建福王府。」又，《諸王傳》:「福恭王常洵，神宗第三子。母鄭貴妃，最幸。」按:梅村集中「洛」字皆作「雒」。《類篇》:「洛通作雒。」《漢書・地理志》注:「師古曰:『魚豢云:漢火行忌水，故去洛水而加隹〔註1〕。』」《明史・光宗紀》:「諱常洛。」梅村故應避之耳。

詔書早洗雒陽塵，叔父如王有幾人。先帝玉符分愛子，西京銅狄泣王孫。白頭宮監鋤荊棘，曾在華清內承直。遭亂城頭烏夜啼，四十年來事堪憶。此首全詠福藩，皆南渡以前事。前四句從詔書說起，猶破題也。後四句引起下文。〇劉夢得《楚望賦》:「湔塵濯煙。」陸士龍詩:「京洛多風塵，素衣化為緇。」按:此借用。　《詩》:「王曰叔父。」《明史・諸王傳》:「崇禎時，常洵地屬尊，朝廷尊禮之。」　《史記・呂不韋傳》:「華陽夫人言子楚質於趙者絕賢，安國君許之，乃與夫人刻玉符，約以為適嗣。」愛子，見《閬州行》。　《帝王世紀》:「長安為西京。」《後漢書・方術傳》:「蘇子訓者，不知何所由來也。後人於長安東霸城見之，與一老翁共摩挲銅人，相謂曰:『適見鑄此，而已近五百歲矣。』」陸務觀詩:「何當五百歲，相與摩銅狄。」杜詩:「可憐王孫泣路隅。」　白詩:「椒房阿監青娥老。」《左傳・襄十四年》:「除翦其荊棘。」　《唐書・楊貴妃傳》:「每十月，帝幸華清宮，五宅車騎皆從。」又，《百官志》:「內直局、內直郎二人。」　又，《樂志》:「《烏夜啼》者，宋臨

〔註1〕「隹」，乙本誤作「佳」。

川王義慶所作也。」杜詩：「長安城頭頭白烏，夜向延秋門上呼。」　四十年，詳《銀泉山》。**神皇倚瑟楚歌時，百子池邊嫋柳絲。早見鴻飛四海翼，可憐花發萬年枝。銅扉未啟牽衣諫，銀箭初殘淚如霰。幾年不省公車章，後來數罷昭陽宴。**此以下皆承「四十年來」言之，而先言鄭妃規奪嫡、群臣爭國本事。○《明史・神宗紀》：「諱翊鈞，年為萬曆，廟號神宗。」《西京雜記》：「高帝戚夫人善鼓瑟擊筑，帝嘗擁夫人倚瑟而絃歌，畢，每泣下流漣。」《史記・留候世家》：「上召戚夫人，指示四人者，曰：『羽翼已成，難動矣。』戚夫人泣。上曰：『為我楚舞，吾為若楚歌。』歌曰：『鴻鵠高飛，一舉千里。羽翮已就，橫絕四海。』」《西京雜記》：「戚夫人侍兒賈佩蘭說在宮內，七月七日臨百子池，作于闐樂。樂畢，以五色縷相羈，謂為相憐愛。」李詩：「莫向春風吹柳絲。」　謝玄暉詩：「風動萬年枝。」竇青卿詩：「殘花猶發萬年枝。」《群芳譜》：「冬青，一名凍青，一名萬年枝，女貞別種也。」按：《丹鉛錄》已辨注萬年枝為冬青之非，引《草木疏》云：「檍木，枝葉可愛，二月花開，白子似杏。今官園種之，取億萬之義，改名萬歲樹」，即此。　按：王文考《魯靈光殿賦》：「遂排金扉而北入。」沈休文《風賦》：「搖玉樹，響金扉。」蓋亦如金鳳仙人、學士金馬門之類。金即銅也。「銅扉未啟」，言初旦也。牽衣，見《閬州行》。「牽衣諫」，當指鄭妃而言。若臺諫則無從牽，況銅扉未啟時乎！《〈周禮・挈壺氏〉疏》：「漏之箭，晝夜共百刻，有四十八箭。」李詩：「銀箭金壺漏水多。」按：「銀箭初殘」，言夜闌也。淚如霰，見《避亂》。此亦指鄭妃而言。《史記・留侯世家》：「為他人言皆不省。」《周禮・春官》：「巾車掌公車之政。」《漢書・張釋之傳》：「上拜釋之為公車令。」按：此指群臣章奏而言。　昭陽，見《讚佛詩》。**骨肉終全異母恩，功名徒付上書人。貴彊無取諸侯相，調護何關老大臣。萬歲千秋相訣絕，青雀投懷玉魚別。昭丘煙草自蒼茫，湯殿香泉暗嗚咽。**此言神宗初許福王之藩也。○《史記・呂后紀》：「長男肥，孝惠兄也，異母。」　左太沖詩：「李斯西上書。」《明史・諸王傳》：「帝久不立太子，中外疑貴妃謀立己子，交章言其事，竄謫相踵，而言者不止，帝深厭苦之。二十九年，始立光宗為太子，而封常洵福王，婚費至三十萬，營洛陽邸第，至二十八萬，十倍常制。廷臣請王之藩者數十百，奏不報。至四十二年，始令就藩。」又，《后妃傳》：「孝定李太后，神宗生母也。光宗之未冊立也，給事中姜應麟等疏請，被謫，太后聞之弗善。一日，帝入待，太后問故，帝曰：『彼都人子也。』太后大怒曰：『爾亦都人子。』帝惶恐，伏地不敢起。蓋內廷呼宮人曰都人。太后亦由宮人進，故云。光宗由是得立。群臣請福王之籓，行有日矣，鄭貴妃欲遲之明年，以祝太后誕為解。太后曰：『吾潞王亦可來上壽乎？』貴妃乃不敢留福王。」《綏寇紀略》：

「福王，神宗之愛子也。母鄭貴妃，最幸。妃一子雖長，猶不離抱。聞其將遠離，日夜泣。請之國日期者數十百奏，置弗省。最後，妃弟子鄭養性亦以太子名號久正，上春秋高，久病，不乘此時早就邸，為王富貴計，何庸復恃乎？妃亦心動，上從之。」《史記·張蒼傳》:「趙堯侍高祖，請問曰:『陛下所為不樂，非為趙王年少而戚夫人與呂后有郤邪？陛下獨宜為趙王置貴彊相。』」按:「諸侯」字借用周昌語「獨奈何中道而棄之於諸侯乎」。《史記·留侯世家》:「四人前對，各言名姓。上曰:『煩公幸卒調護太子。』」　按:「老大〔註2〕臣」亦暗用暗用「四皓年皆八十有餘也」。杜詩:「猶多老大臣。」　文通《別賦》:「千秋萬歲，為怨難勝。」訣絕，見《送何省齋》。　蔡伯喈《琴賦》:「青雀西飛，別鶴東翔。」按:《明皇實錄》:「張說母夢玉燕投入懷。」此借用。《西京新記》:「宣政門內曰宣政殿。初成，每見數十騎馳突出。高宗使巫祝劉明奴問其所由，鬼曰:『我漢楚王戊太子，死葬於此。出入誠不安，改葬幸甚。天子斂我玉魚一雙，今猶未朽，勿見奪也。』」杜詩:「昨日玉魚蒙葬地。」　昭丘，見《永和宮詞》。吳子華詩:「蔓草寒煙鎖六朝。」蒼茫，見《歸雲洞》。　王仲初詩:「貴妃湯殿玉蓮開。」《方輿勝覽》:「香泉在陰平縣，平地湧出，其水香碧。」溫飛卿詩:「至今湯殿水，嗚咽縣前流。」按:此四語皆用死別字，以見其生離之惘也。**析圭分土上東門，寶轂雕輪九陌塵。驪山西去辭溫室，渭水東流別任城。少室峰頭寫桐漆，靈光殿就張琴瑟。願王保此黃髮期，誰料遭逢黑山賊。**此言福王就封洛陽，第八句點出闖寇也。○揚子雲《解嘲》:「析人之圭。」《書》:「分土惟三。」《古詩》:「驅車上東門。」《文選》阮嗣宗詩《注》:「上東門，洛陽東門。」《六書故》:「輪之正中為轂。空其中，軸所貫也。」駱賓王詩:「三條九陌麗城隈。」《大清一統志》:「驪山在西安府臨潼縣東南。」《三輔黃圖》:「溫室殿，武帝建。冬處之溫暖。」　杜詩:「清渭東流劍閣深〔註3〕。」《魏略》:「任城威王彰，字子文。」子建《贈白馬王詩序》:「黃初四年正月，白馬王、任城王與余俱朝京師，會節氣。到洛陽，任城王薨。」按:溫室比帝妃，任城比瑞王常浩等也。　《一統志》:「嵩山在開封府登封縣北，亦曰太室。其西曰少室。」《詩》:「椅桐梓漆。」　靈光，見《送施愚山》。《詩》:「爰伐琴瑟。」　曹詩:「王其愛玉體，俱享黃髮期。」　黑山，見《哭志衍》。**嗟乎龍種誠足憐，母愛子抱非徒然。江夏漫裁脩柏賦，東阿徒詠豆箕篇。我朝家法踰前制，兩宮父子無遺議。廷論縣來責佞夫，國恩自是憂如意。**此言人倫之變，自古多有。後四句為尊者諱也。○杜詩:「高帝子孫皆隆準，

〔註2〕「大」，乙本作「太」。
〔註3〕「劍閣深」，讀秀本作墨丁。

龍種自與常人殊。」《漢書・張良傳》:「母愛者子抱。」《南史・齊高帝諸子傳》:「江夏王鋒,字宣穎。常忽忽不樂,著《修柏賦》以見志。」《三國志・陳思王植傳》:「徙封東阿。」《世說》:「文帝嘗令東阿王七步中作詩,曰:『煮豆持作羹,漉豉以為汁。萁在釜下然,豆在釜中泣。本是同根生,相煎何太急。』」《明史・王之寀傳》:「皇太子責諸臣云:『我父子何等親愛,而外廷議論紛如。爾等為無君之臣,使我為不孝之子。』」《左傳・襄三十年》:「靈王崩,儋括欲立王子佞夫,佞夫弗知。五月癸巳,尹言多、劉毅、單蔑、甘過、鞏成殺佞夫。」《史記・外戚世家》:「戚夫人有寵,其子如意幾代太子者數矣。」**萬家湯沐啟周京,千騎旌旗給羽林。總為先朝憐白象,豈知今日誤黃巾。鄒枚客館傷狐兔,燕趙歌樓散煙霧。茂陵西築望思臺,月落青楓不知路。**此言雒陽初封之盛及被寇之慘也。○《公羊傳》:「諸侯皆有湯沐之邑焉。」《詩》:「念彼〔註 4〕周京。」《史記・梁孝王世家》:「得賜天子旌旗,出從千乘萬〔註 5〕騎。」梁簡文帝詩:「東方千騎從驪駒。」《漢書注》:「羽林,宿衛之〔註 6〕官,言其如羽之疾,如林之多也。」《南史・齊長沙王晃傳》:「帝將糾以法,豫章王嶷曰:『晃罪誠不足宥,陛下當憶先朝念白象。』白象,晃小字也。」《後漢書・靈帝紀》:「中平元年,鉅鹿人張角自稱黃天,其部師有三十六萬,皆著黃巾,同日反叛。」《史記・司馬相如傳》:「梁孝王來朝,從游說之士,齊人鄒陽、淮陽枚乘。」《左傳・僖三十二年》:「使視客館。」《新論》:「雍門周曰:『狐兔穴其中。』」鄭守愚詩:「密灑歌樓酒力微。」李詩:「蒼蒼但煙霧。」茂陵,見《讚佛詩》。《漢書・戾太子傳》:「上憐太子無辜,乃作思子宮,為歸來望思之臺於湖。」師古曰:「言已望而思之,庶太子之魂歸來也。」《綱目質實》:「茂陵在西安府興平縣東北十七里。望思臺在閿鄉縣西北。」張如哉曰:「『月落』用村詩『落月滿屋樑』與『魂來楓林青』句。」沈休文詩:「夢中不識路。」**今皇興念繐帷哀,流涕黃封手自裁。殿內遂停三部伎,宮中為設八關齋。東薪流水王人戍,太牢加璧通侯祭。帝子魂歸南浦雲,玉妃淚灑東平樹。北風吹雨故宮寒,重見新王受詔還。唯有千尋舊松栝,照人落落嵩高山。**此言卹典之厚,與起處詔書等語相應。○《明史・流賊傳》:「崇禎十四年正月攻河南,福王常洵遇害。自成兵汋王血,雜鹿醢嘗之,名『福祿酒』。世子由崧裸而逃。」按:此詩當作於崇禎間。謝玄暉詩:「繐帷飄井榦。」按:蘇詩:「倦遊憐我憶黃封。」則以黃封為酒。此詩似

〔註 4〕「念彼」,讀秀本作墨丁。
〔註 5〕「乘萬」,讀秀本作墨丁。
〔註 6〕「衛之」,讀秀本作墨丁。

以黃封為紙。《唐書・百官志》:「大樂署,大部伎三年而成,次部伎二年而成,小部伎一年而成。」《歲時紀》:「二月八日,釋氏下生之日,迦文成道之時,信舍之家建八關齋。」《毘婆娑論》:「夫齋者,以過中不食為體,以八事助成齋體,共相支持,名八支齋法,亦名八關齋。」《八關齋戒相》:「一不殺生,二不偷盜,三不邪淫,四不妄語,五不飲酒,六離花香瓔珞香油塗身,七離高勝床上坐,八離作倡伎樂,故往觀聽,九離非時食。」《儀範》云:「前八名關,後一名齋。關者,閉也。齋者,齊也。」《詩》:「揚之水,不流束薪。彼其之子,不與我戍申。」朱子《集傳》:「平王以申國近楚,數被侵伐,故遣畿內之民戍之。」　郭景純《穆天子傳注》:「牛羊豕太牢。」《禮》:「束帛加璧,尊德也。」通侯,見《劉雪舫》注。《綏寇紀略》:「事聞,上震悼,輟朝三日泣,謂群臣曰:『王皇祖愛子遭家不造,遘於閔凶,其以特羊一告慰定陵,特羊一告於皇貴妃之園寢。河南有司改殯王,具弔襚。世子在懷慶,授館饋餐,備凶荒之禮焉。』上發御前銀一萬、坤寧宮四千、承乾宮三千、翊坤宮三千、太子一千、慈慶懿安後銀一千、慈寧宮皇祖宣懿康昭妃銀五百、皇考溫定懿妃五百,俱著王裕民、冉興讓、葉高、栗標齎往以慰邺福藩世子。」按:「通侯」,指壽寧駙馬冉興讓,見《明史・公主傳》。《楚辭》:「帝子降兮北渚。」又:「魂兮歸來。」王子安詩:「畫棟朝飛南浦雲。」　玉妃,見《讀佛詩》。《漢書・宣六王傳》:「公孫倢伃生東平思王宇。」師古曰:「東平思王冢在無鹽。人傳王在國思歸京師,後葬,其冢上松栢皆西靡。」《詩》:「北風其涼,雨雪其滂。」《漢書・食貨志》:「修繕故宮。」《明史・諸王傳》:「十六年秋七月,由崧襲封,帝親擇宮中寶玉帶賜之。」新王,見《讀鄭世子傳》。　李昌時詩:「惟有終南山色在。」庾詩:「高閣千尋在。」《廣韻》:「栝與檜同,柏葉松身。」《晉書・裴楷傳》:「如近玉山,照映人也。」《老子》:「落落如石。」《詩》:「崧高維嶽。」

按:《明史・姜應麟等傳・贊》:「野史載神宗金合之誓,都人子之說雖未知信否,然恭妃之位久居鄭氏下,固有以滋天下之疑矣。姜應麟等交章力爭,不可謂無羽翼功。究之,鄭氏非褒驪之煽處,國泰亦無駰鈞之惡戾,積疑召謗,被以惡聲。《詩》曰:『時靡有爭,王心載寧。』諸臣何其好爭也!」梅村「功名徒付上書人」一語足以括之。《綱目三編》:「萬曆十九年閣臣疏請建儲,首列申時行名。時行聞帝怒,密疏言臣方在告,實不與知」〔註7〕;「二十一年,帝手詔欲待嫡子,令元子與兩弟且並封為王。錫爵懼失上指,立奉詔擬旨進。」〔註8〕而

〔註 7〕卷二十七。
〔註 8〕卷二十八。

《明史·郭正域傳》於妖書之獄，詳載沈一貫始末，梅村「調護何關老大臣」一語足以括之。詩史之目，洵不愧矣。末四句言北方雨雪，氣象愁慘。新王雖立，城郭都非也。由崧當臥薪嘗膽之時，而止知以守詔為樂，南渡之禍兆於此矣。 按：光武子任城王尚與魏之任城王彰，其地在山東濟寧州，而詩用渭水字，似不若「溫室」句之工矣。

宮扇《戒菴漫筆》：「端午賜京官宮扇。」《藜床瀋余》：「宣廟文武天縱，入帝王能品。器物靡不精好。銅窯二種，今已參重彝鼎。其他如扇條箋漆等，累朝莫逮。」按：《明詩綜》：「陳三島，字鶴客。《川扇》詩：『險絕蠶叢地，由來宮扇傳。』」又，何大復詩：「端陽綵扇百官傳，每歲宮臣賜獨偏。」可作此題注腳也。

宣皇清暑幸離宮，碧檻青疏十二重。七寶鑄銅薰鴨貴，千金磁翠鬥雞紅。玳瑁簾開南內宴，沉香匣啟西川扇。蟬翼描來雲母輕，冰紈製就天孫豔。丹霞滃起駕雲軿，王母雙成絳節還。玉管鳳銜花萬壽，銀濤龍蹴海三山。此首於詠物中感慨今昔。起四句以銅磁作襯。玳瑁以下八句詠扇。○《明史·宣宗紀》：「諱瞻基，仁宗長子也。」又，《輿服志》：「宣宗留意文雅，建廣寒、清暑二殿。」《宋史·許奕傳》：「方清暑離宮。」《說文》：「檻，櫳也。」《廣韻》：「疏，窗也。」蘇廷碩詩：「仙史高樓十二重。」 《西京雜記》：「武帝為七寶床。」李義山詩：「睡鴨香爐換夕薰。」虞伯生詩：「黃金鑄為鴨，焚香夕殿中。」 按：「磁」，當作「瓷」。《類篇》：「瓷，陶器堅緻者。」鄒陽《酒賦》：「綠瓷既啟。」潘安仁《笙賦》「傾縹瓷以酌醽醁」是也。《集韻》：「或作瓷、甆、瓻。」《說文》：「磁，石名，可以引針。」曹詩「磁石引鐵，於金不連」是也。然元馬伯庸詩：「真籠銀貂金作藉，宮窯磁盞玉為泥」，已以磁代瓷矣。「鬪雞紅」，蓋瓷之色樣。俟考。〔註 9〕蘇詩：「定州花瓷琢紅玉。」《杜陽編》：「同昌公主誤卻寒之簾，類玳瑁，有紫色。」南內，見《永和宮詞》。 沉香，見《永和宮詞》注。陳子良詩：「拂塵開扇匣。」《宋史·地理志》：「成都府，本益州蜀郡，創南、西川節度。」《明史·謝傑傳》：「江右之磁，江南之紵，西蜀之扇，關中之絨。」 《古今注》：「趙飛燕為皇后，上遺賜雲母扇、五明扇、七華扇、翟扇、蟬翼扇。」《鄴中記》：「石虎作雲母五明金薄莫難扇，薄打純金如蟬翼，二

〔註 9〕（清）陳瀏《匋雅》卷上《瓷學》（民國七年排印靜園叢書本）：「明祭大瓶有鮮紅如雞血者，或即雞紅之稱之所由來歟？」
（民國）許之衡《飲流齋說瓷》（民國二十五年上海神州國光社鉛印美術叢書本）：「宣德發明祭紅，乃祭郊壇凡品所創之色也，又稱霽紅，謂如朝霞霽色。一名漬紅，一名醉紅，復名雞紅，則因瓷無專書，市人以音相呼，遂成種種異名耳。」

面彩漆，畫列仙奇鳥異獸，雲母帖其中，彩色明徹。虎出時，用此扇挾乘輿。」《漢書・地理志》:「織作冰紈綺繡純麗之物。」《娜嬛記》:「沈休文雨夜齋中獨坐，風開竹扇，有一女子攜絡絲具，入門便坐，風飄細雨如絲，女隨風引絡，絡繹不斷，若真絲焉。贈沈曰:『此謂冰絲，贈君造以為冰紈。沈後織成紈，製扇，當夏日，甫攜在手，不搖而自涼。』」《史記・天官書》:「織女，天女孫也。」《洞冥記》:「漢武帝未誕之時，崇蘭閣上有丹霞蓊鬱而起。」沈休文詩:「雲軿於此陟。」　王母、雙成、釋節，並見《讚佛詩》。　梁元帝《薦鮑幾表》:「虞詞〔註 10〕始構，獻鳳管之玉。」王少伯詩:「茱萸插鬢花宜壽。」　楊誠齋詩:「萬項銀濤半霎間。」龍蹴，見《讚佛詩》「龍象」。白詩:「忽聞海上有三山。」**芙蓉水殿琉璃徹，內家尚苦櫻桃熱。**《箧衍集》作「常苦」，非。**九華初御詠招涼，落葉回風若霜雪。峨眉萬里尚方船，雉尾千秋奏御箋。公主合歡嬌翡翠，昭容反影鬥嬋娟。**此段言扇為宮中所貴。○《魏志三・少帝紀》注:「於建始芙蓉殿前裸袒遊戲。」徐孝穆詩:「荷開水殿香。」沈初明詩:「復殿琉璃扉。」　薛大拙詩:「身是三千第一名，內家叢裏獨分明。」王《謝賜櫻桃詩》:「飽食不須愁內熱。」　子建《九華扇賦》:「昔吾先君常侍，得交漢桓帝，賜尚方竹扇，名曰九華。」《拾遺記》:「燕昭王懷珠，體自輕涼，號消暑招涼之珠。」　按:《西京雜記》:「趙飛燕為皇后，其女弟上回風扇。」而「落葉」未詳。《洞冥記》:「麗娟於芝生殿唱回風之曲，庭中花皆翻落。」梅村或攢簇用之與？班婕妤詩:「新裂齊紈素，鮮潔如霜雪。」《大清一統志》:「四川嘉定府至京師九千八百四十五里。峩眉縣在府西六十里。」《漢書・百官公卿表》注:「尚方主作禁器物。」《古今注》:「雉尾扇起於殷世，高宗時有雊雉之祥，服章多用翟羽。周制以為王后夫人之車服。輿車有翣，即緝雉羽為扇翣，以障翳風塵也。」班孟堅《兩都賦序》:「蓋奏御者千有餘篇。」《後漢書・皇后紀》:「漢制:皇女皆封縣，公主儀服同列侯。」班婕妤詩:「裁為合歡扇，團團似明月。」《禽經》:「背有彩羽曰翡翠。」《宋書・后妃傳》:「昭儀，漢元帝所制。昭容，世祖所制。」《拾遺記》:「周昭王時，塗修國獻丹鵲，夏至取鵲翅為扇，一名施風，一名條翮，一名反影。」張平子《西京賦》:「增嬋娟以跐豸。」李義山詩:「月中霜裏鬥嬋娟。」**遭逢召見南薰殿，思陵日昃猶揮汗。天語親傳賜近臣，先生進講豳風倦。黃羅帕捧出雕闌，畫筵丹青掌上看。俸薄買嫌燈市價，恩深攜謝閤門班。**此段述賜扇之恩。蓋梅村在勝國時，曾蒙此賜也。○范彥龍詩:「遭逢聖明君。」杜詩:「開元之中常引見，承恩數上南薰殿。」　思陵，見《永和宮詞》注。《書》:「自朝至於日中昃。」揮汗，見《二

〔註 10〕「詞」，《薦鮑幾表》作「祠」。

十五日詩》。　天語，見《遇劉雪舫》。《國語》：「近臣進規。」　按：「先生」句述天語，以宮扇賜講官也。《明史・禮志》：「日講御文華殿，講讀官、內閣學士、侍班閣臣同侍於殿內，候帝口宣先生來同進。」豳風，詳《蟋蟀盆歌》。　花蕊夫人《宮詞》：「瑞午生辰進御床，赭黃羅帕覆金箱。」李後主詞：「雕闌玉砌應猶在。」　揚子雲《方言》：「扇自關而東謂之箑，自關而西謂之扇。」蘇詞：「應從掌上看。」　《大清一統志》：「燈市在中城崇文街西，亙二里許。」《燕都遊覽志》：「燈市南北兩廛，珠玉寶器，日用微物，靡不畢具，夜則燃燈於其上，望如星衢。市自正月八日始，十八日罷。今名燈市口。」《宋史・職官志》：「東西上閤門使各三人，副使各二人，祗候十有二人。」

自離卷握秋風急，蹇驢便面誰人識。聞道烽煙蔽錦城，齊紈楚竹無顏色。石榴噴火照皇都，再哭蒼梧愧左徒。舊內謾懸長命縷，新宮徒貼辟兵符。

此言解官後之事，而以扇為映合也。說附後。○卷握，見《哭志衍》。「秋風急」，暗用班婕妤詩「常恐秋節至，涼颷奪炎熱」。　賈生《弔屈原文》：「驂蹇驢兮。」《漢書・張敞傳》：「自以便面拊馬。」師古曰：「便面，所以障面。不欲見人，以此自障面，則得其便。」張如哉曰：「《北齊書・楊愔傳》：『愔聰記強識，半面不忘。有選人魯漫漢，自言猥賤，獨不見識。愔曰：卿前在元子思坊，騎禿尾草驢，經見我不下，以方麴障面，我何不識卿？漫漢驚服。』『蹇驢』句暗用此事，而融化入張敞『便同拊馬』，使事之工，令人不覺。」《酉陽雜俎》：「狼糞煙直上，烽火用之。」錦城，見《哭志衍》。張見賾詩：「團扇掩齊紈。」宋延清詩：「楚竹幽且深。」無顏色，見《讚佛詩》。《廣雅》：「若榴，石榴也。」柳子厚詩：「海榴開似火。」僧齊己詩：「新詩聲價滿皇都。」蒼梧，見《讚佛詩》。《史記・屈原傳》：「為楚懷王左徒。」按：此指左懋第也。《明史》：懋第以大清順治二年閏六月死。而《劉宗周傳》，五月南都亡。故用石榴噴火以紀時。而懸縷貼符，皆用午日事。又，懋第奉使致祭梓宮，故用哭蒼梧語也。詳見《東萊行》、《讀史雜感》。　《酉陽雜俎》：「北朝婦人，五日進長命縷、宛轉繩。」　《抱朴子》：「五月五日著赤靈符，放心可避兵。」按：「舊內」句弔莊烈，「新宮」句指由崧也。

雨夜床頭搜廢篋，摩挲老眼王家物。半面猶存蛺蝶圖，空箱尚記霓裳疊。蠹粉黃侵瓊樹花，曲塵香損紫鸞車。珠衣五翟悲秦女，玉墜雙魚泣漢家。莫歎君恩長斷絕，比來舒卷仍鮮潔。乍可襟披宋玉風，不堪袖掩班姬月。

此段是作詩本意，句句點染扇字。○雨夜，見上文「冰紈」注。《晉書・王湛傳》：「見床頭有《周易》。」《宋史・歐陽修傳》：「得唐韓愈遺稿於廢書簏中。」　摩挲，見《行路難》。杜詩：「皇天無老眼。」《世說》：「王獻之曰：『青氈，我家舊物。』」　蘇詩：「半面猶遮鳳尾槽。」王仲初詩：「內中數日無宣喚，拓得滕王蛺蝶圖。」《畫跋》：「李祥家收蛺蝶圖畫本，爛縵無完處，粉殘墨脫，僅可識者。此殆唐人臨摹，非直滕王畫也。」　白詩：「自從不舞霓裳曲，疊在空箱二十年。」《夢溪筆談》：「霓裳曲凡十三疊，前六疊無拍，至第七疊方謂之疊遍。」李義山詩：「蠹粉實雌絃。」《南史・張貴妃傳》：「瓊樹朝朝新。」　《西溪叢話》：「劉禹錫詩：『龍墀遙望麴塵絲。』」按：《禮記》鞠衣《注》：「如麯塵色。」李詩：「從風縱體登鸞車。」韋渠牟詩：「風送紫鸞車。」盧昇之詩：「珠為衣兮翡翠裳。」《禽經》：「雉，介鳥也。亦曰鳩。五彩備曰翬，亦曰夏翟。」《晉書・后妃傳》：「姬劉以降，五翟之規，其事可略而言矣。」江擬班婕妤詩：「畫作秦王女，乘鸞向煙霧。」　玉墜，見《哭志衍》。　班婕妤詩：「棄捐篋笥中，恩情中道絕。」曹孟德《樂府》：「不可斷絕。」　《晉書・宣帝紀》：「與時舒卷。」鮮潔如霜雪，見前。　韓詩：「乍可阻君意。」宋玉《風賦》：「乃披襟而當之。」《襄陽耆舊傳》：「宋玉者，楚之鄢人也。」　班姬，見《永和宮詞》。張如哉曰：「『袖掩班姬月』，亦是用班婕妤詩『出入君懷袖』及『團團似明月』。」

恭讀《御撰資治通鑑綱目三編》，崇禎十年冬十月，李自成犯四川。十三年秋七月，張獻忠與羅汝才合，官軍敗績於夔州。九月，張獻忠陷劍州。十四年春正月，官軍敗績於開縣。十七年，張獻忠寇四川，故用「烽煙蔽錦城」語。崇禎十四年二月，張獻忠陷襄陽，殺襄王翊銘。十五年五月，張獻忠陷廬州。十六年春正月，李自成陷承天。二月，張獻忠陷武昌。而十五年，山東被兵，魯王以派自殺，故云「齊紈楚竹無顏色」也。至扇當用於夏令，而南京破降在乙酉五月己丑以後，石榴噴火，長命辟兵，藻不妄抒。程迓亭謂梅村有詩史之目，諒哉！　又按：宮扇來自西川，故前有「峩眉萬里」之句，而「烽煙錦城」亦先從西川說起，引入齊楚南都，蟬聯而〔註 11〕下，令人不覺，是云筆妙。

宣宗御用戧金蟋蟀盆歌按：《明史・職務志》：「宦官有御用監。」《字典》：「創，古文戧，初良切。」戧金，見末段。《丹鉛錄》：「《唐六典》：十四種金，有戧金。」《天寶遺事》：「鬪蛩之戲，始於天寶間。長安富人鏤象牙為籠而畜之。」《呂毖小史》：「宣宗酷好促織之戲，遣取之江南，價貴至十數金。」

宣宗在御升平初，便殿進覽豳風圖。煖閣才人籠蟋蟀，晝長無事為歡娛。定州花瓷賜湯沐，玉粒瓊漿供飲啄。戧金髹漆隱雙龍，果廠雕盆錦香褥。此首於詠物詩小中見大，與前篇意同。前四句點出蟋蟀，後四句御用戧金盆也。　起從「升平」轉入「豳風」，從「豳風」轉入「蟋蟀」，立言之妙，令人不可

〔註 11〕「而」，乙本誤作「面」。

思議。蓋《豳風》中本有蟋蟀，從大處著筆，是作者身份。○高季迪詩：「文皇在御升平日。」　《唐書・柳公權傳》：「常與六學士對便殿。」《書畫史》：「宋濂侍經於青宮十餘年，凡所藏圖書，頗獲見之。中有趙魏公孟頫畫豳風，前書《七月》之詩，圖繼其後。皇太子覽而善之。」　煖閣才人，見《琵琶行序》。《開元遺事》：「唐宮中每至秋時，妃妾以金籠閉蟋蟀，寘枕函畔。」　《漢書・天文志》：「陽用事，則日進而北，晝進而長。」班孟堅《東都賦》：「親萬方之歡娛。」　《缾花譜》：「官哥宣定為當今第一珍品，而龍泉、均州、章生、烏泥、成化等瓶，亦以次見重矣。」蘇詩：「定州花瓷琢紅玉。」　《大清一統志》：「定州〔註12〕在京師西南五百里。」湯沐，見《雒陽行》。按：詩意以花瓷為〔註13〕蟋蟀之湯沐也。　玉粒，見《讚佛詩》。《楚辭》：「華酌既陳，有瓊〔註14〕漿些。」《莊子》：「澤雉十步一啄，百步一飲。」　髹漆，見《讚佛詩》「丹漆」注。李詩：「飆欻騰雙龍。」　果廠，見末段。周衡之詩：「雕盆犀節行鮮鱗。」《鄴中記》：「石虎作褥，長三丈，用錦緣之。」**佽飛著翅逞腰身，玉砌軒鬐試一鳴。性不近人須耿介，才堪卻敵在慓輕。君王暇豫留深意，棘門霸上皆兒戲。鬥雞走狗謾成功，今日親觀戰場利。**前四句寫蟋蟀，後四句是御用意。親觀戰場，開出下文。○《漢書・宣帝紀》：「發應募佽飛射士詣金城。」如淳注：「《呂氏春秋》：『荊有茲非，得寶劍於干將，渡江中流，兩蛟夾船。茲非拔寶劍，赴江刺兩蛟，殺之。荊王聞之，仕以執珪。』後世以為勇力之官。茲、佽音相近。」《五代新話》：「周韓大將軍有勇略，破稽胡，胡憚其勁捷，號為著翅人。」鮑詩：「閒麗美腰身。」　陳後主《東飛伯勞歌》：「珠簾玉砌移明月。」王文考《魯靈光殿賦》：「仡奮亹而軒鬐。」《史記・滑稽傳》：「一鳴驚人。」　《後漢書・王符傳》：「耿介不同於俗。」　《史記・貨殖傳》：「陷陣卻敵，為重賞使也。」慓輕，見《松鼠》。　《國語》：「優施起舞，曰：『暇豫之吾吾。』」　《史記・周勃世家》：「曩者霸上、棘門軍皆兒戲耳。」　《蘇秦傳》：「鬪雞走狗。」　杜詩：「猛氣猶思戰場利。」**坦額長身張兩翼，鋸牙植股須如戟。漢家十二羽林郎，蟲達封侯功第一。臨淮真龍起風雲，二豪螟蛉張與陳。草間竊伏竟何用，灶下廝養非吾群。**前四句寫蟋蟀，卻是親觀之蟋蟀，故不與「佽飛著翅」等四語犯復。後四句有相關者矣。○《促織經》：「其形以頭項肥、腳腿長、身背闊者為上。蟲病有四：一仰頭，二捲鬚，三練牙，四踢腿。犯其一，皆不可用。」《玉篇》：「額，額也。」《史記・李牧傳》：「張左右

〔註12〕「州」，讀秀本作墨丁。
〔註13〕「為」，讀秀本作墨丁。
〔註14〕「瓊」，讀秀本作墨丁。

翼。」《神異經》:「窮奇鋸牙鉤爪。」《南史・褚彥回傳》:「公鬚髯如戟。」　李詩：「羽林十二將，羅列應星文。」《後漢書・百官志》:「羽林郎比三百石。」　《漢書・功臣侯表》:「曲成圉侯蟲達以都尉破項籍陳下，侯四千戶。」《史記・蕭相國世家》:「高祖以蕭何功最盛，心欲何第一。」　《大清一統志》:「鳳陽府，金元濠州。」又：「臨淮縣在府東少北二十里。」《明史・太祖紀》:「先世家沛，徙句容，再徙泗州。父世珍，始徙濠州之鍾離。」杜詩：「斯須九重真龍出。」《易》:「雲從龍，風從虎。」劉伯倫《酒德頌》:「二豪侍側焉，如蜾蠃之與螟蛉。」《明史・張士誠傳》:「泰州白駒亭人，以摻舟運鹽為業，自稱誠王，僭號大周，建元天祐。」又，《陳友諒傳》:「沔陽漁家子也。自稱漢王。」　《晉書・周顗傳》:「寧可復草間求活，外投胡越耶？」　《東觀漢紀》:「更始在長安。長安語曰：『灶下養，中郎將。』」《史記・張耳陳餘傳》:「斯養卒為御而歸。」**大將中山獨持重，卻月城開立不動。兩目相當振臂呼，先聲作勢多操縱。應機變化若有神，僄突彷彿常開平。黃須鱻卑見股栗，**《篋衍集》「鱻」作「鮮」。**垂頭折足亡精魂。獨身跳免追且急，拉折攀翻只一擲。蠮螉塞外蠕蠕走，使氣窮搜更深入。**此段正寫戰場。前四句將鬭而蓄勢，中四句酣鬭而卻敵也，後四句是餘勇可賈意。〇中山，見《遇南廂園叟》注。《漢書・韓安國傳》:「安國持重。」《明史・徐達傳》:「拜達大將軍。是時稱名將必推達、遇春。遇春剽疾，敢深入。而達又長於謀略，大敗元軍於河西。務進克通州，順帝率后妃、太子北去。踰日，達陳兵齊化門，填濠登城。」　《南史・侯景傳》:「賊掘城東南角，城內作迂城，形如卻月以捍之。」《唐書・李靖傳》:「築卻月城，延袤十餘里。」《後漢書・隗囂傳》:「鼓旗相當。」李少卿《答蘇武書》:「然陵振臂一呼。」　《史記・淮陰侯傳》:「兵固有先聲而後實者。」《晉書・王敦傳》:「因作勢而起。」《詩》:「有死爰爰。」《傳》:「有緩者，有所聽縱也；有急者，有所操蹙也。」　陳孔璋文：「應機立斷。」《魏志》注引《魏書》曰：「譎敵制勝，變化如神。」　倪雲林詩：「風帆還飄突。」《廣韻》:「僄身，輕便也。」開平，見《遇南廂園叟》注。　《世說》:「明帝著戎服，騎巴賨馬，陰察軍形勢。王敦心動，曰：『此必黃鬚鮮卑奴來。』」《魏書・序紀》:「昌意少子受封北土，國有大鮮卑山，因以為號，其後世為君長。」《一統志》:「小鮮甲山，蒙古名巴哈阿勒特。大鮮卑山，蒙古名伊克阿勒特。鮮卑山，土人呼蒙格。」《史記・齊悼惠王世家》:「魏勃因退立，股戰而栗。」　垂頭，見《臨江參軍》。《易》:「鼎折足。」《戰國策》:「田光曰：『不知吾精已消亡矣。』」謝靈運詩：「異人秘精魂。」　《史記・高祖紀》:「漢王跳，獨與滕公共車出成皋玉門。」追兵急，見《行路難》。　《漢書・鄒陽傳》:「范雎拉脅折齒於魏。」謝靈運詩：「桂枝徒攀翻。」李詩：

「天地賭一擲，未能忘戰爭。」《晉書・慕容皝載記》：「率騎二萬，出蠮螉塞。」《埤雅》：「蜾蠃，一名蠮螉。」又：「蠮螉塞，謂塞上作土室以候，望如蠮螉揵土作房也。」《北史・魏太宗紀》：「蠕蠕聞而遁去。」按：《明史・李文忠傳》：「薄上都，走元帝。元帝崩，太子愛猷識里達臘新立。文忠諜知之，兼程趨應昌，元嗣君北走。」此詩鮮卑指元帝，而蠮螉蠕蠕則用蟲部字，點染蟋蟀耳。　使氣，見《避亂》。范致能詩：「窮搜發山骨。」深入，見《臨江參軍》。**當前拔柵賭先登，奪採爭籌為主人。自分一身甘瓦注，不知重賞用黃金。君王笑謂當如此，楚漢雌雄何足齒。莫嗤超距浪輕生，橫草功名須致死。**此與第二段「君王暇豫」等語相應，又與第三段「張陳草竊」等語相應。○《唐書・李晟傳》：「史萬頃先登，拔柵以入。」　王仲寶《謝竟陵王賜衮啟》：「曾波奪採。」梁元帝詩：「疊鼓送爭籌。」　《莊子》：「以瓦注者巧。」　《黃石公》：「重賞之下，必有勇夫。」盧允言詩：「不知歌舞用黃金。」《漢書・高帝紀》：「大丈夫當如此矣。」　《史記・項羽紀》：「項王謂漢王曰：『願與漢王挑戰決雌雄。』」《世說》：「顧辟疆曰：『不足齒人傖爾。』」按：友諒國號漢，而士誠封其弟為楚公，則「楚漢雌雄」者，亦指張、陳二豪耳。　《史記・王翦傳》：「方投石超距。翦曰：『士卒可用矣。』」沈休文詩：「輕生本非惜。」　《漢書・終軍傳》：「軍無橫草之功。」《注》：「橫於草野，謂戰也。」《左傳・昭二十一年》：「用少莫如齊致死。」**二百年來無英雄，故宮瓦礫吟秋風。一寸山河鬥蠻觸，五千甲士化沙蟲。灌莽微軀亦何有，捉生誤落兒童手。蟻賊穿墉負敗觜，戰骨雖香嗟速朽。**上文詠戰場之利，於宣宗目中看出。此下詠戰場之不利，則梅村自作歎息也。「灌莽微軀」，指福藩、魯桂王等。「蟻賊穿墉」，指李自成入京師、洛陽，張獻忠陷襄陽、成都等。「戰骨雖香」，指盧象昇、史可法、楊廷麟等。○《南齊書・謝朓傳》：「二百年來，無此詩也。」《晉書・阮籍傳》：「時無英雄。」　故宮，見《雒陽行》。《北史・李安世傳》：「聖朝不貴金玉，所以同於瓦礫。」　《金史・左企弓傳》：「一寸山河一寸金。」《莊子》：「有國於蝸之左角者觸氏，國於蝸之右角者蠻氏，相與爭地而戰，伏屍數萬，逐北旬有五日而返。」　《司馬法》：「長轂一乘，甲士三人，步卒七十二人。」《抱朴子》：「周穆王南征，三軍之士，一朝盡化，君子為猿為鶴，小人為蟲為沙。」　柳子厚《龍興寺東丘記》：「抵邱垤，伏灌莽。」微軀，見《礬清湖》。《唐書・安祿山傳》：「與史思明俱為捉生。」《五代史・漢家人傳》：「蔡王信曰：『幾落賊手。』」《後漢書・皇甫嵩傳》：「張角等一時俱起，時人謂之黃巾，亦各蛾賊。」《注》：「蛾，魚綺反，即蟻字也。」穿墉，見《松鼠》。《漢書・陳湯傳》注：「有肉曰觜。」　杜詩：「戰骨當速朽。」張茂先詩：「死聞俠骨香。」**涼秋九月長安城，黑**

鷹指爪愁雙睛。錦韝玉絛競馳逐，頭鵞宴上爭輸贏。鬥鴨欄空舞馬死，開元萬事堪傷心。秘閣圖書遇兵火，廠盒宣窯賤如土。名都百戲少人傳，貴戚千金向誰賭。上六句蟋蟀非昔，下四句盆亦非昔。題位在即離之間，如澄潭受月。○李少卿《答蘇武書》：「涼秋九月。」　杜詩：「黑鷹不省人間有。」指爪，見《臨江參軍》。杜詩：「側目似愁胡。」《拾遺記》：「堯在位十七年，有祗支之國獻重明之鳥，一名雙睛〔註 15〕。」　薛陶臣詩：「綠眼秋鷹踏錦韝。」杜《畫鷹》詩：「絛旋光堪摘〔註 16〕」。仇注：「絛同縧。」《史記・貨殖傳》：「博戲馳逐。」　《遼史・營衛志》：「皇帝得頭鵞，薦廟。群臣各獻酒果，致賀語。」又，《國語解》：「上歲時釣魚，得頭魚，輒置酒張宴，與頭鵞宴同。」元詩：「似博賭輸贏。」　《三國志・陸遜傳》：「時建昌侯慮於堂前作鬪鴨欄。」《明皇雜錄》：「教舞馬四百蹄，各有名稱。每樂作，奮首鼓尾，舞應節。」　杜詩：「歷歷開元事。」司空文明詩：「萬事傷心在目前。」　《南史・謝靈運傳》：「使整秘閣書遺闕。」兵火，見《遇南廂園叟》。火叶後五切。本退之《元和聖德詩》。　廠盒，即廠合，見下段。《觚不觚錄》：「窯器當重哥汝。而十五年來，忽重宣德。」杜詩：「此道今人棄如土。」　名都，見《行路難》。梁元帝《纂要》：「古有百戲，起於秦漢。」**樂安孫郎好古癖，剔紅填漆收藏得。我來山館見雕盆，蟋蟀秋聲增歎息。嗚呼漆城蕩蕩空無人，哀螿切切啼王孫。貧士征夫盡流涕，惜哉不遇飛將軍。**此補序見盆之地，以感慨作結。○按：周櫟園《尺牘新鈔》：「孫承澤，上林苑籍，山東益都人。」《畿輔通志》：「承澤，大興人。」《大清一統志》：「益都故城，今青州府治樂安縣，在青州府北少西九十里。」「樂安孫郎」，當即指承澤。又借用《三國志》江東人語也。　《金鼇退食筆記》：「果園廠在欞星門之西，明永樂年製漆器，以金銀錫木為胎，有剔紅、填漆二種。剔紅，合有蔗段、蒸餅、河西、三撞、兩撞等式。其法朱漆三十六次，鏤以細錦。底漆黑光，針刻大明永樂年製。填漆刻成花鳥，填彩稠漆，磨平如畫，久而愈新。其合制貴小，深者五色靈芝邊，淺者迴文戧金邊，價數倍於剔紅。二種皆廠製也。」《遵生八箋》：「宣德時制同永樂，而紅則鮮妍過之。」收藏，見《讀西臺記》。　徐孝穆有《天台山館碑》。　歐陽永叔《秋聲賦》：「如助予之歎息。」　《史記・滑稽傳》：「佳哉！漆城蕩蕩。」《詩》：「巷無居人。」　按：《爾雅》：「蜺，寒蜩。」《注》：「寒螿也，似蟬而小。」未聞其為蟋蟀也。陶九成詩：「春來喧鳥鵲，秋至響蛩螿。」是蛩與螿為二。梅村此句蓋謂秋蟲切切啼，蟋蟀耳。皇甫茂政詩：「陰蟲切切不堪聞。」《方言》：「楚謂蜻蛚為蟋蟀，

〔註 15〕「睛」，乙本作「晴」。
〔註 16〕「摘」，杜甫《畫鷹》作「擿」。

或謂之蛬，南楚謂之蚟孫。」《謝氏詩源》：「袁瓘《秋日詩》曰：『芳草不復綠，王孫今又歸。』人都不解。施蔭見之，曰：『王孫，蟋蟀也。』」《晉書·劉寔傳》：「貧士未嘗得此。」征夫，見《避亂》。《史記·李將軍傳》：「惜乎，子不遇時！」又：「號曰漢之飛將軍。」

此篇多用蟲部字作襯貼，如「鬪雞走狗」、「羽林」、「蟲達」、「真龍」、「螟蛉」、「草間竊伏」、「垂頭折足」、「跳免」、「拉折」、「蠮螉」、「蠕蠕」、「雌雄」、「橫草」、「蠻觸」、「沙蟲」、「蟻賊」、「黑鷹」、「頭鵞」、「鬪鴨」、「舞馬」等，真有「指石皆金，合草為丹」之妙。嘗讀尤展成《戲封苟變為關內侯制》〔註 17〕，歎其奇絕。然展成雅多遊戲，而大手筆人降格為之，亦復工妙。乃爾才人，固不可測。 按：程大昌《演繁露》：「梁天監四年，褉飲華光殿，其日河南獻赤龍駒，能伏拜善舞，周興嗣為賦。此時已有舞馬，不待開元間矣。」又，《丹鉛錄》引《山海經》：「海外大樂之野，夏后啟於此舞九代之馬。」

聽女道士卞玉京彈琴歌《板橋雜記》：「卞賽，一曰賽賽，後為女道士，自稱玉京道人。」程迓亭：「《盤帨卮談》：『卞玉京彈琴，中述弘光〔註 18〕選后徐氏。』」

駕鵝逢天風，北向驚飛鳴。飛鳴入夜急，側聽彈琴聲。借問彈者誰，云是當年卞玉京。起用興體，兼以紀時。先點彈琴，次點玉京。〇《〈文選·上林賦〉注》：「駕鵝野鵝。」杜詩：「東飛駕鵝後鶖鶬，安得送我置汝旁。」天風，見《石公山》。《禮》：「季冬之月，雁北向。」《埤雅》：「鸞入夜而歌。」 側聽，見《讚

〔註 17〕（清）尤侗《西堂集》二集卷六《戲封苟變關內侯制》（清康熙刻本）：
夫老熊臥道，將軍所以聞名；獬豸觸邪，御史無須識字。但使予有禦侮，即為王之爪牙。諮爾執金吾，苟變高辛苗裔，北斗精靈。召太保底貢成書，穆天子重工列傳。佐真人於泗上，功次蕭何；從帝子於雲中，仙同伍被。忤唐堯而非罪，似孔子其何嫌。及爾當關，職維禁夜。盧之令令，附以韓魏之家；鵲之疆疆，而有宋朝之美。力稱赤虎，智號烏龍。起自白衣，氣感風雲之會；尊為黃耳，望高鼎鉉之名。是用守我九重，司其五夜。警竊人之擊柝，拒暴客之探丸。雖使紅線神通，莫取黃金之盒；孟嘗狡詐，難攜狐白之裘。兼之性好驅馳，技能校獵。遊長楊之苑，手獲三狐；騁雲夢之津，角摧五鹿。王良、造父，願為執鞭；子雲、相如，喜於操筆。豈止咸陽門外，逐丞相以東征；華子岡前，迎山人而西邁。昔鄧颺三子，尚列臺中；李俊五君，儼然門下。走既先於牛馬，坐宜續於貂蟬。爰褒猿臂之功，允稱羊頭之職。故遣山君白額持節，封爾為關內侯，實食萬戶。嗚呼！才堪五百乘，雞卵奚傷；勇敵三千人，虎賁不讓。六子之位，終在少男；五行之書，上應列宿。斯乃天之所祐，可以人而不如。勉爾日新，俾予風動。欽哉！
〔註 18〕「弘光」，乙本作「由崧」。

佛詩》。《古詩》:「借問誰家子。」白詩:「尋聲暗問彈者誰。」《南史·張緒傳》:「此楊柳風流可愛,似張緒當年。」**玉京與我南中遇,家近大功坊底路。小院青樓大道邊,對門卻是中山住。中山有女嬌無雙,清眸皓齒垂明璫。曾因內宴直歌舞,坐中瞥見塗鴉黃。問年十六尚未嫁,知音識曲彈清商。歸來女伴洗紅妝,枉將絕技矜平康,如此才足當侯王。**《篋衍集》作「知此」,非。　此下皆玉京語。先述其初見徐女也。「知音識曲」映合彈琴,「當侯王」引起下文。○賈公閭詩:「有鳳適南中,終日無歡娛。」　大功坊,見《遇南廂園叟》。　唐茂業詩:「小院無人夜。」曹詩:「青樓臨大道。」《古東飛伯勞歌》:「誰家兒女對門居。」中山,見《遇南廂園叟》。　左太沖詩:「吾家有嬌女。」無雙,見《永和宮詞》。　傅武仲《舞賦》:「眄般鼓則騰清眸,吐哇咬則發皓齒。」《古廬江小吏詩》:「耳著明月璫。」《五代史·蕭希甫傳》:「有詔定內哀儀。」元詩:「瞥見珊瑚樹。」王介甫詩:「漢宮嬌額半塗黃。」虞伯施詩:「學畫鴉黃半未成。」《史記·聶政傳》:「為老母幸無恙,妾未嫁也。」李義山詩:「十四藏六親,懸知猶未嫁。」　魏文帝詩:「知音識曲善為樂。」清商,見《琵琶行》。　孟詩:「女伴多攀摘。」杜詩:「對君洗紅粧。」　絕技,見《臨頓兒》。《開元遺事》:「長安有平康坊,妓女所居之地。」《北里志》:「平康里入北門,東回三曲,即請妓所居之聚也。」《史記·外戚世家》:「視其身貌形狀,不足以當人主矣。」《後漢書·陰興傳》:「嫁女欲配侯王。」**萬事倉皇在南渡,大家幾日能枝梧。詔書忽下選蛾眉,細馬輕車不知數。中山好女光徘徊,一時粉黛無人顧。豔色知為天下傳,高門愁被旁人妬。盡道當前黃屋尊,誰知轉盼紅顏誤。南內方看起桂宮,北兵早報臨瓜步。**此述徐女入選而聞亂也,倉皇、枝梧事可知矣。○梅村《卞玉京傳》:「玉京至,有婢曰柔柔者隨之。嘗著黃衣,作道人裝,呼柔柔取所攜琴來,為生鼓一再行,泫然曰:『吾在秦淮,見中山故第,有女絕世,名在南內選擇中。未入宮而亂作,軍府以一鞭驅之去。吾儕淪落,分也,又復誰怨乎?』」《通鑑》:「晉懷帝永嘉六年,時海內大亂,獨江東差安,中國士民避亂者多南渡。」　大家,見《永和宮詞》。《史記·項羽紀》:「諸將皆慴伏,莫敢枝梧。」曹安《讕言長語》:「枝者,大柱。梧者,小柱。」按:《集韻》:枝梧之梧,訛胡切,音吾。魁梧之梧,五故切,音悞。梅村以五故通訛胡耳。　李詩:「胡姬十五細馬馱。」溫飛卿詩:「油壁車輕金犢肥。」白詩:「一曲紅綃不知數。」《史記·西門豹傳》:「其人家有好女者,恐大巫祝為河伯取之。」光徘徊,見《讚佛詩》。《楚辭》:「粉白黛黑,施芳澤只。」　王詩:「豔色天下重。」《莊子》:「高門懸簿,無不走也。」《史記·項羽紀》:「紀信乘黃屋車。」《注》:「天子車以黃繒為蓋裏。」　按：子建《洛神賦》：「轉眄流精。」《說文》盼眄音義各別，而《韻補》盼一作眄。應德璉《靜思賦》：「紅顏曄而流光。」　南內，見《永和宮詞》。《南部煙花記》：「陳後主為張貴妃麗華造桂宮於光昭殿。」　瓜步，見《送周子俶》。《南史．周山圖傳》：「魏軍至瓜步。」**聞道君王走玉驄，犢車不用聘昭容。幸遲身入陳宮裏，卻早名填代籍中。依稀記得祁與阮，同時亦中三宮選。可憐俱未識君王，軍府抄名被驅遣。漫詠臨春瓊樹篇，玉顏零落委花鈿。當時錯怨韓擒虎，張孔承恩已十年。但教一日見天子，玉兒甘為東昏死。羊車望幸阿誰知，青冢淒涼竟如此。**此段四轉，述由崧出奔，選女分散，而為徐女反覆嗟歎也。杜詩：「先帝天馬玉花驄。」《隋書．禮儀志》：「九嬪已下，並乘犢車，青幰朱絡網。」昭容，見《宮扇》。　按：《一統志》：「安德宮在江寧縣治南。陳宣帝築。三閣在上元縣故臺城內，陳後主建。」故以為比。《史記．外戚世家》：「竇姬家在清河，欲如趙，宦者忘之，誤置其籍代伍中。」　元詩：「依稀憶得楊與李。」《禮記》：「夫人繅三盆手，遂布於三宮夫人之吉者，使繅。」《莊子》：「可憐哉！」《左傳．成九年》：「晉侯觀於軍府。」驅遣，見《遇南廂園叟》。《陳書．張貴妃傳．論》：「其曲有《玉樹後庭花》、《臨春樂》等。」瓊樹，見《宮扇》。　宋玉《神女賦》：「苞溫潤之玉顏。」白詩：「花鈿委地無人收。」《隋書．韓擒■〔註 19〕傳》：「以精騎五百直入朱雀門，眾皆散走，遂平金陵，執陳主叔寶。」《大業拾遺記》：「後主云：爾時麗華最恨，方倚臨春閣，試東郭㲋紫毫筆，書小砑紅綃作答江令『璧月』句未終，見韓擒虎擁萬甲，直來衝入。」《南史．后妃傳》：「張貴妃，字麗華，兵家女也。張貴妃居結綺閣，龔、孔二貴妃居望仙閣。」按：陳後主立僅八年，而此云「十年」者，後主為太子時，貴妃以選入宮，給使於龔貴嬪。故舉成數也。　陸魯望《小名錄》：「東昏侯潘淑妃小字玉兒。」《南齊書．本紀》：「東昏侯寶卷，字智藏。」蘇詩：「玉奴終不負東昏。」　羊車，見《讚佛詩》。《大清一統志》：「青冢在歸化城南二十里，蒙古名特木爾烏爾虎。」《遼史．地理志》：「豐州有冢，即王昭君墓。」《大同府志》：「漢明妃墓在府西五百里，古豐州西大十里，塞草皆白，惟此獨青，故名。」**我向花間拂素琴，一彈三歎為傷心。暗將別鵠離鸞引，寫入悲風怨雨吟。**此段點出彈琴，下皆玉京自述語。○《晉書．陶潛傳》：「蓄素琴一張。」《古詩》：「一彈再三歎。」阮詩：「憂思獨傷心。」　陶詩：「上弦驚別鶴，下弦操孤鸞。」按：「鵠」應作「鶴」。說附後。《悲回風》，《楚辭》篇名。阮詩：「其雨怨朝陽。」**昨夜城頭吹篳篥，教坊也被傳呼急。碧玉班中怕點留，樂營門外盧家泣。私**

〔註 19〕「■」，當作「虎」。

更裝束出江邊，恰遇丹陽下渚船。剪就黃絁貪入道，攜來綠綺訴嬋娟。此點明為女道士之由。「篳篥」、「綠綺」仍映合彈琴意。○段成式《觱篥格》：「觱篥本名悲篥。」《教坊記》：「西京右教坊在光宅坊，左教坊在延政坊，右多善歌，左多工舞，蓋相因習。東京兩教坊俱在明義坊，而右在南，左在北也。」《演繁露》：「開元二年，玄宗以太常禮樂之司不應典優倡雜樂，乃更置左右教坊，以教俗樂，命左右驍衛將軍范及為之，使又選樂工數百人，自教法曲於梨園，謂之皇帝梨園弟子。至今謂優女為弟子，命伶魁為樂營將者，此其始也。」元詩：「力士傳呼覓念奴。」《樂府》有《情人碧玉歌》，一云汝南王妾。王仲初詩：「十三初學擘箜篌，弟子名中被點留。」羅虬詩：「樂營門外柳如陰，中有佳人畫閣深。若使五陵公子見，買時應不惜千金。」梁武帝詩：「十五嫁為盧家婦。」薛大拙《詠黃蜀葵詩》：「道家粧束厭禳時。」《明史・地理志》：「鎮江府丹陽縣，北濱大江。」崔顥詩：「下渚多風浪。」陸務觀詩：「良工刀尺製黃絁。」《洛陽伽藍記》：「入道為尼，遂居此寺。」按：《宋史・豐稷傳》及歐陽永叔《歸田錄》皆以黃絁為仁宗衾褥之具。此則用為道者裝矣。傅休奕《琴賦序》：「相如有綠綺，蔡邕有焦尾，皆名器也。」嬋娟，見《宮扇》。**此地繇來盛歌舞，子弟三班十番鼓。月明絃索更無聲，山塘寂寞遭兵苦。**《續本事詩》作「兵火」。**十年同伴兩三人，沙董朱顏盡黃土。貴戚深閨陌上塵，吾輩漂零何足數。**此就山塘寄慨，全收上文。「歌舞」、「絃索」，仍映彈琴。「貴戚深閨」結徐女、祁阮，「吾輩漂零」結沙董也。○《板橋雜記》：「曲中狎客有盛仲文打十番鼓。」元詩：「夜半月高絃索鳴。」《一統志》：「山塘在蘇州府長洲縣西北。自城西北沙盆潭折而北繞虎丘，又西至滸墅入運河。」《玉京傳》：「僑虎丘之山塘，尋遇亂，歸秦淮者五六年矣。」劉希夷詩：「寄語同心伴。」《板橋雜記》：「沙才美而豔，豐而逸，骨體皆媚，天生尤物也。攜其妹曰嫩〔註20〕者遊吳郡，卜居半塘。」又：「董年，秦淮絕色，與小宛姐妹行，艷冶之名，亦相頡頏。」《楚辭》：「朱顏酡些。」杜詩：「美人為黃土。」深閨，見《行路難》第十七首。陶詩：「飄如陌上塵。」《字典》：漂與飄同。漂零，見《遇劉雪舫》。何足數，見《送周子俶》。**坐客聞言起歎嗟，江山蕭瑟隱悲笳。莫將蔡女邊頭麴，落盡吳王苑里花。**用自己作結，與起處一段相應。「悲笳」、「邊曲」仍不脫琴字意。○《北史・于宣顧傳》：「坐客莫不嗟賞。」《楚辭》：「蕭瑟兮草木搖落而變衰。」杜詩：「山樓粉蝶〔註21〕隱悲笳。」《後漢書・列女傳》：「陳留董祀妻者，同郡蔡邕之女也，名琰，字文姬。」其《胡笳十八拍》有

〔註20〕「嫩」，《板橋雜記》作「嫰」。
〔註21〕「蝶」，《秋興八首》之二作「堞」。

云:「胡笳動兮邊馬鳴。」 曹堯賓詩:「落盡溪頭白葛花。」李義山詩:「偷看吳王苑內花。」

《廬江小吏詩》起句云:「孔雀東南飛,五里一徘徊。」與下文「十三能織素」云云若不相蒙。《隴西行》:「天上何所有,歷歷種白榆。桂樹夾道生,青龍對道隅。鳳凰鳴啾啾,一母將九雛。顧視世間人,為樂甚獨殊。」與下文「好婦出迎客」云云若不相屬。而自得興之一體。此詩起句亦其例也,兼紀時也。此詩勝處在「聞道君王」十六句,如急管繁絃,淒清入耳。又如驚風驟雨,震心蕩魄。聞清歌而喚奈何,要是歌能感人,非必桓子野一往情深也。前後淡遠處,情致亦佳。 《山西通志・青冢辨》:「青冢,漢明妃墓也。宋遼以來,諸史多言之。今在歸化城南十餘里黑河之側。夫歸化城,漢五原郡地,距幕北絕遠,豈其時王歙輩寔導之而遂克返葬與?抑好事者艷青冢之名,鑿空駕虛,流傳至宋遼,遂據為曲要與?老杜云:『一去紫臺連朔漠,獨留青冢向黃昏。』曰一去,曰獨留,似有疑辭。間當詢之商旅,塞草皆黃,未聞此冢之獨青也。然則誌其名,無鑿其地可也。」 《字典》:「按《正字通》云:《轉注古音》、《讀書通》俱云『鵠』通作『鶴』。」《淮南子・覽冥訓》:「鴻鵠鴿鶴,莫不驚懼伏竄。」班固《西都賦》:「玄鶴白鷺,黃鵠鵁鶄。」左思《吳都賦》:「鳥則鶤鵠鶬鶴。」皆分鵠、鶴為二。至於《別鶴操》「雄鵠雌鵠」,劉孝標《辨命論》「龜鵠千歲」,費昶《擣衣詩》「開韞舒龜鵠」,古本皆作「鶴」,俗譌為「鵠」。豈可據此謂鵠即鶴也?鶴不過叶音同鵠耳。嵇康《琴賦》,鶴與曲叶,讀如鵠,豈可言鵠即是鶴?故鶴不宜與鵠通。

周子俶《送卞玉京入道詩》:「卞家碧玉總傾城,片片雲鬟別樣輕。一撚蠻腰拋細舞,半簾嬌燕話長生。蕃釐花暖裙猶在,桃葉潮來量不平。我自蹉跎君未嫁,薛濤箋尾署瑤京。」

南生魯六真圖歌並引

山東南生魯官浙之觀察,命謝彬畫己像而劉復補山水,凡六圖。其一坐方褥,聽兩姬擫箏吹洞簫。其一焚香彈琴,流泉瀉階下,旁一姬聽倦倚石。一會兩少年蹴鞠戲,毬擲空中勢欲落。一圖書滿床,公左顧笑,有髫而秀者端拱榻前,若受書狀,則公子也。餘二圖:一則畫藤橋橫斷壑中,非人境,公黃冠樓拂,掉首不顧;一則深巖枯木,有頭陀趺坐披布衲,即公也。予為作《六真圖歌》,鑱之石上,覽者可以知其志矣。《山東通志》:「崇禎丁丑進士南源洙，濮州人，參議。」《杭州府志》:「分巡溫處道南洙源，順治八年任。」杜詩:「必逢佳士亦寫真。」《周禮》:「司諫巡問而觀察之。」按:近世稱監司曰觀察。《書影》:「寫小照者，近則推莆田郭無疆、鞏虎林、謝文、侯彬。」《圖繪寶鑑》:「謝彬，字文侯，上虞人。久居錢塘。善寫小像。」《昭文縣志》:「劉復隱居五渠，畫師董源。」《顏氏家訓》:「梁時貴游子弟駕長簷車，躡高齒屐，坐棊子方褥。」《唐書・禮樂志》:「西涼伎有彈箏、搊箏。」洞簫，見《行路難》。王詩:「焚香坐瑤席。」彈琴，見《揖山樓》。《詩》:「觀其流泉。」蹴鞠，見《永和宮詞》。杜詩:「攤書解滿床。」《魏志・毛玠傳》:「垂髫執簡。」受書，見《行路難》第八首注。《舊唐書・高仙芝傳》:「藤橋闊一箭道，修之一年方成。」文與可詩:「頹嶺斷壑當空橫。」人境，見《題河渚圖》。《唐書・李淳風傳》:「棄官為道士，號黃冠子。」杜詩:「樱拂且薄陋。」又:「巢父掉頭不肯顧。」深巖，見《贈願雲師》。子山《小園賦》:「心則歷陵枯木。」《〈文選・頭陀寺碑文〉注》:「天竺言頭陀，此言斗擻也。斗擻煩惱，故曰頭陀。」趺坐，見《贈願雲師》注。《智度論》:「五比丘曰:佛當著何等衣?佛言應著衲衣。」

明湖夜雨天涯客，握手停杯話疇昔。人生竟作畫圖看，拂卷生綃開數尺。此段領起全篇。〇《大清一統志》:「西湖即古明聖湖。」按:「夜雨」，字蓋生魯官浙江時，梅村遇之而作。蔡文姬詩:「我將行兮向天涯。」《後漢書・李通傳》:「握手極歡。」魏文帝《秋胡行》:「旨酒停杯。」《禮》:「疇昔之夜。」陸務觀詩:「任教人作畫圖傳。」生綃，見《永和宮詞》。**長身玉立於思翁，**思，桑才切。**美人促柱彈春風。一聲兩聲玉簫急，吹落碧桃無數紅。**此聽兩姬搊箏吹洞簫圖也。〇蘇詩:「惟有長身六君子。」白詩:「玉立竹森森。」《左傳・宣二年》:「於周於思。」《注》:「多鬚貌。」謝玄暉詩:「秦箏趙瑟，殷勤促柱。」李詩:「絲管醉春風。」又:「玉簫金管坐兩頭。」郎君胄詩:「惟有碧桃千樹花。」**旁有一姝嬌倚扇，聽君手拂湘妃怨。抱琴危坐鬚飄然，知入清徽廣陵散。**此焚香彈琴圖也。〇李長吉詩:「荷塘倚扇。」《樂書注》:「琵琶女夢異人授譜，後有《湘妃怨》、《哭顏回》二徽調。」張道濟詩:「乘興抱琴過。」《史記・日者傳》:「正襟危坐。」杜詩:「飄然思不群。」《〈漢書・揚雄傳〉注》:「琴徽，所以表發撫抑之處也。」《晉書・嵇康傳》:「初，康嘗遊於洛西，宿華陽亭，引琴而彈。夜分忽有客詣之，稱是古人，與共談音律，因索琴彈之，而為《廣陵散》，聲調絕倫。」**出門逐伴車如風，築毬會飲長安中。歸來閉門閒課子，石榻焚香列圖史。**此蹴鞠、課子兩圖也。與上兩段有變化。〇元詩:「楊氏諸姨車鬪風。」韋端已詩:「永日迢迢無一事，隔街聞築氣毬聲。」《雲笈七籤》:「顏真卿為湖州刺史,與門客會飲。」　王詩:「歸來且閉關。」　戴幼公詩:「翻經石榻涼。」《唐書・楊綰傳》:「左右圖史。」**我笑此翁何太奇,彈琴蹴鞠皆能為。讀書終老豈長策,乘雲果欲鞭龍螭。神仙吾輩盡可學,六博吹笙遊戲作。不信晚年圖作佛,趺坐蒲團貪睡著。丈夫雄心竟若此,世事悠悠何足齒。興來展翫自掀髯,襆拂藤鞋自茲始。**此黃冠、布衲兩圖也。彈琴、蹴鞠、讀書,從上三圖蟬聯而下。六博、吹笙與箏簫一圖,有明暗相參之妙。是又變化中之變化也。〇《唐書・劉仁軌傳》:「天將富貴此翁耶?」《通鑑・唐紀》:「李泌曰:『臣功太高,跡太奇。』」　李義山詩:「金石刻畫臣能為。」　終老,見《避亂》。長策,見《松鼠》。《莊子》:「■■乘彼白雲。」韓詩:「豈如散仙鞭笞鸞鳳終日相追陪。」《呂氏春秋》:「龍食乎清而遊乎清,螭食乎清而遊乎濁。」　蘇詩:「神仙可學道之餘。」《楚辭》:「箟蔽象棋,有六簙些。」《注》:「投六箸,行六棊,故為之六簙。」子建《仙人篇》:「仙人攬六箸,對博泰山隅。」按:「吹笙」用王子晉事,詳《七夕即事》。遊戲,見《讀佛詩》。《金史・王若虛傳》:「不意晚年乃造仙府。」《晉書・何充傳》:「阮裕嘗戲之曰:『卿圖作佛,不亦大乎?』」《宋史・杜華老傳》:「聞卿出蜀,即蒲團、紙帳如僧然。」杜彥之詩:「醉來睡著無人喚。」《後漢書・孔融傳・論》:「其足以動義槩而忤雄心。」　王詩:「世事浮云何足問。」　杜詩:「興來今日盡君歡。」梅聖俞詩:「八軸展玩忘晨炊。」蘇詩:「相見掀髯正鶴孤。」　藤鞋,見《贈蒼雪》。杜詩:「青鞋布襪從此始。」**劉君水石謝君圖,解衣槃礴工揣摩。**叶音摹。**平生嗜好經想像,須臾點出雙清矑。置身其間真快樂,聲酒琴書資笑謔。縱然仙佛兩無成,如此溪山良不惡。**此段補敘作圖之人,於六真各有點染。〇《莊子》:「宋元君將畫圖,眾史皆至,受揖而立,舐筆和墨。一史後至,儃儃不趨,受揖不立,因之舍。公使人視之,則解衣槃礴,贏。君曰:『可矣,是真畫者也。』」《戰國策》:「朞年揣摩成。」　想像,見《西田詩》。《晉書・顧愷之傳》:「每畫人,或數年不點目睛。人問其故,曰:『傳神寫照,正在阿堵中。』」揚子雲《甘泉賦》:「玉女無所眺其清盧兮。」《易林》:「快樂無已。」白詩:「展眉時笑謔。」　元詩:「春來求事百無成。」　溪山,見《避亂》。良不惡,見《行路難》。**吾聞宗少文,曾寫尚子平。阮生長嘯逢蘇門,祖孫妙筆多天真。君不見興宗年少香山老,不及丹青似舊人。**此進一層贊生魯,謂圖可垂後也。〇《宋書》:「宗炳,字少文。」《南史・隱逸傳》:「宗少文,南陽涅陽人。孫測,亦有祖風。測字敬微,一字茂深。欲遊名山,乃寫祖少文所作《尚子平圖》於壁上。測長子賓宦在都,知父此旨,便求祿還為南郡丞,付以家事。子孫拜辭悲泣,測長嘯不返。測善圖，自圖阮藉〔註22〕遇蘇門於行鄣上，坐臥對之。」《高士傳》：「向長，字子幹，河內朝歌人也。男女嫁娶既畢，勑斷家事勿相關，遊五嶽名山，竟不知所終。」　阮生，見《行路難》。詳《蘇門高士圖》。　米元章詩：「精純入妙筆。」李詩：「隱几窅天真。」　《南史・蔡興宗傳》：「幼為父廓所重。父兄軌謂其子談曰：『我年六十，行事不及十歲小兒。』」《唐書・白居易傳》：「搆石樓香山，稱香山居士。嘗與高年不仕者繪為《九老圖》。」丹青，見《西田詩》。按：此二句謂老少殊貌而圖中之人不改也。

申鳧盟《跋少陵徐卿二子歌》曰：「此等題，雖老杜亦不能佳。蓋以牽率應酬，非所以抒寫性靈耳。」梅村集中不時或收此，然筆力恢然有餘，才餘於詩，詩餘於題，則忘其為應酬作矣。此題傳有曹秋岳作，而梅村獨為擅場，良以其開合變化，遊行自在，詩為龍而題為云，則現鱗現爪，皆饒奇趣，如《壽王鑑明》、《壽龔芝麓》之類，是能於應酬中寫性靈也。曹秋岳《題南生魯觀察六真圖》：「南公一生廊廟客，少時已許文章伯。紫綬看從鄂渚回，又向湖山拓金戟。結友場中意氣粗，目前更莫論今昔。窄衫緩帶各隨時，不寫胸懷復何益。公也瞳神黑如漆，獨坐清風起瑤席。峩然不動塵滿身，正色疋以戢兵革。是誰哲匠工此圖，雜花列嶂天饃餬。軒戶玲瓏碧煙入，肯使鳴鵙青春徂。突逢塞馬不稱意，擊毬未已還據梧。不嫌簫管太喧聒，明眸皓齒來京都。古有信陵癖如此，公方得志奚為爾。讞獄三旬犴狴空，闢門網盡珠璣士。王謝家風付阿誰，為言公有丈大子。健翮摩霄作鳳凰，繞床書馥多蘭芷。快當無憾即飛仙，那得蓬萊隔海水。餐霞默與松喬親，藥草凝香來玉京。元房之中閟深旨，雪肌長跨青麒麟。醉中唐突華陽賓，醒來又披白氈巾。不堪莊語向儒俗，逃禪往往多良辰。蕉蒲靜聽雙樹法，何異齧他妃女唇。請公自試就優劣，始也爛熳終雅馴。欲呼長康探微起，重剪縑素開鮮新。不然眼底丹青手，未許能傳變化人。」

後東皋草堂歌《蘇州府志》：「東皋在常熟縣北郭外。瞿少參汝說所構，子式耜增拓之，築浣溪草堂、貫清堂、鏡中水諸勝，為邑中亭園之最。」《明史・瞿式耜傳》：「字起田，常熟人。禮部侍郎景淳孫、湖廣參議汝說子也。」按《明史》，起田之死在大清順治七年。此詩所詠，詳其為給事中及巡撫廣西之事，意其時起田尚未死。然「一朝龍去辭鄉國，萬里烽煙歸未得」，則已微及思陵殉國、桂林偽立之事矣。梅村七律《雜感》第六首，並與此詩合，而律詩中「萬里從王擁節旄，通侯青史姓名高」，又與《明史》「封臨桂伯」合。但題用「後」字，必有《前東皋草堂歌》，逸不載耳。朱雲子曰：「■

〔註22〕「藉」，《南史》卷七十五作「籍」。

■〔註23〕陳卧子《東皋草堂和駿公太史歌》，調甚跌盪，惜未見公初唱。」〔註24〕

〔註23〕「曰■■」，稿本、天圖本、讀秀本作「平論■」。

〔註24〕按：馮其庸、葉君遠《吳梅村年譜》（文化藝術出版社2007年版，第71～72頁）：《梅村家藏稿》卷五十八《梅村詩活》：「瞿式耜，字稼軒，常熟人。繇進士為兵科給事中，好直諫，為權相所訐，與其師錢宗伯同罷歸。築室於虞山之下，曰東皋，極遊觀之盛。酷嗜石田翁畫，購得數百卷，為耕石軒藏之。未幾，里中兒飛文誣染，偕宗伯逮就獄。余時在京師，所謂《東皋草堂歌》者，贈稼軒於請室也。」

按：《東皋草堂歌》未收入《梅村家藏稿》和《梅村集》中，為佚作。數年前，該詩始被發現於董其昌一畫卷之上，乃吳偉業親筆抄錄。與其詩一起抄錄者還有《後東皋草堂歌》。二詩之後，復有偉業一段親筆題跋：「余以壬申九月遊虞山，稼軒招飲東皋草堂，極歡而罷。已，稼翁同牧齋先生被急徵於京師。余相勞請室，乃作前歌。又十餘年再遊虞山，值稼軒道阻不歸，過東皋則斷垣流水，無復昔日景物矣。乃作後歌。其長公伯申兄出董宗伯卷，並書其上。登高望遠，雲山渺然，俯仰盛衰，擲筆太息。」董其昌畫卷今藏上海博物館，馮其庸師嘗親自目驗，為真蹟無疑。《東皋草堂歌》全詩如下：「石城之側虞山陽，中有背郭之草堂。主人東皋著書者，十年放逐黃門郎。黃門三十當官立，耿介弗顧公卿揖。延英殿上賜對回，宣政門前笏子入。舊業從無好畤田，歸帆初下秣陵船。芙蓉長薄花溪裏，松桰疏林葭浦邊。南山主人偕隱處，拂水飛來灑煙樹。桂枝零落鸕鷀飛，鼓枻滄浪自來去。昨夜有人長安來，鄠西韋曲多樓臺。七貴門庭盛車騎，五陵風雨長蕪萊。丞相府居在西洛，一德格天之高閣。請地居然取考工，選徒至欲煩將作。今年黨禁聞未除，黃門北寺修捕車。選人余嘉方告變，弟子牢修且上書。人皆識為老秦筆，天門日高排不得。今日方知獄吏尊，後來不遇諸生惜。此時草堂來悲風，藤花葛蔓幽朦朧。洞庭波惡山鬼泣，猿鳥叫嘯寒崖中。南山卿雲白石爛，日月光華在天半。投匭先誅魚保家，主書早論卓英蒨。丞相足疾未上殿，七十辭官涕覆面。崇文門外送者稀，海內盛稱至尊斷。吾聞菰城下瞰杼山湖，碧瀾堂側足歡娛。三公廳事胡為乎？其如壁後崖州圖。嗚呼！乃知東皋天下無，君恩深厚草堂孤。」又按，由「丞相足疾未上殿，七十辭官涕覆面。崇文門外送者稀，海內盛稱至尊斷」等詩句，可知《東皋草堂歌》當作於溫體仁罷相之後不久。其時，錢、瞿之獄已得大白。據《明史．溫體仁傳》，其被罷相在崇禎十年六月，則《東皋草堂歌》當即作於崇禎十年六七月間。另據《牧齋初學集》卷十三卷首語和金鶴翀《錢牧齋先生年譜》，可知溫體仁罷相後，錢、瞿之獄雖已漸解，然其獲釋卻在崇禎十一年五月二十四日，故《梅村詩話》謂《東皋草堂歌》乃「贈稼軒於請室也」。

《陳忠裕公全集》卷十一《東皋草堂歌》序：「東皋草堂者，給諫瞿稼軒先生別墅也。丙子冬，奸民奉權貴意訐錢少宗伯及先生下獄，賴上明聖，數月而事得大白。我友吳駿公太史作《東皋草堂歌》以記之。時予方廬居，駿公以前歌見寄，因為屬和，辭雖不工，而悲喜之情均矣。」詩云：「虞山巖水飛不息，虞山先生高臥日。黃門從此亦拂衣，東皋平田二頃微。翳然林木草堂靜，單衣白帽娛金徽。高談王霸神情竦，江風獵獵水雲動。當時有口每借人，公業傾家非自奉。應是清流同調多，豈關失職交相重。江湖何與中書堂，當門厭爾多芬芳。田蚡久欲更廷辨，朱竝居然來上章。十年放逐念京雒，可憐入國雙銀鐺。

君家東皋枕山麓，百頃流泉浸花竹。石田書畫數百卷，酷嗜平生手藏錄。隱囊麈尾寄蕭齋，鴻鵠高飛鷹隼猜。白社青山舊居在，黃門北寺捕車來。前四句點明東皋草堂，後四句初辭東皋去也。〇杜詩：「亭午下山麓。」庾詩：「百頃濬源開。」流泉，見《六真歌序》。杜詩：「山扉花竹幽。」《明史．隱逸傳》：「沈周，字啟南，長洲人。尤工於畫。評者謂為明世第一。」唐志契《繪事微言》：「啟南號石田，又號白石翁。」《蘇州府志》：「式耜酷愛沈石田之畫，一縑片紙，搜訪不遺。搆一齋，名耕石，藏弆其中。」王詩：「隱囊紗帽坐彈棊。」《晉書．王衍傳》：「每捉玉柄麈尾，與手同色。」張宏靖《蕭齋記》：「隴西李約於江南得蕭子雲壁書飛白，蕭字與俱，載舟還洛陽仁風里第，遂建精舍，陷列於垣。蕭齋之名與此字俱傳矣。」鴻鵠高飛，見《雒陽行》注。張子壽詩：「無心與物競，鷹隼莫相猜。」張如哉曰：「子壽《感遇詩》云：『孤鴻涑上來，池潢不敢顧。今我遊冥冥，弋者何所慕。』為見嫉李林甫而作此詩。鴻鵠高飛，正用其事，非用四皓事也。」白社青山，見《贈顧雲師》。向子期《思舊賦》：「經山陽之舊居。」《後漢書．李膺傳》：「下膺等於黃門北寺獄。」**有詔憐君放君去，重到故鄉棲隱處。短策仍看屋後山，扁舟卻繫門前樹。此時鉤黨雖縱橫，終是君王折檻臣。放逐縱緣當事意，江湖還賴主人恩。**八句自京放歸，仍住東皋也。此詩二句收「鷹隼」、「捕車」等句，「放逐」二句收「有詔憐君」等句。〇《明史．式耜傳》：「崇禎元年，詔會推閣臣，禮部侍郎錢謙益以同官周延儒方言事蒙眷，慮並推則已絀，謀沮之。式耜，謙益門人也。言於當事者，擯延儒弗推，而列謙益第二。溫體仁遂發難，延儒助之。謙益奪官閒住，式耜並坐貶謫。遂廢於家。久之，常熟奸民張漢儒希體仁指，訐謙益、式耜貪肆不法，體仁主之，下法司逮。」王詩：「美君棲隱處。」陸士龍《逸民賦》：「杖短策而遂往。」淵明《五柳先生傳》：「門前有五柳樹。」鉤黨，見《讀史雜詩》。按：「折檻」用朱雲事，見《行路難》「下殿」注。《漢書．司馬遷傳》：「屈原放逐。」「當事」，出《國語》。《莊子》：「魚相忘於江湖。」鮑詩：「既荷主人恩。」

豈惟松桂無顏色，長安城中煙霧塞。金吾吏向閶門歸，告密人從丞相揖。但令深文一獄成，何難鉤黨千家及。君王神聖揮太阿，此曹深計空蹉跎。左掖門邊十步地，那知一往如流波。舊疾雖痊留不得，七月秋風下潞河。道旁小兒戟手罵，掩耳莫聽吳人歌。大街陳屍誰氏子，相公殺汝可奈何。嗚呼！男兒全身良不易，自稱騎虎終難事。可憐數載黃扉人，未識千秋青史字。何如草堂突兀山之陽，七檜偃蹇云蒼茫，飛觴樂聖凌滄浪。吾聞檻車開一匡，胥靡霖雨興殷商。生平報國殊未央，草堂何得常徜徉。」
另，可參錢仲聯《吳偉業重要佚詩前〈東皋草堂歌〉考》（《蘇州大學學報》2001年第1期）、葉君遠《《〈東皋草堂歌〉》考釋》（《文藝研究》2005年第1期）。

《式耜傳》:「比兩人就獄，則體仁已去位，獄稍解，謙益坐削籍，式耜贖徒。」**一朝龍去辭鄉國，萬里烽煙歸未得。可憐雙戟中丞家，門帖淒涼題賣宅。有子單居持戶難，呼門吏怒索家錢。窮搜廢篋應無計，棄擲城南五尺山。**張如哉曰:「『五尺』應作『尺五』。」　此段言中丞永辭東皋，其子並貨草堂也。○杜詩:「龍去白水潭。」王子安詩:「盛年眇眇辭鄉國。」　烽煙，見《宮扇》。杜詩:「故林歸未得。」　《唐書・襄城公主傳》:「門列雙戟而已。」《漢書・百官表》:「御史大夫有兩丞，一曰中丞。」《居易錄》:「秦置御史大夫，以貳丞相。漢沿其制。丞相缺，則御史大夫以次遷。即今都察院左都御史也。副都御史乃漢之御史中丞。」　《南史・庾杲之傳》:「百姓那得家家題門帖賣宅。」　韋應物詩:「單居誰能裁。」《古詩》:「健婦持門戶。」　呼門，見《塗松晚發》。杜詩:「吏呼一何怒。」《後漢書・譙玄傳》:「子瑛願奉家錢千萬，以贖父死。」《唐書・田布傳》:「又發家錢十餘萬緡。」　窮搜，見《蟋蟀盆歌》。廢篋，見《宮扇》。杜詩:「無計回船下。」杜牧之《阿房宮賦》:「棄擲邐迤。」《辛氏三秦記》:「城南韋杜，去天尺五。」**任移花藥鄰家植，未剪松杉僧舍得。漁舟網集習家池，官道人牽到公石。石礎雖留不記亭，槿籬還在半無門。欹橋已斷連僵柳，醉壁誰扶倚瘦藤。尚有荒祠叢廢棘，豐碑草沒猶堪識。堦前田父早歌呼，陌上行人增歎息。**十二句寔寫賣宅。「田父」、「行人」暗引起下文「扶杖」等語。○《南史・徐湛之傳》:「花藥成行。」　劉文房詩:「松杉雨聲夕。」許仲晦詩:「僧舍覆碁消白日。」　杜詩:「漁人網集澄潭下。」《晉書・山簡傳》:「諸習氏，荊土豪族，有佳園池。簡每出遊戲，多之池上。」　祖詠詩:「作鎮當官道。」《南史・到溉傳》:「溉齋前有奇僵石，帝戲與賭之，溉輸焉，迎置華林園。移石之日，都下縱觀，所謂到公石也。」　吳匏菴詩:「泛泛漸於亭礎近。」　沈休文詩:「槿籬疏復密。」杜詩:「亂後吾還在。」　庾詩:「欹橋久半斷。」《三輔故事》:「人柳一日三眠三起。」《漢書・劉向傳》:「上林僵柳復起。」　皮襲美詩:「束竿時倚壁。」范致能詩:「扶行瘦比藤。」　溫飛卿詩:「一逕入荒祠。」《易》:「置於叢棘。」　豐碑，見《讀西臺記》。草沒，見《夜宿阜昌》。《漢書・項羽傳》:「問一田父。」「歌呼，見《直溪吏》。　唐昭宗詞:「陌上行人去。」**我初扶杖過君家，開尊九月逢黃花。秋日溪山好圖畫，石田真蹟深諮嗟。傳聞此圖再易主，同時賓客知存幾。又見溪山改舊觀，雕欄碧檻今已矣。搖落深知宋玉愁，衡陽雁斷楚天秋。斜暉有恨家何在，極浦無言水自流。**此追敘前到草堂與中丞讌樂之盛，而今不可復得也。○扶杖，見《送何省齋》。　杜詩:「開尊獨酌遲。」《月令》:「季秋之月，鞠有黃華。」　杜詩:「王宰始肯留真蹟。」李詩：「側身西望長諮嗟。」《公羊傳》：「所傳聞異辭。」《後漢書．王暢傳》：「則海內改觀。」《晉書．王羲之傳》：「頓還舊觀。」　雕欄，見《宮扇》。　杜詩：「搖落深知宋玉悲。」　庾詩：「近學衡陽雁。」楚天，見《送何省齋》。　徐孝穆詩：「岸水帶斜暉。」《買愁集》引明建文帝詩：「乾坤有恨家何在，江漢無情水自流。」《楚辭》：「望涔陽兮極浦。」**我來草堂何處宿，挑燈夜把長歌續。十年舊事總成悲，再賦閒愁不堪讀。魏寢梁園事已空，杜鵑寂寞怨西風。平泉獨樂荒榛裏，寒雨孤村聽暝鐘。**此言今到草堂，而中丞之零落已不可問也。〇庾詩：「御史府中何處宿。」　盧詢詩：「挑燈更惜花。」《古樂府》有《長歌行》。按：「續長歌」則必有《前東皋歌》矣。　白詩：「舊事思量在眼前。」　杜彥之詩：「有底閒愁得到心。」岑參詩：「若到銅臺上，應憐魏寢荒。」杜詩：「醉舞梁園夜，行歌泗水春。」　杜鵑，見《行路難》。李詞：「西風殘照，漢家陵闕。」《大清一統志》：「平泉莊在河南府洛陽縣南二十里，唐李德裕園也。」又：「獨樂園在河南府城南，司馬光判西京留臺時作。」孫興公《遊天台山賦》：「披荒榛之家蒙籠。」　阮嗣宗《東平賦》：「寒雨淪而下降。」陸務觀詩：「荻花楓葉泊孤村。」王道思詩：「猶記聽朝鐘。」

嘗讀東坡謝表：「雖至仁屢赦，而眾議不容。」又：「既眾人皆以為可誅，雖明主不得而獨赦。」可謂立言有體。「放逐」二句，為得其意。《大清一統志》：「式耜以右僉都御史巡撫廣西，後留守桂林，加大學士，封臨桂伯。兩粵皆倚以為重。」故云「萬里烽煙」、「雙戟中丞」也。然其時莊烈已崩，明祚已亡，故有「一朝龍去」語。而「雁斷楚天」，正與巡撫廣西，留守桂林合。「斜暉」以比偽監國者。「家何在」仍指東皋。「極浦」句則指楚粵也。「魏寢梁園事已空」者，其時福世子由崧已出奔，而福藩本封於洛陽，故用梁魏字，而以杜鵑悲之也。「平泉獨樂」，仍說歸草堂，是詩律細處。　按：《五代史》不為韓通立傳，而《元史》於蔡子英、伯顏子中等闕然不載，革除之際，忌諱宏多，亡國之大夫，其湮沒而不彰者眾矣。《明史》列擴郭等於徐、常之前，而以瞿式耜止，褒忠魂於地下，所以振士氣，扶人紀也。讀《五經進士墓表》，知譚元孩之家門尚在；讀《後東皋草堂歌》，知起田之子姓未誅。時方用兵，而本朝寬大之恩包乎宇宙之外，激勸忠義，可以為萬世法矣。　按：李德裕，贊皇人，《河南府志》亦以平泉為德裕舊莊，蓋在其分司東都時歟？別詳《雕橋莊歌》。

汲古閣歌此詩贈汲古圖主人毛子晉也。晉見前。《竹垞詩話》：「隱君性好儲藏秘冊，中年自群經、十七史以及詩詞曲本、唐宋金元別集、稗官小說，靡不發雕，公諸海內，其有功於藝苑甚鉅。」

嘉隆以後藏書家，天下毗陵與琅琊。整齊舊聞收放失，後來好事知誰及。比聞充棟虞山翁，里中又得小毛公。搜求遺逸懸金購，繕寫精能鏤板工。此段歷舉藏書之人，引出子晉。○嘉隆，見《送施愚山》。「藏書，見《歸雲洞》。《大清一統志》：「常州府武進縣，漢置毘陵縣。」《明史・唐順之傳》：「字應德，武進人。盡取古今載籍，剖裂補綴，區分部居，為左、右、文、武、儒、稗六編，傳於世。」《唐書・宰相世系表》：「王氏出自姬姓。離，字明，武城侯。二子：元、威。元避秦亂，遷於瑯琊。」《明史・文苑傳》：「王世貞，字元美，太倉人。生有異稟，書過目終身不忘。」《史記・太史公自序》：「整齊百家雜語。」又：「網羅天下放失舊聞。」《漢書・揚雄傳》：「時有好事者載酒肴從遊學。」柳子厚《陸文通墓表》：「其為書，處則充棟宇，出則汗牛馬。」《大清一統志》：「虞山在常熟縣西。」里中，見《哭志衍》。鄭氏《詩譜》：「魯人大毛公為《詁訓傳》於其家。河間獻王得而獻之，以小毛公為博士。」《晉書・干寶傳》：「搜遺逸於當時。」《後漢書・黨錮傳・序》：「或有逃遁不獲，皆懸金購募。」蘇詩：「百金購書收散亡。」《宋書・自序》：「繕寫已畢。」方雄飛詩：「精能皆自意中生。」《宋史・王雱傳》：「鏤板鬻於市。」

緜來斯事推趙宋，歐虞楷法看飛動。集賢院印校讎精，太清樓本裝潢重。損齋手跋為披圖，蘇氏題觀在直廬。館閣百家分四庫，巾箱一幅盡三都。此段引古。○《宋史・太祖紀》：「姓趙氏。」《唐書・歐陽詢傳》：「字信本，潭州臨湘人。初倣王羲之書，後險勁過之，因自名其體。」又，《虞世南傳》：「趙州餘姚人，字伯施。始學書於浮屠智永，究其法，為世秘愛。」又，《選舉志》：「楷法遒美。」杜詩：「意愜關飛動。」《宋史・職官志》：「元祐初，復置直集賢院校理。五年，置集賢院學士。詔禮部本省長貳定校讎之課，月終具奏。」又，《藝文志》：「真宗時，命三館寫四部書二本，置禁中之龍圖閣及後苑之太清樓。」《唐書・百官志》：「校讎郎掌 校理典籍，刊正錯謬。有搨書手筆匠三人，熟紙裝潢匠八人。」《客退記談》：「《唐六典》有裝潢匠，謂裝成而以蠟潢紙也。」《宋史・地理志》：「損齋，紹興末建，貯經史書，為燕坐之所。」又，《陸游傳》：「游奏：陛下以損名齋，自經籍翰墨外，屏而不御。」《篇海》：「足後為跋，故書文字後曰跋。」子山《馬射賦序》：「披圖而巡洛。」屠赤水《考槃餘事》：「帖今存者，蘇子瞻書《表忠觀碑》。」程迓亭曰：「詩謂高宗曾跋此碑也。」《漢書音義》：「直宿曰廬。」陸士衡詩：「厭直承明廬。」《宋史・真宗紀》：「詔：近臣知雜御史、尚書省五品及帶館閣三司職者。」《莊子》：「百家之學，時或稱而道之。」四庫，見《遇南廂園叟》。《南史・齊衡陽王傳》：「手自細寫五經，部為一卷，置於巾箱中，以備遺忘。」孔武仲詩：「方嫌一幅論萬里。」《晉書・左思傳》：

「造《齊都賦》，一年乃成。復欲賦三都，遂構思十年。」**本朝儒臣典制作，累代縹緗輸秘閣。徐廣雖編石室書，孝徵好竊華林略。兩京太學藏經史，奉詔重脩賜金紫。高齋學士費飡錢，故事還如寫黃紙。**此段近事。○《史記·禮書》：「乃采風俗，定制作。」　縹緗，見《遇南廂園叟》。《南史·謝靈運傳》：「使整秘閣書遺闕。」《明史·藝文志》：「秘閣貯書約二萬餘部，近百萬卷。」　《宋書·徐廣傳》：「字野民，東莞姑幕人也。晉孝武帝以廣博學，除為秘書郎，校書秘閣。」按：《南史》：「字野人。」《漢書·司馬遷傳》：「紬史記石室金鐀之書。」　《北齊書·祖珽傳》：「字孝徵，范陽狄道人也。文襄州客至，請賣《華林徧略》。文襄多集書人，一日一夜寫畢。珽以《徧略》數帙質錢樗蒱，文襄杖之四十。文宣作相，珽又盜官《徧略》一部。事發，文宣付推檢。」　按：「兩京太學」謂北京、南京兩國子監也。　《唐書·李泌傳》：「帝聞，因賜金紫。」　《南史·庾肩吾傳》：「為晉安王國常侍，抄撰眾籍。豐其果饌，號高齋學士。」《一統志》：「高齋在襄陽府城內。」《襄沔記》：「襄陽刺史宅有高齋。梁簡文為晉安王，鎮襄陽日，引劉孝威等於此齋綜覈詩集，時號為高齋學士。」《漢書·高后紀》：「幸得賜餐錢。」　《晉書·劉卞傳》：「試經為臺四品吏。訪問令寫黃紙一鹿車，卞曰：『劉卞非為人寫黃紙者也。』」《明史·藝文志》：「明萬曆中，修撰焦竑修國史，輯《經籍志》，號稱詳博。然延閣廣內之藏，竑亦無從遍覽，則前代陳編，何憑記錄？區區掇拾遺聞，冀以上承《隋志》，而贗書錯列，徒滋訛舛。」**釋典流傳自洛陽，中官經廠護焚香。諸州各請名山藏，總目難窺內道場。南湖主人為歎息，十年心力恣收拾。史家編輯過神堯，律論流通到羅什。**前四句旁及釋老之書，後四句歸重子晉，而以「史家」句收「儒臣製作」一段，「律論」句收「釋典流傳」等語也。○《南史·梁武帝紀》：「尤長釋典。」《顏氏家訓》：「何況書寫流傳耶？」《一統志》：「白馬寺在故洛陽城。西漢明帝時，摩騰竺法蘭初自西域，以白馬馱經而來，舍於鴻臚寺，遂取專為名，創置白馬寺。此僧寺之始也。」　《後漢書·宦者傳·論》：「於是中官始盛焉。」《燕都遊覽志》：「皇城內西隅有大藏經廠，隸司禮監，寫印上用書籍及造制敕龍箋處。」焚香，見《讚佛詩》。　《漢書·司馬遷傳》：「藏之名山。」　《明史·藝文志》：「《釋藏目錄》四卷，佛經六百七十八函。」　內道場，見《讚佛詩》。　南湖，見《讀西臺記》。　《宋史·岳飛傳》：「十年之力，廢於一旦。」收拾，見《讚佛詩》。　《南史·劉苞傳》：「手自編輯，筐篋盈滿。」《唐書·高祖紀》：「上元元年，改謚神堯皇帝。」　律論、羅什，見《贈蒼雪》注。**當時海內多風塵，石經馬矢高丘陵。已壞書囊縛作褲，復驚木冊摧為薪。君家高閣偏無恙，主人留宿傾家釀。醉來燒燭夜攤書，雙眼摩挲覺神王。**此段言明季兵火而汲古閣板籍獨存也。○風塵，見《哭志衍》。《後漢書・蔡邕傳》：「熹平四年，奏求正定六經文字，書冊於碑，鐫刻立太學門外。」《注》：「石經四部。」《左傳・文十八年》：「殺而埋之馬矢之中。」《後漢書・儒林傳・序》：「董卓移都之際，辟雍、東觀、蘭臺、石室、宣明、鴻都諸藏典策文章，競共剖散。其縑帛圖書，大則連為帷蓋，小則製為縢囊。」《北齊書・文宣紀》：「書囊成帳。」《隋書・牛弘傳》：「孝獻移都，吏民擾亂，圖書縑帛皆取為帷囊。」《宋書・劉穆之傳》：「壞布裳為袴。」程迓亭曰：「冊乃竹簡。今書鏤板，故云木冊。」古詩：「松柏摧為薪。」《明史・藝文志》：「先是秘閣書籍皆宋元所遺，無不精美，裝用倒摺，四周外向，蟲鼠不能損。迄流賊之亂，宋刻元鐫胥歸殘闕。」無恙，見《下相懷古》。《後漢書・鄧禹傳》：「因留宿間語。」韓詩：「爛漫倒家釀。」杜詩：「檢書燒燭短。」又：「攤書解滿床。」孟東野詩：「春芳役雙眼。」摩挲，見《行路難》。《莊子》：「神雖王，不善也。」**古人闕書借三館，羨君自致五千卷。又云獻書輒拜官，羨君帶索躬耕田。伏生藏壁遭書禁，中郎秘惜矜談進。君獲奇書好示人，雞林巨賈爭摹印。讀書到死苦不足，小學雕蟲置廢簏。君今萬卷盡刊訛，邢家小兒徒碌碌。客來詩酒話生平，家近湖山擁百城。不數當年清秘閣，亂離蹤跡似雲林。**此段讚美子晉，反覆詠歎之也。○按：闕書之闕，猶索也。《史記・封禪書》：「因巫為主人闕飲食。」《晉書・皇甫謐傳》：「自表就帝借書，帝送一車書與之。」《歸田錄》：「唐兩京皆有三館，而各為之所，逐館命修撰文字。而本朝三館合為一，竝在崇文院中。」《北史・崔儦傳》：「不讀五千卷書者無得入此室。」《國語》：「史獻書。」《漢書・藝文志》：「大收篇籍，廣開獻書之路。」《輟耕錄》：「至正六年，朝廷開局，修《宋》、《遼》、《金》三史，詔求遺書，有一〔註25〕書獻者予一官。」劉文房詩：「芸香早拜官。」《列子》：「榮啟期鹿裘帶索，鼓琴而歌。」《漢書・卜式傳》：「齊相雅行躬耕。」伏生句，見《壽王鑑明》。中郎，見《又詠古》。袁山松《後漢書》：「王充所作《論衡》，蔡邕入吳始得之，恒秘玩，以為談助。其後王朗為會稽太守，又得其書。及還許下，時人稱其才進。或曰：不見異人，當得異書。問之，果以《論衡》之益，由是遂見傳焉。」奇書，見《讀西臺記》。《唐書・白居易傳》：「最工詩，雞林行賈售其國相，率篇易一金。」《漢書・藝文志》：「通知古今文字、摹印、章書、幡信也。」《書》：「惟日不足。」《〈後漢書・盧植傳〉注》：「前書謂文字為小學也。」《揚子法言》：「或問吾子好賦。曰：然。童子雕蟲篆刻。俄而曰壯夫不為也。」《〈三國志・曹植傳〉注》：「以車載廢簏。」《宋史・藝文志》：「許奕《正訛》一卷。沈立

〔註25〕「一」，乙本作空格。

《稽正辨訛》一卷。」《北齊書・邢邵傳》:「袁翻以邵藻思華贍，深嫉之。每告人云:『邢家小兒當客作章表，自買黃紙寫而送之。』」碌碌，見《讀西臺記》。　話生平，見《遇劉雪舫》。《北史・李謐傳》:「丈夫擁書萬卷，何假南面百城。」《明史・隱逸傳》:「倪瓚，字元鎮，無錫人也。其所居有閣曰清秘，自號雲林居士。兵興，富家悉被禍，獨不罹患。」

潘皆山曰:「朱竹垞謂石經肇自蔡邕，歲久淪缺。至唐，鄭覃、周墀復勒於京兆。後唐長興中，始更傳寫為雕板。然則鏤板殆昉於後唐歟？」

送志衍入蜀按:《志衍傳》:「其後乃得蜀之成都。」此詩當作於志衍之官時也。

去年秋山好，君走燕雲道。今年春山青，君去錦官城。秋山春山何處可為別，把酒欲問橫塘月。人影將分花影稀，鐘聲初動簫聲咽。此段點過題面。○郭熙《山水訓》:「春山淡冶而如笑，秋山明淨而如粧。」《宋史・地理志》:「宣和四年，又置燕山府及雲中府路。」又，《劉正夫傳》:「從容及燕雲事。」錦官城，見《哭志衍》。　李詩:「何處可為別。」　杜詩:「把酒宜深酌。」《六朝事蹟》:「吳大帝時，自江口沿淮築堤，謂之橫塘。」《大清一統志》:「橫塘在吳縣西南十里。」《酉陽雜俎》:「人影欲深，深則貴而壽。」司空表聖詩:「花影午時天。」《禮》:「鐘聲鏗。」李詞:「簫聲咽。」**我昔讀書君南樓，夜寒擁被譚九州。動足下床有萬里，駑馬伏櫪非吾儔。當時東國賤男子，傲岸平生已如此。今朝乘傳下西川，賨戶巴人負弓矢。**賨音悰。　此段俯仰今昔。○《晉書・庾亮傳》:「共登南樓。」　杜詩:「無衣床夜寒。」《北齊書・李元忠傳》:「擁被對壺。」九州，見《避亂》。《南史・垣榮祖傳》:「公今動足下床，恐便有叩臺門者。」《世說》:「袁彥伯曰:『居然有萬里之勢。』」《楚辭》:「將隨駑馬之足乎？」曹孟德《樂府》:「老驥伏櫪。」《〈三國志・魏武志〉注》:「劉備，吾儔也。」《南史・袁昂傳》:「臣東國賤人。」又:「直是陳國賤男子耳。」　鮑詩:「傲岸平生中。」《史記・司馬相如傳》:「馳四乘之傳。至蜀，縣令負弩矢先驅，蜀人以為寵。」《群碎錄》:「乘傳，傳以木為之，長五寸。書符信於上，又以一板封之，皆封以御史印章，所以為信也。」「西川，見《宮扇》。左太沖《蜀都賦》:「東有巴賨。」**黃牛喘怒喋銀濤，崩剝蒼崖化跡勞。石斷忽穿風雨過，山深日見魚龍高。江頭老槎偃千尺，接手猿猱擲橡栗。雲移斷壁層波見，月上危灘遠峰出。縹緲樓臺白帝城，月明吹角唱花卿。棧連子午愁烽堠，水落東南洗甲兵。摩訶池上清明火，**叶後五切。**蹲鴟山下巴渝舞。豈有居人浣百花，依然風俗輸銅鼓。有日登臨感**

客遊，楚天飛夢入江樓。五湖歸思蒼波闊，十月懷人木末愁。此歷指志衍道途之所經與入境時之所見。後四句則以志衍之思鄉思友，從對面寫出送字。〇《一統志》:「黃牛山在湖北宜昌府東湖縣西北八十里。」《水經》:「江水又東逕黃牛山。」銀濤，見《宮扇》。　韋應物詩:「牆宇咸崩剝。」蒼崖，見《臨江參軍》。鮑詩:「深崖伏化跡。」　又:「蘭焚石既斷。」杜詩:「風雨亦來過。」　又:「魚龍偃仰高。」《宣和畫譜》:「宋迪多喜畫松，而枯槎老枿，或高或偃。」　劉孝威詩:「度行過接手。」　猿猱，見《閬州行》。《唐書・杜甫傳》:「負薪採橡栗白給。」　陰子堅詩:「雲移蓮勢出。」杜詩:「翠深開斷壁。」層波，見《西田詩》。　何仲言詩:「初月波中上。」王元之詩:「燒盡峰巒出。」　杜《題白帝城最高樓》詩:「獨立縹緲之飛樓。」《後漢書・郡國志》:「巫西有白帝城。」詳《送張玉甲》注。　杜詩:「吹角向月窟。」又，《贈花卿》詩:「錦城絲管日紛紛，半入江風半入雲。此曲祇應天上有，人間能得發回聞。」張如哉曰:「楊升庵云:『當時錦城妓女獨以此詩入歌。』郭茂倩《樂府》云:『唐曲水調歌後六疊入破第二，即此詩。』故曰『唱花卿』。」　《一統志》:「連雲棧在漢中府褒城縣北。子午谷在漢中府洋縣東北。」元詩:「烽堠各崎嶇。」　子瞻《後赤壁賦》:「水落石出。」杜詩:「淨洗甲兵常不用。」　〔註26〕《一統志》:「摩訶池在成都府城內，蕭摩訶所置。」《唐會要》:「清明取楡柳之火，以賜近臣。」　《史記・貨殖傳》:「吾聞汶山之下，沃野，下有蹲鴟。」《正義》曰:「言邛州臨邛縣其地肥又沃，平野有大芋等也。」巴渝，見《閬州行》。　《詩》:「巷無居人。」《一統志》:「浣花溪在成都縣西五里，一名百花譚，唐杜子美居此。」　《桂海器物志》:「銅鼓，古蠻人所用。南邊土中時有掘得者，相傳為馬伏波所遺。」　《晉書・阮籍傳》:「或登臨山水。」《南史・劉瓛傳》:「託跡客遊之末。」　楚天，見《送何省齋》。《一統志》:「夔州府，戰國屬楚。」范彥龍詩:「飛夢到郎邊。」謝靈運詩:「繫纜臨江樓。」　五湖，見《避亂》。杜必簡詩:「婦思欲沾巾。」杜詩:「蒼波噴浸尺度足。」　《詩》:「嗟我懷人。」木末，見《縹緲峰》。**別時曾折閶門柳，相思應寄郫筒酒。未下鹽豉誰共嘗，蜀中蒟醬君知否。愧予王粲老江潭，愁絕空山響杜鵑。乞我瀼西園數畝，依君好種灌溪田。**此段收足「送」字意。末欲赴蜀相依，是深一步寫「送」字也。〇《三輔黃圖》:「灞橋在長安東，跨水作橋。漢人送客至此橋，折柳贈別。」《吳越春秋》:「立閶門者，以象天門，通閶闔風也。闔閭欲破楚，楚在西北，故立閶門，以通天氣，復名破楚門。」盧公武《蘇州府志》:「西北門也。」　郫筒酒，見《哭志衍》。　鹽豉，見《哭志衍》。　嵇含《草木狀》:「蒟醬，蓽茇也。」　《三國

〔註26〕第二空格，天圖本、讀秀本作■。

志・王粲傳》:「字仲宣，山陽高平人。之荊州，依劉表。」《楚辭》:「遊於江潭。」　戴幼公詩:「蘆笳一聲愁絕。」王詩:「千山響杜鵑。」《字典》:「凡輿人物，亦曰乞。」《漢書・朱買臣傳》:「吏卒更乞匄之。」《注》:「音氣。」《晉書・謝安傳》:「謂甥羊曇曰:『以墅乞汝。』」《一統志》:「大瀼水在夔州府奉節縣東。」《方輿覽勝》:「千頃池一道南流為西瀼水。」杜有《將別巫峽贈南卿兄瀼西果園四十畝》詩。《唐本事詩》:「胡麻好種無人種。」《一統志》:「灌縣在成都府西北一百二十五里。羊灌田戍在灌縣西。」

按:《晉書・陸機傳》、《世說新語》俱作「未下鹽豉」，後人疑「未」字為「末」字之訛。高澹人曰:「末下，吳地名。北人問陸機曰:『羊酪之美，江東何物可並？』機云:『有千里蓴羹，末下鹽豉耳。』注:千里、末下皆蘇州境。後人訛『末』為『未』。蘇東坡詩:『每懷蓴菜下鹽豉』及『肯將鹽豉下蓴羹』，皆誤也。」今按:《一統志》、《蘇州府志》未詳此地名。梅村以「末下」對「蜀中」，則作「末」字用矣。

清風使節圖吾郡先達徐仲山中丞以武部郎奉命封鄭藩當時諸賢贈行作也中丞於先參政為同年勿齋先生屬予記其事勿齋敕使益府予亦有大梁之役兩家子弟述先志揚祖德其同此君歲寒矣《詩》:「穆如清風。」《周體》:「地官掌邦國之使節。」按:梅村《京江送遠圖歌序》，高祖遯菴公由敘州守參政河南，而此詩云「豫州牧」，則參政即遯菴也。觀「一麾出守」語，《使節圖》蓋成於《送遠圖》之後者。　《後漢書・朱暉傳》:「初，暉同縣張堪素有名稱。暉以堪先達。」《蘇州府志》:「徐源，字仲山，居長洲之瓜涇。成化十一年進士，授工部主事，改兵部。歷職方員外郎、武選郎中，出為廣東參政，遷浙江右布政、湖廣左布政，擢右副都御史，巡撫山東。」中丞，見《後東皋歌》。　《明史・職官志》:「兵部武選司郎中一人，正五品。」　又，《諸王傳》:「鄭靖王瞻埈，仁宗第二子。就藩鳳翔，詔遷懷慶。子簡王祁鍈，弘治八年薨，世子見滋先卒，子康王祐枔嗣。」按:《京江送遠圖歌序》成於弘治五年，而此詩中已有「一麾出守」語，則必為五年以後之事。其封鄭藩，似於祐枔為近。然《明史・諸王表》，祐枔以弘治十四年襲封，而志稱遯菴為敘州凡九年。又，真丘王見湝，簡庶十二子，弘治十年封。未詳中丞所封為祐枔、為見湝矣。　《送遠圖歌序》:「公諱愈，字惟謙，一字遯菴。成化乙未進士。」　《艮齋雜說》:「徐昭法孝廉，勿齋先生子也。」《一統志》:「徐汧，字九一，長洲人。歷官右庶子。南都陷，投虎丘新塘橋下死。枋字昭法，汧長子。」按:此則勿齋即汧耳。　元詩:「去年勅使因斫竹。」《明史・諸王表》:「益王祐檳，憲宗庶六子。弘治八年就藩建昌府。」按:建昌府在江右。勿齋使益府，蓋祐檳之後也。　又，梅村《贈蕭明府詩序》:「余年三十有一，以己卯七月奉命封延津、孟津兩王於禹州。過汴梁，登梁孝王臺。」所謂大梁之役也。己卯為崇禎十二年，延津、孟津皆徽莊王見沛之後。《明史·見沛傳》:「英宗第九子，成化十七年就藩鈞州。」而《世表》:延津王常溇萬曆四十三年封，長子既而襲封；孟津王翊鍰萬曆三十四年封，長子四十年襲封；皆不載常溇、翊鍰之子。而陳文貞表墓止云奉使河南封藩，則未詳梅村所封者其名孰是也。《大清一統志·禹州表》:「金大定二十四年，更名鈞州，屬南京路。元屬汴梁路。明萬曆三年，改名禹州，屬開封府。」又:「徽王府在禹州城內。」據此，則成化時之鈞州即崇禎時之禹州也。《魏書·高祖紀》:「思隆先志。」　祖德，見《送何省齋》。《晉書·王徽之傳》:「嘗寄居空宅中，便令種竹。曰:『何可一日無此君耶！』」白《詠竹》詩:「應能保歲寒。」

豫章夾日吟高風，歲久蟠根造物功。吾祖先朝豫州牧，早年納節東溪翁。舅家仲圭擅畫竹，歸老山莊看亦足。至今遺墨滿縹緗，掛我青溪草堂曲。此段從參政說起，而以參政之圖作襯。○司馬長卿《上林賦》:「楩枏豫章。」《左傳·哀六年》:「有云如眾赤鳥，夾日以飛三日。」《伊洛淵源錄》:「吟風弄月以歸。」　杜詩:「吾祖詩冠古，同年蒙主恩。豫章夾日月，歲久空深根。」又:「仙李蟠根大。」子瞻《喜雨亭記》:「造物不自以為功。」　《左傳·昭十七年》:「吾祖也，我知之。」子建《與楊德祖書》:「昔揚子雲，先朝執戟之臣耳。」《書》:「荊河惟豫州。」　《晉書·陸機傳·論》:「馳英華於早年。」李季章《王荊公詩注》:「半山寺，即公故宅也。再罷政，以使相判金陵。到任即納節，固辭同平章事。」《明統志》:「東溪在成都府簡州東三里。」按:詩意亦指參政曾官於蜀故耶？　顧俠君《元詩選》:「吳鎮，字仲珪，嘉興人。所居曰梅花庵，自署梅花庵主，又號梅花道人。有《畫竹十二首》、《畫竹七首》、《畫竹詩》。」　歸老，出《史記·萬石君傳》。《宋史·文苑傳》:「李公麟，字伯時，舒州人。第進士。歸老，肆意於龍眠山巖壑間。雅善畫，自作山莊圖。」　蘇詩:「粉本遺墨開明窗。」縹緗，見《遇南廂園叟》。　《大清一統志》:「青溪在江寧府上元縣東北。」《上元縣志》:「今自舊內傍邊出淮清橋，與秦淮河合者，是青溪所存之一曲也。」**此圖念出同年生，當時意氣稱徐卿。非買玉環思適鄭，暫持翠節解司兵。吾祖一麾方出守，不獲諸公同載酒。把臂曾看韋曲花，贈行不及漳河柳。誰人尺幅寫篔簹，影入清郎四牡裝。千里故園存苦節，百年舊澤養新篁。**此段從中丞說到參政，點出《清風使節圖》。「新篁」字引起下文。○《宋史·王禹偁傳》:「同年生羅處約。」　意氣，見《贈李雲田》。杜詩:「君不見徐卿二子生絕奇。」　《左傳·昭十六年》:「宣子有環，其一在鄭商。宣子謁諸鄭伯，子產弗與。」　杜詩:「幾時來翠節。」按:武選司屬兵部。此言中丞因奉使節，暫解部務也。　顏延年詩：「一麾乃出守。」　載酒，出《漢書·揚雄傳》。《後漢書·呂布傳》：「臨別，把臂言誓。」《一統志》：「韋曲在西安府咸寧縣南。」杜詩：「韋曲花無賴。」　漳河，見《讀鄭世子傳》。　左太沖《吳都賦》：「其竹則篔簹林箊。」子瞻《文與可畫篔簹谷偃竹記》：「與可以所畫篔簹谷偃竹遺予，曰：『此竹數尺耳，而有萬尺之勢。』」《北史·袁聿修傳》：「尚書邢邵每省中語戲，常呼聿修為清郎。」《詩》：「四牡騑騑。」《易》：「苦節不可貞。」　按《竹譜》：「半筍謂之初篁。」**今皇命使臨江右，絳幡人識中丞後。江左龍孫篠簜長，淇園鳳質琅玕瘦。嶰谷千尋鸞鳥呼，彭城一派雨風多。**叶音趨。**願將十丈鵝溪絹，再作青青玉筍圖。**此段言勿齋出使，即《序》中末段意。「江左龍孫」關合勿齋為中丞之孫，「淇園」關合大梁之役。〇《南史·顏延之傳》：「江右稱潘陸，江左稱顏謝焉。」　張文昌詩：「戍亭當嶺見紅旛。」中丞，見《後東皋歌》。《東齋記事》：「辰州有一種小竹，曰龍孫竹，生山谷間，高不盈尺，細如鍼。」《書》：「篠簜既敷。」《漢書·溝洫志》：「下淇園之竹以為楗。」聶夷中詩：「碧簫吹鳳質。」元《種竹詩》：「一一青琅玕。」　嶰谷，見《讀鄭世子傳》。蘇詩：「世間亦有千尋竹。」楊廉夫詩：「嶰竹和鳴雙鳳凰。」《洽聞記》：「蔡衡曰：『多赤色者鳳，多青色者鸞。』」　子瞻《文與可畫竹記》：「與可以書遺余曰：『近語士大夫，吾畫竹一派，近在彭城，可往求之。』書尾復寫一詩，其略曰：『擬將一段鵝溪絹，掃取寒梢萬尺長。』」《東坡詩注》：「鵝溪在梓州鹽亭縣，出絹甚良。」別詳《洗象圖》。《唐書·李宗閔傳》：「宗閔典貢舉，所取多知名士，世謂之玉筍。」

吳詩補注

卷四

行路難

其二程迓亭曰：「此衹言闖賊入京，重器毀敗耳。」蘇天爵《元文類》：「郭守敬於世廟朝進七寶燈漏。今大明殿每朝會張設之，其中鍾鼓皆應時自鳴。」七龍五鳳，亦燈漏餙也。詩意以此尤宮殿之重器，故特言之。而因以冰燈形其詭麗，非詠正月十五日事也。〇**狂花**子山《小園賦》：「狂花滿屋。」**黑風吹來**蘇詩：「天外黑風吹海立。」**鐵柱倒塌銅盤傾**《易林》：「金梁鐵柱，千年牢固。」《三輔故事》：「建章宮承露盤高二十六丈，大七圍，以銅為之。」按：梅村《琵琶行》「鐵鳳銅盤柱摧塌」，則此句不必指燈言矣。〇**青蔥**沈休文詩：「山東萬里鬱青蔥。」又：「青蔥標暮色。」前注蔥青，非是。〇**身毒**《史記索隱》：「身音捐，毒音篤。」《漢書音義》：「一名天竺。」師古曰：「今之天竺，蓋身毒聲轉為天篤，篤省文作竺，又轉為竺音。」〇**知交**《鄭當時傳》：「然其遊知交皆人父行，天下有名之士也。」**停車**子山《春賦》：「停車小苑。」〇**收族**《漢書・刑法志》：「周勃、陳平奏言：凡父母妻子同產相坐及收，所以累其心，使重犯法也。」《蘇武傳》：「收族陵家，為世大戮。」**妻子不敢哭**《後漢書・馬援傳》：「援妻孥惶懼，不敢以喪還。」〇**我初從軍縛袴褶**鮑詩：「我初辭家從軍僑。」**爵賞**《禮》：「見爵賞之施焉。」**坐我上**《唐書・尉遲敬德傳》：「爾何功，坐我上？」**糾**《書・冏命》：「繩愆糾謬。」《疏》：「糾謂發舉其愆過。」**不敢出**江詩：「秦兵不敢出。」〇**俠遊**按：《〈後漢書・朱浮傳〉注》：「俠遊，耿況字。」然此詩衹是倒用遊俠字耳。**高軀峩峩下荊楚**陸務觀詩：「峩舸大編下荊州。」〇**樽中**《後漢書．孔融傳》：「樽中酒不空。」**夜唱**劉商詩：「思歸夜唱竹枝歌。」〇**結帶**鮑詩：「結帶與君言。」〇**阮生**劉越石《答盧諶書》：「近嘉阮生之放曠。」

永和宮詞

鍾王鍾，詳《送遠圖歌》。王，詳《觀通天帖》。**瓊函**皮襲美詩：「瓊函靜啟從猿覷。」**階下**李詩：「一辭玉階下。」**竇氏專**《唐書．武平一傳》：「竇氏專縱，丁鴻進諫。」**微聞**見《讚佛詩》補注。**玩花**梁肅《晚春會集詩序》：「搴英翫花，以賞景物。」**侍人**《左傳．莊二十八年》：「御人以告子元。」杜《注》：「御人，夫人之侍人。」**叢臺置酒風蕭索**張如哉曰：「曾純甫《邯鄲道上望叢臺有感》詞：『風蕭索，邯鄲古道傷心客。傷心客，繁華一瞬，不堪思憶。　叢臺歌舞無消息，金尊玉管空陳跡。空陳跡，遠天草樹，暮雲凝碧。』按：梅村《哭志衍》之蕭索，蘇各切，則此句亦可兼用曾詞也。」**詞臣**《續翰林志》：「宋太宗曰：『詞臣實神仙之職也。』」**宮娥**詳《圓圓曲》。**庸知**《字典》：「庸，豈也。」《左傳．莊十四年》：「庸非貳乎？」**陰火**木玄虛《海賦》：「陰火潛然。」**春深**詳《鴛湖曲》。

琵琶行

通州《一統志》：「通州在江蘇布政司北二百里。」**白在湄**《南通州志》：「白玨，字璧雙，一字在湄。善彈琵琶。鼎革後，寓王太常南園。吳祭酒偉業從牆外聞其聲，曰：『此白琵琶也。』子彧如。」〇**水調**《全唐詩話》：「《水調》，商曲也。唐曲凡十一疊，前五疊為歌，後六疊為入破。」**傳頭**潘伯修《憶昨》詩：「玉盌傳頭明素手。」**誤後生**《南史．顏延之傳》：「惠休制作委巷中歌謠耳，方當誤後生。」**錯認**劉克莊詩：「錯認是天明。」**刀劍相磨**《史記．淮陰侯傳》：「好帶刀劍。」韓詩：「諸侯劍珮鳴相磨。」**砉**音翕。**鐵鳳**陸佐公《石闕銘》：「銅雀鐵鳳之工。」**斷續風**李後主詞：「斷續寒砧斷續風。」**斜抹輕挑**葛長庚《琵琶行》：「手撫琵琶意嗚咽，挑攏撚抹緩復急。」按：孫仲衍《題瀟湘圖》：「殘霞斷靄餘斜抹。」《宋史．劉宰傳》：「輕挑兵端。」此借用。**白草黃沙**劉文房詩「虜雲連白草，漢月到黃沙。」**先朝**詳《題清風使節圖》。**穿宮**《明史．劉瑾傳》：「穿宮牌五百。」**殿頭**王仲初詩：「殿頭傳語金階遠。」**勞啟**《詩》：「生我勞瘁。」按：瘁、悴、顇並通。**南鄉子**程迓亭曰：「此句梅村自指。」杜詩：「江湖滿地一漁翁。」楊廉夫用之入《南鄉子》詩餘，故下句云「鐵笛哀歌何處尋」。

雒陽行

西京或謂晉天福三年以洛陽為西京，漢、周因之，宋曰西京，河南府洛陽郡。此句即用洛陽故實。然洛陽之銅駝非銅狄也。洛陽，漢東都，周、隋之際為東京，金為中京。以銅駝徵之，仍指長安為允。詩自用比體耳。**西去**雍國鈞詩：「西去經過欲一聞。」**峰頭**見《讚佛詩》補注。**家法踰前制**家法，見《永和宮詞》。《晉書・地理志》：「光武中興，不踰前制。」**廷論繇來**《史記・魏其武安侯傳》：「今日廷論。」《易》：「其所繇來者漸矣。」**國恩**李少卿《答蘇武書》：「身負國恩。」**黃封**范致能詩：「蓑蕙頂上拆黃封。」**王人**《春秋・僖八年》：「公會王人，盟於洮。」**淚灑**《梁書・武帝紀》：「涕淚所灑，松草變色。」**受詔**《史記・衛將軍驃騎傳》：「霍去病再從大將軍受詔，與壯士為剽姚校尉。」

宮扇

鬬雞紅朱竹垞《洞仙歌》自注：「雞鍾，成窯小酒杯也。」又，《感舊集序》：「彝尊兒時見先王〔註1〕父母治酒食，燕賓客，瓷盌多宣德、成化欵識。近亦嘉靖年物酒杯，則畫芳草鬬雞其上，謂之雞缸。」**招涼**程迓亭曰：「■■■■宣宗有六言撒扇詩云：『湘浦煙霞交翠，剡溪花雨生香。掃卻人間炎暑，招回天上清涼。』招涼用此。《集覽》引《拾遺記》，誤矣。」**賜近臣**《宋史・太宗紀》：「淳化五年初伏，帝親書綾扇賜近臣。」**俸薄**韓詩：「秩裏俸薄食口眾。」**願深**見《贈雪航》。**齊紈楚竹**周宏正《詠斑竹掩團扇》詩：「齊紈將楚竹。」**售內**錢吉序曰：「按：董穀《碧里雜存》云：『南京舊內在應天府之左。明高帝建大內宮殿既成，遷居之，舊內虛焉。他曰召中山飲，樂甚，即以是賜之。』詩中活用。」**長命縷**《遼史・禮樂志》：「五月重五日，以綵絲宛轉為人形簪之，謂之長命縷。」**新宮**詳《讀史雜感》。**玉墜雙魚泣漢家**玉墜，見《哭志衍》。援此借用漢楚王戊太子玉魚一雙事也，見《雒陽行》。《史記・太史公自序》：「天子始建漢家之封。」

宣宗御用戧金蟋蟀盆歌

深意《〈詩・商頌〉疏》：「言聖人之有深意也。」**風雲**《史記・老子傳》：「至於龍，吾不知其乘風雲而上天。」前注「風從虎」，非是。**自分**《漢書・蘇武傳》：「自分已死久矣。」**捉生**《唐書・兵志》：「捉生，紹聖三年環慶州各置一。」此借用。

〔註1〕「王」，乙本誤作「玉」。

聽女道士卞玉京彈琴歌《太真外傳》:「使高力士取楊氏女於壽邸,度為女道士。」程《箋》:「《梅村詩話》:『玉京,字雲裝。』」

曾因內宴白詩:「曾陪內宴宴昭陽。」**塗鴉黃**張如哉曰:「『漢宮嬌額半塗黃』,黃山谷集詠荼蘼花也。《丹鉛錄》引作王介甫詩。」**幸遲身入陳宮裏,卻早名填代籍中**程《箋》:「夏完淳曰:『■■〔註2〕徐氏,中山王裔女也。冊立有日,而大兵渡江,福王走黃得功營,得功戰死,檻車北轅。錢謙益歸順,謀復大宗伯原官,■■■■■■■■■■〔註3〕遂同毆去。』」**北兵**《五代史·慕容彥超傳》:「北兵之來。」**抄名**王仲初詩:「總被抄名入教坊。」**阿誰**《古詩》:「家中有阿誰。」阿音屋。**黃絁**陸務觀詩:「明朝喧傳古仙過碧玉東帶黃絁裘。」絁音施。

南生魯六真圖歌

如此溪山良不惡趙子昂詩:「如此溪山良不惡。」

後東皋草堂歌程《箋》:「《梅村詩話》:『瞿稼軒逮就獄,余時在京師。所為《東皋草堂歌》者,贈稼軒於請室也。後數年,余再至東皋,則稼軒唱義粵西,其子伯升門戶是懼,故山別墅皆荒蕪斥賣,無復向者之觀,余為作《後東皋草堂歌》。』按:稼軒子嵩錫,字伯升,崇禎壬午舉人。」

鄰家見《松鼠》補注。**易主**《唐書·柳宗元傳》:「家今三易主,書存亡不可知。」**長歌續**傅休奕詩:「咄來長歌續短歌。」**事已空**韓成封詩:「梁苑隋堤事已空。」

汲古閣歌

搜求遺逸懸金購張如哉曰:「暗用《漢書·藝文志》『河間獻王聞獻書之路,得《周官》五篇,失其《冬官》一篇,乃購千金不得,取《考工記》以補之。』」**鏤板**《五代史·和凝傳》:「有集百餘卷,嘗自鏤板以行於世。」**儒臣**劉因(字夢吉)詩:「儒臣相伯仲。」**累代**牛弘(字里仁)《定典禮奏》:「兩蕭累代,舉國遵行。」**孝徵好竊華林略**程《箋》:「王肯堂《鬱岡齋筆塵》:『文淵閣藏書皆宋、元秘閣所遺,雖不甚精,然無不宋、元板者。因典籍多,貲生既不知愛書,閣老亦漫不檢省,往往為人竊取。今所存者,僅千百之一矣。』」**故事**《漢書·蘇武傳》:「明習故事。」**諸州**《唐書·裴耀卿傳》:「諸州不敢擅興工役。」**律論流通到羅什**《魏書·釋老志》:「帝幸徐州白塔寺,顧謂諸王曰:『此寺近有名僧嵩法師,受《成寔論》於羅什,在此

〔註2〕「■■」,程《箋》作「金陵選后」。
〔註3〕「■■■■■■■■■■」,程《箋》作「手進選后徐氏於豫王」。

流通。』」程《箋》:「紫栢大師刻大藏方冊於吳中，卷帙未半，子晉為續之。」**海內多風塵**杜詩:「海內風塵諸弟隔。」**三館**《宋史・職官志》:「國初以史館、昭文館、集賢院為三館，皆寓崇文院。太宗端拱元年，詔就崇文院中堂建秘閣，擇三館真本書籍萬卷及內出古畫墨跡藏其中。」**拜官**《宋史・藝文志》:「徽宗時購求士民藏書，其有所秘未見之書，足備觀採者，仍命以官。」**羨君**張正言詩:「如今五侯不待客，羨君不入五侯宅。如今七貴方自尊，羨君不過七貴門。」

送志衍入蜀

我昔讀書君南樓程《箋》:「公幼即從父約齋先生讀書志衍家之五桂樓，樓在州城西南隅。詩言南樓者數矣，皆謂五桂樓，非泛用庾亮南樓也。」**譚九州**《史記・孟荀傳》:「鄒衍稱中國外如赤縣神州者九，乃所謂九州也。」**黃牛喘怒**借用《漢書・丙吉傳》牛喘。怒如「水石怒相攻」、「六月黃河怒」之怒。**崩剝**《隋書・宇文化吉傳・論》:「既屬崩剝之期。」**接手猿猱**按：李詩「手接猿猱搏彫虎」，非此詩所引也。**摩訶池上清明火**張如哉曰:「陸務觀《水龍吟》詞云:『摩訶池上，追遊路，紅綠參差春晚。又禁煙，將近一城絲管。』」

題清風使節圖大梁，詳《題凌煙閣圖》。

納節《宋史・職官志》:「臣僚言：祖宗時，節將、臣僚得謝，不以文武，並納節除一官。以今日不復納節換官為非。」**舅家**《唐書・高昕附傳》:「既孤依舅家。」程《箋》:「仲珪之為吳鎮，是矣。然無吳氏之舅家復姓吳之理。況時代亦迴不相接。此仲珪當是仲昭之誤。仲昭，夏泉也。詳《圖繪寶鑑》及《明史》。」**看亦足**孟詩:「猶言看不足。」**司兵**《唐書・百官志》:「兵曹司兵參軍事掌武官選。」此借用。**漳河柳**張如哉曰:「五代狄煥字子炎《題柳》云:『雨餘籠灝，岸煙暝夾。』漳河，見《雅言繫述》。」**新篁**韋應物詩:「稍稍新篁抽。」**絳幡**司馬長卿《大人賦》:「垂絳幡之素霓兮。」**青青**《詩》:「菉竹青青。」青音精。

吳詩集覽　卷五上

黎城靳榮藩介人輯

七言古詩二之上

東萊行原注:「為姜如農、如須兄弟作也。」《晉書・地理志》:「東萊國,漢置。」《明史・地理志》:「登州府萊陽縣,元屬萊州。」《池北偶談》:「萊陽姜如農、如須兄弟齊名,時稱二姜。如農崇禎末謫戍宣城衛。鼎革後,兄弟遂卜居吳都,不歸鄉里。」《感舊集補傳》:「姜埰,字如農,山東萊陽人。崇禎辛未進士。官禮科給事中。垓字如須。崇禎庚辰進士。官吏部考功司主事。」按《明史》,如須授行人,不書其為考功主事。《明詩綜》亦止書行人。俟考。

漢皇策士天人畢,二月東巡臨碣石。獻賦凌雲魯兩生,家近蓬萊看日出。仲孺召入明光宮,補過拾遺稱侍中。叔子輶軒四方使,一門二妙傾山東。起四句從東萊總點二姜,後四句分言之。○《漢書・董仲舒傳》:「仲舒以賢良對策,冊曰:善言天者必有徵於人。」《書》:「歲二月東巡狩。」《漢書・武帝紀》:「元封元年,行自泰山,復東巡海上,至碣石。」《史記・司馬相如傳》:「既奏大人之頌,天子大說,飄飄有凌雲之氣。」魯兩生,見《讀史雜詩》。按:崇禎間無東巡事,而如農等亦無獻賦事,蓋迷離其詞耳。《史記・封禪書》:「使人入海,求蓬萊、方丈、瀛洲。」《大清一統志》:「泰山東山名曰日觀。雞一鳴時,見日始欲出。」按:埰有季弟坡,與宋玫同死難者,故借用。仲孺,叔子字也。《漢書・灌夫傳》:「字仲孺。」又,《武帝紀》:「太初四年,起明光宮。」《史記・汲黯傳》:「補過拾遺,臣之願也。」《明史・職官志》:「六科掌侍從規諫,補闕拾遺。」《史記・呂后紀》:「張辟疆為侍中。」應劭曰:「入侍天子,故曰侍中。」《晉書・羊祜傳》:「字叔子。」

揚子雲《答劉歆書》:「嘗聞先代輶軒之使。」《晉書·衛瓘傳》:「為尚書令,與尚書郎索靖俱善草書,時人號為一臺二妙。」**同時里人官侍從,左徒宋玉君王重。就中最數司空賢,三十孤卿需大用。**此因兩生而及蘿石、九青,賓主相參之妙。○《後漢書〔註1〕·嚴助傳》:「勞侍從之事。」《明史·職官志》:「翰林院以待從人少,詔採方正有學術者以充其選。」《史記·屈原傳》:「為楚懷王左徒。」又:「楚有宋玉、唐勒、景差之徒者。」按:此因二姜而及其同里左、宋兩氏也。「左徒」、「宋玉」,皆借用,不專指蘿石、九青,觀下句「就中」字可見。白詩:「就中泣下誰最多。」《書》:「伯禹作司空。」《明史·宋玫傳》:「字文玉,萊陽人。歷大理卿、工部右侍郎。」梅村《宋玉叔集序》:「三齊科第,大都一姓為多,因而陟巍資、躋貴仕者,珪重組襲,何其盛哉!而吾友故司空九青在其間,尤稱絕出。」《〈書·周官〉注》:「三孤雖三公之副貳,非其官屬,故曰孤。」梅村《書宋九青逸事》:「九青為司農卿,年未四十。」又:「九青官日遷,其去大用也日近。」按:「司農」字與《明史》「工部」不合,當從詩作「司空」。**君家兄弟俱承恩,感時危涕長安門。侍中叩閤數彊諫,上書對仗彈平津。天顏不懌要人怨,衛尉捉頭捽下殿。中旨傳呼赤棒來,血裹朝衫路人看。**此段敘如農之事。○君家兄弟,見《送何省齋》。杜詩:「承恩數上南薰殿。」又:「感時花濺淚。」長安門,見《遇劉雪舫》。《宋史·滕元發傳》:「防將懼,扣閤門爭之。《字典》:「扣通作叩。」《左傳·僖二年》:「懦而一不能強諫。」對仗,見《哭志衍》。《史記·平津侯傳》:「丞相公孫弘者,齊菑川國薛縣人也。封平津侯。」天顏不懌,見《永和宮詞》。《宋書·顏延之傳》:「平生不喜見要人。」《史記·魏其武安侯傳》:「程李俱東西宮衛尉。」按:詩意當指錦衣衛。《明史·職官志》:「錦衣衛掌侍衛緝捕刑獄之事。」《漢書·金日磾傳》:「捽胡,投何羅殿下。」《注》:「胡,頸也。捽其頸而投殿下也。」羅昭諫詩:「使者銜中旨。」《北齊書·琅邪王傳》:「其或遲違,則赤棒棒之。」韓詩:「從事久此穿朝衫。」《感舊集附記》:「崇禎壬午,先生擢禮科。五月中,條上三十疏以言事。觸首輔怒,與行人司副熊開元同下北鎮撫司獄,備極拷掠,幾死者數矣。甲申正月,謫戍宣州衛。聞京師陷,思陵殉社稷,慟哭而南之戍所。未至,以金陵赦,留吳門,不肯歸。會馬、阮用事,避地徽州,祝髮黃山,自題敬亭山人。戊子,奉母歸萊陽。山東巡撫重其名,遣使招之。先生故墮馬,以折股紿使者,而夜馳還江南,自號宣州老兵。欲結廬敬亭,未果。病亟,遺命葬宣城戍所。口吟《易簀歌》一章而沒。」按:此詩有「思歸詩寄廣陵潮,憶弟書來虎丘石」,當是如農奉母歸萊陽,未還江南時,梅村遇如須而作也。**愛弟棄官相追從,避兵**

〔註1〕按:嚴助傳見《漢書》卷六十四上,此處誤作《後漢書》。

盡室來江東。本為逐臣溝壑裏，卻因奉母亂離中。此段敘如須之事。〇元詩：「聞君別愛弟。」《冊府元龜》：「王續授六合丞，非其所好，棄官歸鄉里。」《宋史·李迪傳》：「守將或為他名以避兵。」盡室，見《送何省齋》。《史記·項羽紀》：「江東雖小。」《隋書·孫萬壽傳》：「從來多逐臣。」《明史》：「埰下獄，垓盡力營護。後聞鄉邑破，父殉難，一門死者二十餘人，垓請代兄繫獄，釋埰歸葬，不許。即日奔喪，奉母南走蘇州。」**三年流落江湖夢，茂陵荒草西風慟。頭顱雖在故人憐，髀肉猶為舊君痛。**四句總敘兩聲，而歸重如農。〇茂陵，見《永和宮詞》。唐太宗詩：「葉鋪荒草蔓。」陶弘景《與兄書》：「方作奉朝請，頭顱可知。」《英雄記》：「劉先主在荊州，見髀裏肉生，慨然流涕。」俱借用。**我來扶杖過山頭，把酒論文遇子由。異地客愁君更遠，中原同調幾人留。**此段夾敘自己而歸重如須。「同調」句引起朱、左諸人。〇扶杖，見《送何省齋》。李詩：「飯顆山頭逢杜甫〔註2〕。」杜詩：「把酒從衣濕。」庾詩：「論文報潘岳。」《宋史·蘇轍傳》：「字子由。」李涉詩：「一夜潺湲送客愁。」劉文房詩：「同作逐臣君更遠。」謝靈運詩：「異代可同調。」**司空平昔耽佳句，千首詩成罷官去。戰鼓東來白骨寒，二勞山月魂何處。左氏勳名照汗青，過江忠孝數中丞。孺卿也向龍沙死，柴市何人哭子卿。**此段承「同調」句，而歷指宋、左，如羅浮風雨，縹緲離合。〇杜詩：「為人性僻耽佳句。」又：「敏捷詩千首。」鮑詩：「棄置罷官去。」梅村《宋玉叔集敘》：「九青題詠甚夥，余亦勉賡以紀名勝。」庾詩：「急風吹戰鼓。」《大清一統志》：「勞山在即墨縣東南六十里。山有二：一曰大勞山，一差小，曰小勞山。」《宋九青逸事》：「得旨廷推，旦夕備閣臣，而驟逢上怒，並下於理，以譴歸。山東被兵，傍躪東萊，九青率家人登陴守，城陷，不屈死。宗人殲焉。」韓文：「左氏浮誇。」此借用。《明詩綜》：「左懋第，字仲及。萊陽人。以兵部右侍郎兼都御史督師河北，充通問使，不屈誅。」《竹垞詩話》：「左公將北行，貽書姜給事埰。既入燕，卒以閏月十九日死於市。」江文通《為蕭驃騎讓封表》：「自非西京，上續東都名勳。」《宋史·文天祥傳》：「留取丹心照汗青。」《晉書·袁宏傳》：「宏後為《東征賦》，賦末列稱過江諸名德。」《天祥傳》：「國亡，丞相忠孝盡矣。」中丞，見《後東皐歌》。《急就篇注》：「漢有蘇賢字孺卿。」《〈漢書·蘇武傳〉注》：「張晏曰：『武弟賢。』」《後漢書·班超傳·贊》：「咫只龍沙。」《注》：「龍堆，沙漠。」張正言詩：「兩人已向黃沙死。」柴市，見《讀西臺記》。《漢書·蘇武傳》：「字子卿。」《池北偶談》：「公母徐，海寧儒家女。甲申京城陷，從子懋泰載以歸。行至白溝河，呼懋泰前，責以不能死國。寄語懋第勉之，無以我為念。言訖

〔註2〕「飯顆山頭逢杜甫」，初刻本、乙本作「若飛群玉山頭見」。

而死，蓋出都不食已數日矣。」按：以懋第之從弟載母，則其弟蓋先亡者，故云「孺卿」也、「向龍沙死」也。**只君兄弟天涯客，漂零尚是煙霜隔。思歸詩寄廣陵潮，憶弟書來虎丘石。回首風塵涕淚流，故鄉蕭瑟海天秋。田橫島在魚龍冷，欒大城荒草木愁。**收入兩生，與前幅「君家兄弟」相應。○天涯客，見《六真歌》。　漂零，見《遇劉雪舫》。盧允言詩：「獨鶴寄煙霜。」《漢書・高帝紀》：「皆謳歌思東歸。」枚叔《七發》：「將以八月之望，觀濤於廣陵之曲江。」「廣陵，見《閬州行》注。　杜有《憶弟》詩。《明史・地理志》：「蘇州府長洲西北有虎丘山。」「千人石」，詳《夜集圖》。　杜詩：「回首風塵甘息機。」　蕭瑟，見《臨江參軍》。呂洞賓詩：「一聲長嘯海山秋。」《綱目質實》：「萊州府即墨縣東北一百里，四面環海，去岸二十五里，田橫五百人死於此。今名田橫島。」杜詩：「魚龍寂寞秋江冷。」《史記・封禪書》：「欒大為五利將軍。又以長公主妻之，齎金萬斤，更名其邑曰當利公主。」《一統志》：「當利故城在萊州府掖縣西南，漢武帝置。」杜詩：「城春草木深。」**當日竹宮從萬騎，祀日歌風何意氣。斷碑年月記乾封，柏梁侍從誰承制。魯連蹈海非求名，鴟夷一舸寧逃生。丈夫淪落有時命，豈復悠悠行路心。我亦滄浪釣船繫，明日隨君買山住。**此段俯仰今昔，與起處「東巡」、「獻賦」等語若相回映。末二句以自己作結，更覺煙波無盡。○《史記・武帝紀》：「正月上辛，用事甘泉圜丘，夜有神光如流星，止集於祠壇，天子自行宮望拜。」蔡伯喈〔註 3〕《獨斷》：「大駕備千乘萬騎。」　又，《封禪書》：「八神。七曰日主，祠成山。」按：此詩多用武帝事，則「歌風」當指武帝《秋風辭》，「秋風起兮雁南飛」也。意氣，見《贈李雲田》。《大清一統志》：「磨崖碑有二，俱在泰山頂。其一唐乾封間刻登封文。」按《封禪書》：「公孫卿曰：『黃帝時封則天旱，乾封元封〔註 4〕三年。』乃下詔曰：『天旱，意乾封乎？』」此詩多用武帝事，則不必指唐碑也。黃魯直詩：「斷碑零落臥秋風。」《古文苑》：「武帝作柏梁臺，詔群臣二千石有能為七言詩者，乃得上座。」《晉書・宣帝紀》：「輒承制刻印，多所假受。」《史記・魯仲連傳》：「使秦肆然為帝，則連有蹈東海死耳。」　鴟夷一舸，補《礬清湖》。　淪落，見《避亂》。時命，見《讀西臺記》。　張正言詩：「終是悠悠行路心。」　杜詩：「兼泛滄浪學釣翁。」庾詩：「高荷沒釣船。」《世說》：「支道林因人就深公買印山，深公答曰：『未聞巢、由買山而隱。』」

　　姜如農《赴宣州衛》詩：「垂死承恩譴，天威咫尺間。荷戈荒徼去，收骨瘴江還。衰職猶思補，龍髯竟絕攀。橋陵千滴淚，獨在敬亭山。」

〔註 3〕喈，初刻本、乙本作「階」。

〔註 4〕《封禪書》無「元封」二字。

鴛湖曲《明史·地理志》:「嘉興府南有南湖，亦曰鴛鴦湖。」按：此詩弔吳昌時也。昌時為選郎，依宜興周延儒。延儒敗，而昌時至於棄市矣。原評謂篇中極言盛衰，如聽雍門之琴，用意全在收束。《明史·周延儒傳》:「吳昌時，嘉興人。有幹才，頗為東林效奔走。然為人墨而傲，通廠衛，把持朝官，同朝咸嫉之。崇禎十六年十二月，昌時棄市。」

鴛鴦湖畔草黏天，二月春深好放船。柳葉亂飄千尺雨，桃花斜帶一溪煙。煙雨迷離不知處，舊堤卻認門前樹。樹上流鶯三兩聲，十年此地扁舟住。此段因南湖花柳之盛而追憶舊遊也。柳雨桃煙，其中大有人在。　先就煙雨點綴，與下文「煙雨臺空」相為照映。○蘇詩：「鴛鴦湖邊月如水。」秦少游詞：「天黏衰草。」　杜收之詩：「銅雀春深鎖二喬。」杜詩：「落日放船好。」　庾子慎詩:「桃花生玉澗，柳葉暗金溝。」庾詩:「霜風亂飄葉。」　李詩:「一溪初入千花明。」　《古木蘭詩》:「雌兔眼迷離。」　劉兼詩:「柳市金絲拂舊堤。」門前樹，見《後東皋歌》。　沈休文詩:「流鶯復滿枝。」戎昱詩:「黃鶯久住渾相識，欲別頻啼四五聲。」**主人愛客錦筵開，水閣風吹笑語來。畫鼓隊催桃葉伎，玉簫聲出柘枝臺。輕靴窄袖嬌䊵束，脆管繁絃競追逐。雲鬟子弟按霓裳，雪面參軍舞鸜鵒。酒盡移船曲榭西，滿湖燈火醉人歸。朝來別奏新翻麯，更出紅妝向柳堤。**十二句是極寫昌時好客，皆十年扁舟時之境。○曹詩:「公子敬愛客。」鮑詩:「臥對錦筵空。」　王仲初詩:「風簾水閣壓芙蓉。」　張承吉詩:「畫鼓拖環錦臂攘。」《古今樂錄》:「《桃葉歌》，王子敬所作也。桃葉，子敬妾。」別詳《贈馮訥生》。玉簫，見《六真歌》。唐樂史有《柘枝譜》。《瑣碎錄》:「柘枝舞，本北魏拓拔之名。易拓為柘，易拔為枝。」　薩天錫詩:「紅鞾著地輕無塵。」又:「短衣窄袖呼郎君。」《元史·輿服志》:「樂工襖，製以緋錦，明珠琵琶窄袖，辮線細摺。」䊵束，見《玉京彈琴歌》。　柳耆卿詞:「占斷五陵遊，奏脆管、繁絃聲和雅。」元詩:「二十五郎吹管逐。」　雲鬟，見《讚佛詩》。梨園子弟，見《琵琶行·序》。霓裳，見《宮扇》。　白詩:「帽轉金鈴雪面回。」《樂府雜錄》:「開元中，優人黃旛綽、張野狐弄參軍，始自漢館陶令石耽。」廖瑩中《江行雜錄》:「女優有弄假官戲，其綠衣秉簡者，謂之參軍椿。」《晉書·謝尚傳》:「王導謂曰:『聞君能作鸜鵒舞。』」杜詩:「酒盡沙頭雙玉瓶。」白詩:「移船相近邀相見。」張平子《東京賦》:「謻門曲榭。」　《宋史·賈似道傳》:「理宗嘗夜憑高，望西湖中燈火異常時。」王駕詩:「家家扶得醉人歸。」　元詩:「偷得新翻數般曲。」　紅粧，見《彈琴歌》。溫飛卿詩:「門外平橋連柳堤。」**歡樂朝朝兼暮暮，七貴三公何足數。十幅蒲帆幾尺風，吹君直上長安路。長安富**

貴玉驄嬌，侍女薰香護早朝。分付南湖舊花柳，好留煙月伴歸橈。此寫昌時赴官意氣隆盛。「花柳」句回映起處。○懽樂，見《臨頓兒》。宋玉《高唐賦》：「旦為朝雲，暮為行雨。朝朝暮暮，陽臺之下。」　潘安仁《西征賦》：「窺七貴於漢庭。」《文選注》：「七貴，呂、霍、上官、丁、趙、傅、王並后族也。」何足數，見《送周子俶》。　《國史補》：「舟船之盛，盡於江西。編蒲為帆，大者數十幅。」薩天錫《過秀州南湖》詩：「十幅蒲帆掛春水。」　孔德璋《北山移文》：「干青雲而直上。」　蘇詞：「障泥未解玉驄嬌。」　《漢官儀》：「尚書郎入直臺中，給女侍史二人，執香爐燒薰以從入臺中，給使護衣。」江總持詩：「七貴早朝歸。」　韓致光詩：「分付春風與玉兒。」　《清異錄》：「四方指南海為煙月作房，以風俗尚淫。」梁元帝詩：「飛燕動歸橈。」**那知轉眼浮生夢，蕭蕭日影悲風動。中散彈琴竟未終，山公啟事成何用。東市朝衣一旦休，北邙抔土亦難留。白楊尚作他人樹，紅粉知非舊日樓。烽火名園竄狐兔，畫閣偷窺老兵怒。寧使當時沒縣官，不堪朝市都非故。**此寫昌時被禍，家園都非。通首以悲昌時為主，故朝市非故只用帶敘，亦歸於悲昌晴耳。○太白《宴桃李園序》：「浮生若夢。」　向子期《思舊賦・序》：「嵇博綜技藝，於絲竹特妙。臨當就命，顧視日影，索琴而彈之。」李少卿《答蘇武書》：「但聞悲風蕭條之聲。」　《晉書・嵇康傳》：「字叔夜，譙國銍人也。拜中散大夫。」《世說》：「嵇中散臨刑東市，神氣不變，索琴彈之，奏《廣陵散》。曲終，曰：『《廣陵散》於今絕矣。』」　《晉書・山濤傳》：「字巨源。甄拔人物，各為題目，時稱山公啟事。」　《史記・鼂錯傳》：「上令鼂錯朝衣，斬東市。」　《一統志》：「北邙山在洛陽縣北。後漢成陽王祉葬於北邙，其後王侯公卿多葬此。」抔土，見《下相懷古》。杜詩：「蕙葉亦難留。」　白《和關盼盼燕子樓感事詩》：「今春有客洛陽回，曾到尚書墓上來。見說白楊堪作柱，爭教紅粉不成灰。」　烽火，見《閬州行》。杜詩：「名園依綠水。」狐兔，見《雒陽行》。　庾子慎詩：「歌聲臨畫閣。」《三國志・費詩傳》：「大丈夫終不與老兵同列。」　縣官，見《天王寺看牡丹》。　《古夏門行》：「市朝人易，千歲墓平。」**我來倚棹向湖邊，煙雨臺空倍惘然。芳草乍疑歌扇綠，落英錯認舞衣鮮。人生苦樂皆陳跡，年去年來堪痛惜。聞笛休嗟石季倫，銜杯且效陶彭澤。君不見白浪掀天一葉危，收竿還怕轉船遲。世人無限風波苦，輸與江湖釣叟知。**此三段是俯仰今昔，無限感慨之意。第一段回思歌舞，第二段自作排遣，第三段見無平不陂，不專悲昌時，而昌時自在其中。○羅昭諫詩：「倚棹聽鄰笛。」　《大清一統志》：「煙雨樓在嘉興府東南鴛鴦湖上，吳越錢元璙創。」沈歸愚師曰：「宇內煙雨樓有四。一在竟陵，一在桂陽，一在括蒼，而最著者首稱檇李。

樓在鴛鴦湖中，累土成洲，因洲建樓。」李義山詩：「只是當時已惘然。」《楚辭》：「何昔日之芳草兮。」庾詩：「綠珠歌扇薄，飛燕舞衫長。」劉希夷詩：「池月憐歌扇，山雲愛舞衣。」《楚辭》：「夕餐秋菊之落英。」劉克莊詩：「錯認是天明。」《史記·越世家》：「與百姓同苦樂。」王逸少《蘭亭詩序》：「俯仰之間，以為陳跡。」　張道濟詩：「且喜年華去復來。」魏文帝《與吳質書》：「良可痛惜。」　盧昇之詩：「聞笛而悲，寧懷向秀。」《晉書·石崇傳》：「字季倫。財產豐積，室宇宏麗。後房百數，盡當時之選。有妓曰綠珠，善吹笛。孫秀求之，不許。遂矯詔收崇，被害。」　劉伯倫《酒德頌》：「銜盃漱醪。」《晉書·陶潛傳》：「以為彭澤令。性嗜酒。」　白詩：「白浪掀天盡日風。」又：「波上一葉舟。」　黃魯直詞：「斜風細雨轉船頭。」《漢書·賈誼傳》：「中流而遇風波，船必覆矣。」　嵇叔夜詩：「嘉彼釣叟。」

陸雲士曰：「其辭甚艷，其旨甚哀。先生七古，每苦費辭，此正恰好。」

此首以弔昌時為主，而步步從湖字生情，如一串明珠綵線穿也。「十年此地扁舟住」貫前半篇，「我來倚棹向湖邊」貫後半篇。　曾庭聞《送顧松交吏部》詩：「芳草書凝歌扇綠，落花春散舞衣香。」是用吳句而情景遠遜矣。

陳其年《鴛湖煙雨樓感舊調賀新郎》：「水宿楓根罅。盡沽來，鵝黃老釀，銀絲鮮鮓。記得箏堂和伎館，盡是儀同僕射。園卻在，水邊林下。不閉春城因夜醮，望滿湖燈火金吾怕。十萬盞，紅毬掛。　重遊陂澤偏瀟灑。剩空潭、半樓煙雨，玲瓏如畫。人世繁華原易了，快比風檣陣馬。消幾度，城頭鐘打。惟有鴛鴦湖畔月，是曾經照過多情者。波織簟，船堪籍。」　徐電發釚曰：「鴛湖主人，禾中某吏部也。吏部家居時，極聲伎歌舞之樂。後以事見法，故吳祭酒梅村《鴛湖曲》有『芳草乍疑歌扇綠，落英錯認舞衣鮮』之句。余亦賦《鴛湖感舊》云：『曾說荒臺舞柘技，而今空見柳絲絲。不因重唱鴛湖曲，誰識南朝舊總持。』」

項黃中家觀萬歲通天法帖《唐書·武后紀》：「萬歲通天元年臘月甲申，改元曰萬歲。三月丁巳，復作明堂，改曰通天宮，大赦改元。」《曝書亭集》：「《萬歲通天帖》一卷，用白麻紙雙鉤書，句法絕妙，鋒神畢備，而用墨濃淡，不露纖痕，正如一筆獨寫。識者謂非薛稷、鍾紹京不能，洵墨寶也。相傳武后從王方慶家索其先世手蹟，得二十八人書，取而玩之，謂曰：『此卿家世守，朕奪之不仁。』乃命善書者廓填成卷。仍命方慶正書標二十八人官世，設九賓，觀於武成殿，而以墨蹟卷還方慶。蓋秘府儲藏，故罕題識。第有宋高宗小璽，其後岳珂、張雨、王鏊、文徵明跋者四人而已。是卷向藏鄉先生項子長家。子長諱篤壽，中嘉靖壬戌進士，入詞林。子長季弟子京，以善治生產富，能鑒別古人書畫。所居天籟閣，海內珍異十九多歸之。余嘗見今世所傳項氏家藏書畫，上有天籟閣及項子京家藏小印，蓋其所蓄也。子長子德楨，萬曆丙戌進士；夢原，萬曆己未進士。德楨子鼎鉉，萬曆辛丑進士；聲國，崇禎甲戌進士。」按：黃中蓋鼎鉉字。

王氏勳名自始興，後人書法擅精能。江東將相傳家在，翰墨風流天下稱。就王氏書法起，是原起法帖，而勳名將相已為下文遠略功名作影，又與「襄毅旂常」相映，是作者用意處。○《晉書・王導傳》：「進封始興郡公，邑三千戶。」勳名，見《東萊行》。《晉書・王羲之傳》：「字逸少，司徒導之從子也。尤善隸書，為古今之冠。」《漢書・宣帝贊》：「理法之士，咸精其能。」江東，見《東萊行》。《史記・陸賈傳》：「將相和調則士務附。」《王導傳》：「進驃騎大將軍，進位太傅，又拜丞相。」子建《與楊德祖書》：「豈徒以翰墨為勳績。」李詩：「■■風流天下聞。」〔註5〕**前有琅琊今檇李，項氏由來堪並美。襄毅旂常戰伐高，墨林書畫聲名起。**由王氏引入項氏，旂常戰代可比將相傳家，書畫聲名可比翰墨風流矣。○瑯琊，見《汲古閣歌》。《大清一統志》：「檇李城在秀水縣西南。」《明史・項忠傳》：「字藎臣，嘉興人。正統七午進士。拜刑部尚書。尋為兵部。謚襄毅。贊曰：項忠、韓雍皆以文學通籍，而親提桴鼓，樹勳戎馬之場。其應機決勝，成畫遠謀，雖宿將殆無以過。」《周禮・司常》：「日月為常，畫日月於旌旂也。」《左傳・莊二十八年》：「以旌君伐。」《注》：「伐，功也。」《嘉與府志》：「項元汴，字子京。國子生。雅好古，善別名人翰墨，尤精繪事，自號墨林山人。」《韻石齋筆談》：「項元汴墨林生嘉、隆承平之世，資力雄瞻，購求法書名畫及鼎彝奇器，三吳珍秘歸之如流。癸酉歲，兵至嘉禾，項氏累世之藏盡為千夫長汪六水所掠，蕩然無遺。」**當時海內號收藏，秘閣圖書玉軸裝。近代丹青推董巨，名家毫素重鍾王。**從書畫側入收藏，以畫卷配出法帖，是脈縷之細。又並舉鍾、王以錯綜之。○收藏，見《讀西臺記》。秘閣，見《汲古閣歌》。圖書，見《松鼠》。李義山詩：「王軸亦欲乞。」丹青，見《西田詩》。《畫史》：「董遊在畢宏上，近世神品格高，無與比也。」《畫禪》：「巨然，鍾陵人。善畫山水，得董源正傳。」《北史・王褒傳》：「褒既名家，文學優瞻。」毫素、鍾王，見《永和宮詞》。**鍾王妙蹟流傳舊，貞觀在御窮搜購。盡隨萬乘入昭陵，人間一字無遺漏。碑石猶存腕鋒出，風摧雨剝苔文脫。棗木鐫來波磔非，箋麻拓就戈鋩失。**此見注書之難得。○《羲之傳》：「常歎妙蹟永絕。」按：「貞觀」，唐太宗年號。在御，見《蟋蟀盆歌》。《唐書・褚遂良傳》：「帝方博購王羲之故帖。」《書斷》：「太宗酷好書法，有大王書跡三千六百紙，以一丈二尺為一軸，寶

〔註5〕「李詩■■風流天下聞」，稿本、天圖本、讀秀本作「杜詩：文采風流今尚存」。

惜者獨《蘭亭》為最，置於坐側，朝久觀鑒。嘗一日附耳語高宗曰：『吾千秋萬歲後，與吾《蘭亭》將去也。』及奉諱之日，用玉匣貯之，藏於昭陵。」蘇詩：「蘭亭繭紙入昭陵，世間遺跡猶龍騰。」《五代史・溫韜傳》：「唐諸陵在其境內者，悉發掘之。而昭陵最固，中為正寢，東西廂列石床，床上石函中為鐵匣，悉藏前世圖書、鍾王筆跡，紙墨如新。韜悉取，遂傳人間。」《晉書・陶侃傳》：「罔有遺漏。」庾詩：「碑石向鴻都。」《筆髓論》：「故覆腕搶毫，乃按鋒而直引。」晁以道《張氏重修園亭記》：「風雨摧剝，蒼皮白枝。」韓《石鼓歌》：「剜苔剔蘚露節角。」《輟耕錄》：「淳化中出御府所藏，命王著臨搨，以棗木鏤刻。」杜詩：「棗木傳刻肥失真。」《東觀餘論》：「凡草書分波磔者名章草，非此者但謂之草。」李詩：「牋麻素絹排數箱。」《唐書・百官志》：「弘文館有搨書手筆匠三人。」《法書苑》：「唐太宗學虞監隸書，每難於戈法。一日書遇戩字，召世南補寫其戈，以示魏鄭公。曰：『仰窺聖作，內戩字戈法逼真。』帝賞其鑒識。」**君家此書何處傳，云是萬歲通天年。則天酷嗜二王法，詔求手跡千金懸。從官方慶拜表進，臣祖羲獻與僧虔。生平行草數十紙，龍蛇盤蹙開天顏。賜官五階帛百疋，仍敕能手雙鉤填。裝成用寶進御府，不知何事流人間。**此段正序《萬歲通天貼》始末。〇酷嗜，見《後東皋歌》。《北史・申徽傳》：「此是申使君手跡。」千金，見《哭志衍》。《唐書・王綝傳》：「字方慶，以字顯。後嘗就求羲之書，方慶奏十世從祖羲之書四千餘番，太宗求之先，臣悉上送，今所存惟一軸。並上十一世祖洽、九世祖珣、八世祖曇、七世祖僧綽、六世祖仲寶、五世祖騫、高祖規、曾祖褒並九世從祖獻之等凡二十八人書，共十篇。後御武成殿，遍示群臣，詔中書舍人崔融序其代閥，號《寶章集》，復以賜方慶，士人歆其寵。」《晉書・王獻之傳》：「字子敬。七八歲時學書，羲之歎曰：『此兒後當復有大名。』」《南史・王僧虔傳》：「弱冠雅善隸書。」《書斷》：「逸少隸、行、草、章草、飛白五體俱入神。」曹堯賓詩：「大篆龍蛇隨筆札。」蘇詩：「婉轉龍鸞蹙。」《左傳・僖九年》：「天威不違顏咫尺。」《唐書・百官志》：「其辨貴賤，敘勞能，則有品有爵，有勳有階。」《曝書亭集》自注：「項氏家藏《千金帖》有三。一為唐雙鉤《萬歲通天帖》。」《史記・平準書》：「出御府禁藏以贍之。」**我思羲之負遠略，北伐貽書料強弱。惜哉徒令書畫傳，誓墓功名氣蕭索。江東無事富山水，興來灑筆臨池樂。足知文采賴昇平，父子優游擅家學。**此段就羲、獻作詠歎也。〇《左傳・僖九年》：「齊侯不務德而勤遠略。」《羲之傳》：「殷浩將北伐，羲之以為必敗，以書止之。浩遂行，果為姚襄所敗。」杜詩：「惜哉功名忤，但見書畫傳。」《羲之傳》：「王述少有名譽，而羲之甚輕之。及述蒙顯授，羲之恥為之下，遂稱病去郡，於父母墓前自誓。」氣蕭索，見《哭志衍》。《羲之傳》:「會稽有佳山水，名士多居之。」李詩:「興來灑筆會稽山。」《羲之傳》:「張芝臨池學書，池水盡黑。」《禮》:「省其文采。」昇平，見《琵琶行》。《詩》:「優游爾休矣。」《晉書・杜預傳》:「備成一家之學。」**只今海內無高門，稽山越水烽煙作。春風掛席由拳城，夜雨君齋話疇昨。嗚呼吾友雅州公，舒毫落紙前人同。一官烏撒沒抔土，萬卷青箱付朔風。少伯湖頭鼙鼓動，尚書第內煙塵空。可憐累代圖書盡，斷楮殘編墨林印。此卷仍逃劫火中，老眼縱橫看筆陣。**前四句點明項黃中家。「雅州」四句正是「話疇昨」也。「少伯」四句承「青箱付朔風」說下。後二句幸法帖之獨存。〇高門，見《玉京彈琴歌》。　沈休文《八詠》:「吳山高兮高難及，越水深兮不可測。」烽煙，見《宮扇》。　劉君房詩:「春風倚棹闔閭城。」謝靈運詩:「掛席拾海月。」《一統志》:「由拳故城在嘉興縣南。」　李義山詩:「卻話巴山夜雨時。」馬伯庸詩:「事方繼疇昨。」　《一統志》:「雅州府在四川布政使司西南三百三十里。元初曰雅州。雍正七年升為府。」《曝書亭集》:「聲國，字仲展。除知雅州事，卒於京師。」　杜詩:「揮毫落紙如雲煙。」　《一統志》:「昭通府在雲南布政使司西北一千一百六十里。元至元中，置烏撒路。二十四年，置烏撒烏蒙宣慰司。明洪武中，改為烏蒙府，屬四川布政使司。雍正五年，改隸雲南布政使司。九年，改曰昭通府。」按：詩意以雅州、烏蒙時俱隸四川，故「官烏撒」仍指雅州公也。抔土，見《下相懷古》。　《宋書・王悅之傳〔註6〕》:「家世相傳，並諳江左舊事，緘之青箱，世人謂之王氏青箱學。」王正長詩:「朔風動秋草。」　少伯，見《礬清湖》。鼙鼓，見《遇劉雪舫》。　煙塵，見《琵琶行》。　江道會《墨賦》:「點畫斷楮。」殘編，見《送周子俶》。　《觀佛三昧經》:「天地始終，謂之一劫。劫盡壞時，火災將起。」　老眼，見《宮扇》。按：王右軍有《書衛夫人筆陣圖後》。**君真襄毅之子孫，相逢意氣何相親。即看書畫與金石，訪求不屑辭家貧。嗟乎世間奇物戀故主，留取縹緗傲絕倫。**此段以黃中與法帖合說，亦是用詠歎法也。〇杜詩:「將軍魏武之子孫。」　意氣，見《贈李雲田》。　《史記・秦始皇紀》:「刻於金石，以為表經。」《宋史・閻守恭傳》:「常訪求士大夫。」　奇物，見《石公山》。　縹緗，見《遇南廂園叟》。絕倫，見《哭志衍》。

按：朱錫鬯《萬歲通天帖歌贈王舍人作霖》中有句云「百年以來藏項氏」，又云「王郎生長山陰縣」，則此帖再易主矣。《天祿閣識餘》:「筆陣圖乃羊欣作，李後主續之。今陝西刻石，李後主書也。」以為羲之，誤矣。

〔註6〕按：實出《宋書》卷六十《王准之傳》。

送徐次桓歸胥江草堂〔註7〕按：次桓，亦於之子也。《嘉興府志》：「秀水徐彬臣，字亦於。好奇負志節。崇禎丙子舉於鄉。仲子賓，西銘張溥奇其才，以姪女妻之。季子維以俠聞。」按：賓《胥山草堂詩》即用梅村「孺子飄零」語。次桓即賓也。《嘉興府志》：「胥山在府治東二十五里，相傳伍子胥伐越，駐兵於此，因以為名。伍子塘在府治東二十五里，接胥山。」按：此則胥江即胥山也。又，嘉興縣有胥山草堂，元初項冠建。　首四句從嘉興說起，是梅村遊嘉興而次桓隨至太倉者，故云「春來放檝鴛湖遊」、「裝隨到我海濱去」也。次桓自太倉歸嘉興，故云「雞黍流連別何遽」、「雲過胥江舊草堂」也。

春來放檝鴛湖遊，杉青閘畔登高樓。裼裘徐郎最年少，坐中搖筆煙霞收。此段於鴛湖初見次桓也。〇《一統志》：「杉青堰在嘉興府秀水縣東北五里，一名杉青閘。」《正字通》：「閘同牐。」《古詩》：「西北有高樓。」《禮》：「子游裼裘而弔。」《北齊書．徐之才傳》：「周舍戲之曰：『徐郎不用心思義而但事食乎？』年十三，召為太學生。」《梁書．沈約傳》：「帝問識坐中客不。」杜必簡詩：「搖筆弄青霞。」

裝隨到我海濱去，雞黍流連別何遽。雲過胥江舊草堂，乃父淒涼讀書處。此段次桓到胥江矣，點出乃父，開下文。〇《書》：「惟乃祖乃父，世篤忠貞。」淒涼，見《閬州行》。**滄山突兀枕江漬，伍相祠荒對夕曛。我是故人同季子，十年相識憶徐君。**此段前兩句是乃父讀書處，後兩句是與亦於交情。〇突兀，見《臨江參軍》。韓昌黎書：「天地之濆，大江之濱。」《嘉興府志》：「伍王廟在嘉興縣東胥山。」杜詩：「蝥弧照夕曛。」《史記．吳泰伯世家》：「季札之初使，北過徐君。徐君好季札劍，口弗敢言，季子心知之。為使上國，未獻。還至徐，徐君已死。於是乃解其寶劍，繫之徐君冢樹而去。」**只今孺子飄零客，蘆中窮士無人識。掛劍雖存舊業非，吹簫未遇吾徒惜。**此段說到次桓。〇《貧士傳》：「徐稺，字孺子。」此借用。飄零，見《遇劉雪舫》。《吳越春秋》：「漁父去後，子胥疑之，乃潛身於深葦之中。有頃，父來，因歌而呼之曰：『蘆中人，豈非窮士乎？』」《一統志》：「掛劍臺在東阿縣西南六十里安平鎮南。」《晉書．桓溫傳》：「資其舊業，反其土宇。」吹簫，見《行路難》。**歸去還登漁父船，南枝越鳥竟誰憐。投金瀨在王孫泣，白馬江聲繞舍邊。**此段寫送字意。〇《吳越春秋》：「子胥入船，漁父知其意也。乃

〔註7〕錢謙益《牧齋有學集》卷四《胥山草堂詩為徐次桓作》：

我歎嘉禾徐亦於，書生口欲吞玄菟。蠅頭自寫治安策，牛背偏懸長白圖。一朝旅病無端死，自笑身亡合汗喜。陰符蛛箧殉泉臺，秋卷牛腰付兒子。有子長貧手一編，腰鐮負米妻江邊。每循伍員耕時野，自種要離墓畔田。胥山草堂困沮洳，墨瀋書簽氣軒翥。批風抹月時出遊，兒啼婦呻且歸去。胥江水接浯溪湄，每飯無忘劍渭思。莫將鼓角風雲氣，銷與香奩金粉詩。

渡之千潯之津。」《古詩》:「越鳥巢南枝。」《吳越春秋》:「子胥曰:『子不聞河上歌乎?同病相憐。』」又:「越鷀向日而熙。」「南枝」句暗用之。《吳越春秋》:「子胥過溧陽瀨水之上,乃長太息曰:『吾嘗饑,於此乞食於一女子,女子飼我,遂投水而亡。將欲報以百金而不知其家。』乃投金水中而去。」《建康志》:「溧水,一名瀨水,東流為永陽江。江上有渚,曰瀨渚。即子胥乞食投金處。又名投金瀨。」王孫泣,見《雒陽行》。《水經注》:「文種沒後,錢塘於八月望見有銀濤白馬依期往來。」杜牧之詩:「泉聲繞舍啼。」

徐賚《胥山草堂詩》:「江上千章雲樹深,臨流小閣俯江陰。大夫靈爽真如昨,孺子飄零直至今。村似柴桑還寂寞,家移愚谷敢浮沉。蘆花芳草迷津口,明月西來未許尋。」賚又有《登胥山謁伍大夫祠》詩。

畫蘭曲

畫蘭女子年十五,生小琵琶怨春雨。記得妝成一見時,手撥簾帷便爾汝。從畫蘭人初見時起。〇《梁樂府·鉅鹿公主歌辭》:「車前女子年十五,手彈琵琶玉節舞。」生小,見《臨頓兒》。杜詩:「衣霑春雨時。」劉夢得詩:「有時粧成好天氣。」《漢書·趙充國傳》:「百聞不如一見。」祖詠詩:「驚起出簾帷。」韓詩:「昵昵兒女語,恩怨相爾汝。」**蜀紙當窗寫畹蘭,口脂香動入毫端。腕輕染黛添芽易,釧重舒衫放葉難。似能不能得花意,花亦如人吐猶未。珍惜沉吟取格時,看人只道儂家媚。橫披側出影重重,取次腰肢向背同。昨日一枝芳砌上,折來雙鬢鏡臺中。**此段寫畫蘭。「似能不能」二句妙盡畫理。「花亦如人」、「昨日一枝」,正復神光離合乃爾。〇李長吉詩:「芭蕉傾蜀紙。」當窗,見《送周子俶》。《楚辭》:「予既滋蘭之九畹兮。」白詩:「私語口脂香。」陸務觀詩:「山光染黛朝如濕。」劉孝綽詩:「蘭芽隱陳葉。」《說文》:「釧,臂環。」蕭綸詩:「舒衫受落花。」李詩:「似能未能最有情。」歐陽永叔詩:「古畫畫意不畫形。」按:「花如人」從「蓮花似六郎」化出。王詩:「寒梅著花未。」《宣和書譜》:「唐人類多工書,然亦頗自珍惜。」沉吟,見《送何省齋》。《宣和畫譜》:「自崔慤及其兄出,而畫格乃變。」陸務觀詩:「也有儂家此樂無。」隋煬帝詩:「遠意更重重。」白詩:「醉把花枝取次吟。」庾子慎詩:「本自細腰肢。」《圖繪寶鑑》:「畫花竹有四特景侯,陰陽向背。」《西洲曲》:「雙鬢鴉雛色。」《世說》:「溫嶠因下玉鏡臺一枚。」**玉指纔停弄絃索,漫攏輕調似花弱。殷勤彈到別離聲,雨雨風風聽花落。**從畫蘭轉到絃索,而起處「生小琵琶」句,便不突然。「花弱」、「花落」仍不脫畫蘭意。

○梁武帝《子夜歌》:「玉指弄嬌絃。」絃索，見《琵琶行》。　漫攏，見《琵琶行》注。《楚辭》:「悲莫悲兮生別離。」　蕭列詞:「風風雨雨，客里又黃昏。」**花落亭皋白露溥，舊根易土護新寒。可憐明月河邊種，移入東風碧玉欄。聞道羅幃怨離索，麝媒鵝絹閒嘗作。又云憔悴非昔時，筆床翡翠多零落。**此段畫蘭人不在舊簾帷矣。舊根移種映合蘭字意。畫字用兩層分襯。「聞道」、「又云」俱是虛寫。○柳文暢詩:「亭皋木葉下。」《詩》:「零露溥兮。」　岑參詩:「芳草滋舊根。」柳子厚《郭橐馳〔註 8〕傳》:「根卷而上易。」馬臻詩:「北風小雨戒新寒。」《大清一統志》:「明月灣在太湖石公山西二里。」　庾子慎詩:「漢帝玉為欄。」　羅幃，見《行路難》第十七首。《禮》:「吾離群而索居。」　韓致光詩:「蜀紙麝媒添筆媚。」鵝絹，見《清風使節圖》。班孟堅《兩都賦序》:「時時閒作。」　《古今樂錄》:「晉王瑨嫂婢謝芳姿應聲而歌云:『白團扇，憔悴非昔容，羞與郎相見。』」《玉臺新詠序》:「翡翠筆床，無時離手。」**今年掛檝洞庭舟，柳暗桑濃罨綺樓。度曲佳人遮鈿扇，知書侍女下瓊鉤。主人邀我圖山色，宣索傳來畫蘭筆。輕移牙尺見勻牋，側偃銀毫憐吮墨。席上回眸惜雁箏，醉中適口認魚羹。茶香黯淡知吾性，車馬雍容是故情。**此段再與畫蘭人相遇。○《字典》:「檝同楫。」《一統志》:「洞庭、東山、包山俱在吳縣太湖中。」　李義山詩:「花明柳暗繞天愁。」杜詩:「花濃春寺靜。」李詩:「綺樓青雲端。」　度曲，見《琵琶行》。韓致光詩:「鈿扇相欹綠。」陸務觀詩:「婢知書似鄭康成。」庾詩:「瓊鉤銀蒜條。」　王詩:「山色有無中。」宋子虛《宮詞》:「宣索當年菊部頭。」　盧延遜詩:「細想儀型執牙尺。」　陸務觀詩:「銀毫地綠茶膏潤。」《梁書・劉孝綽傳》:「故韜翰吮墨，多歷寒暑。」　杜牧之詩:「盼盼回眸遠。」張子野《詠箏詞》:「雁柱十三絃。」　嵇叔夜《養生論》:「嘗必美之，適於口也。」《西湖志餘》:「宋五嫂者，汴酒家婦，善作魚羹。」　茶香，見《西田詩》其二。黯淡，見《行略難》。　車馬雍容，見《送施愚山》。梁武帝詩:「寄語故情人，知我心相憶。」**常時對面憂吾瘦，淺立斜窺訝依舊。好將獨語過黃昏，誰堪幽夢牽羅袖。歸來開篋簡啼痕，腸斷生綃點染真。何似杜陵春禊飲，樂遊原上採蘭人。**此承上段低徊作結，與起處一段相應。「生綃」、「採蘭」，不脫題面。○《唐書・房喬傳》:「千里外猶對面語。」《古樂府》:「不知理何事，淺立經營中。」向子諲詞:「斜窺秋水長，軟語春鶯近。」　張文昌詩:「失意還獨語。」李義山詩:「誰伴過黃昏。」　皮襲美詩:「南山掛幽夢。」子建《芙蓉賦》:「擢素手於羅袖。」　開篋，見《送何省齋》。啼痕、生綃，見《永和宮詞》。點

〔註 8〕按:「馳」當作「駝」。

染，見《礬清湖》。　杜陵，見《永和宮詞》。王元長《曲水詩序》:「禊飲之日在茲，風舞之情咸暢。」　《長安志》:「樂遊園亦曰樂遊原。」《三輔黃圖》:「樂遊園在杜陵西北。」《西京雜記》:「樂遊原，漢宣帝所立。唐長安中，太平公主於原上置亭遊賞。每三月上巳，九月重陽，士女戲，就此祓禊登高。」《詩》:「士與女，方秉蕑兮。」朱子《詩傳》:「蕑，蘭也。鄭國之俗，三月上巳之辰，採蘭水上，以祓除不詳。」

或謂此詩所詠即王京道人。《玉京傳》:「能書蘭，能琴，柔柔承侍硯席間，如弟子然。」並與此詩合。然《玉京傳》「年十八，寓虎邱之山塘」，而此詩起句便云「書蘭女子年十五」，一異也。明月灣在吳縣虎丘，今屬元和。梅村作詩雖在元和未分縣以前，然「今年掛檝洞庭舟」，是仍到吳縣矣。而《玉京傳》主於海虞一故人，二異也。《板橋雜記》:「玉京有妹曰敏，亦善畫蘭鼓琴。對客為鼓一，再行即推琴斂手，面發赬色。乞畫蘭，亦止寫篠竹枝蘭草二三朵，不似玉京之縱橫枝葉，淋漓墨瀋也。然一以多見長，一以少為貴，各極其妙，識者並珍之。攜來吳門，一時爭豔，戶外屨恒滿。乃心厭市囂，歸申進士維久。維久病且歿，家中替後嫁一貴官潁川氏。三年病死。」此詩「腕輕染黛」四句與敏合。而「移入玉欄」者，其在初歸維久時。「掛檝洞庭」者，其隨維久遊於吳耶？「主人邀我圖山色，宜索傳來畫蘭筆」，當是維久邀梅村作畫，而梅村即向維久索敏之畫蘭也。梅村《申少觀壽序》:「大參有九子，青門之長兄官比部。其季弟曰進士維久，嘗從余遊。」　張如哉曰:「杜詩:『三月三日天氣新，長安水邊多麗人。』此詩結處全用《麗人行》語，含『慎莫近前』意。」

送杜公弢武歸浦口《明史・杜桐傳》:「崑山人，從延安衛。子文煥，字弢武。」■■■■■■■■■■■■■■■■■■■■■■■■■〔註 9〕何仲言詩:「浦口望斜辯月。」

將軍威名著關隴，紫面虬髯鋒骨竦。西州名士重人豪，北地高門推將種。起家二十便登壇，氣壓三河震百蠻。夜半旌旗度青海，雪中笳鼓動蕭關。此段言弢武之家門盛而建功早也。起句是通篇眼目。○威名，見《贈吳雪航》。《後漢書・公孫述傳》:「令漢帝釋關隴之憂。」　歐陽永叔詩:「乍見紫面生光華。」杜詩:「虬髯十八九。」鋒骨，見《遇南廂園叟》。　西州，見《又詠古》。《月令》:「聘名士。」人豪，見《行路難》。　《後漢書・馬援傳》:「遂亡命北地。」高門，見《彈琴歌》。按:「西州」、「北地」，皆以比弢武之在延安衛也。《史記・齊悼惠王世家》:「劉章自請曰:『臣將種也。』」　《史記・鼂錯傳》:「上招賢良鄧公，起家為九

〔註 9〕墨丁，稿本、天圖本作「《大清一統志》:『清江浦渡在淮安府山陽縣西三十里』」。

卿。」劉文房詩：「三十登壇眾所尊。」《漢書・高帝紀》：「悉發關中兵，收三河士。」《詩》：「因時百蠻。」　青海，見《贈雪航》。《梁書・曹景宗傳》：「歸來笳鼓競。」《一統志》：「蕭關在平涼府固原州東南三十里。」**當時海內稱劉杜，死事忠勳君叔父。黃砂磧上起豐碑，李氏功名何足數。君為猶子有家風，都護防秋杖節同。白帝傳烽移劍外，黃巾聞警出榆中。**前四句是「北地高門」，後四句是「西州名士」也。〇《明史・劉綎傳》：「字省吾。萬曆四十六年，帝念遼警，召為左府僉書。明年二月，經略楊鎬令綎及杜松、李如柏、馬林四路出師。綎已深入三百里，為大清兵所乘，大潰，綎戰死。」又，《杜桐傳》：「弟松，字來清。楊鎬議四路出師，以撫順最沖，令松以六萬兵當之。松兵大敗，歿於陣。」　死事，見《哭志衍》。貢性之詩：「人臥黃砂磧裏春。」　豐碑，見《讀西臺記》。《明史・李成梁傳・贊》：「自俺答款宣、大，薊門設守固，而遼獨被兵。成梁遂擅戰功，至剖符受封，震耀一時，倘亦有天幸歟！列戟擁麾，世傳將種，而恇怯退避，隳其家聲。」《禮》：「兄弟之子，猶子也。」《北史・虞世基傳》：「長子肅，時人稱有家風。」　都護，見《行路難》注。《唐書・陸贄傳》：「西北邊歲調河南江淮兵，謂之防秋。」《晉書・王珣傳》：「謝玄為桓溫掾，溫曰：『謝掾年四十，必擁旄杖節。』」《杜桐傳》：「文煥由蔭敘歷延綏游擊將軍，進參將，副總兵，擢都督僉事，寧夏總兵官。」《綱目三編》：「明神宗四十四年，套虜犯延綏，總兵官杜文煥破降之。」　白帝，見《送志衍入蜀》。杜詩：「西京傳烽火。」又：「劍外忽傳收薊北。」　《大清一統志》：「劍門在保寧府劍州北二十五里，亦曰劍閣，有大小二劍山。」《明史》：「奢崇明圍成都，總督張我續請文煥赴救，至則圍已解，偕諸軍復重慶，崇明遁永寧。」　黃巾，見《雒陽行》。《漢書・枚乘傳》：「北備榆中之關。」《〈後漢書・董卓傳〉注》：「榆中縣，金城郡。」《大清一統志》：「榆林府在陝西布政司北一千三百五十里。」《杜桐傳》：「陝西群盜起，總督楊鶴請令文煥署延鎮事，兼督固原軍。」又，《流賊傳》：「崇禎二年，召故總兵杜文煥督延綏、固原兵，便宜剿賊。」**功敗垂成謀不用，十年心力堪悲痛。只今天地滿風塵，餘生淪落江南夢。江南煙雨長菰蒲，蟹舍魚莊家有無。醉裏放歌衰鬢短，狂來搖筆壯心蘇。**此言明亡以後，弢武南歸也。《杜桐傳》：「國變後，文煥父子歸原籍崑山。」〇《北史・若干惠傳》：「恨其垂成之功虧於一簣。」謀不用，見《哭志衍》。　十年之力，見《汲古閣歌》注。心力，見《礬清湖》。　風塵，見《哭志衍》。　餘生，見《送周子俶》。淪落，見《避亂》。《樂府雜錄》：「《望江南》，亦曰《夢江南》。」　杜牧之詩：「多少樓臺煙雨中。」菰蒲，見《塗松晚發》。張志和詩：「松江蟹舍王人歡。」郭翼詩：「花間移艇到魚莊。」《詩》：「何有何無。」　杜詩：

「白日放歌須縱酒。」《隋書・孫萬壽傳》:「衰鬢先蒲柳。」　搖筆，見《送徐次桓》。曹孟德詩:「壯心不已。」杜詩:「心蘇七校前。」**自言少年好詩酒，學佛求仙遍師友。床頭真訣幸猶在，肘後陰符復何有。嗟餘憔悴臥江潭，騎省哀傷初未久。君來一見即論文，謂結婚姻商不朽。蹉跎此意轉成空，自恨愆期負若翁。非是雋君辭霍氏，終然丁掾感曹公。**前四句弢武自言，而以詩酒引起論文等語，師友引起結婚姻等語也。後八句補寫求婚未許，是贈詩之由。〇《南史・袁粲傳》:「獨步園林，詩酒自適。」　方雄飛詩:「人間學佛知多少。」《史記・封禪書》:「求仙人羨門之屬。」《後漢書・李膺傳》:「惟以同郡荀淑、陳實為師友。」床頭，見《宮扇》。李詩:「真訣自從茅氏得。」《晉書・葛洪傳》:「洪抄《肘後急要方》四卷。」《唐書・藝文志》:「《集注陰符經》一卷。」《楚辭》:「屈原既放，遊於江潭，顏色憔悴。」　潘安仁《秋興賦》:「予寓直於散騎之省。」安仁又有《悼亡詩》三首。　論文，見《東萊行》。《左傳・成十三年》:「重之以婚煙。」又，僖三十三年:「死且不朽。」　蹉跎，見《送何省齋》。杜詩:「此意竟蕭條。」■■《詩》:「非我愆期。」《史記・高祖紀》:「吾翁即若翁。」《漢書・雋不疑傳》:「大將軍光欲以女妻之，不疑固辭。」師古曰:「雋音字兗反，又辭兗反。」《魏志注》:「《魏略》曰:『丁儀，字正禮，沛郡人也。太祖欲以愛女妻之，以問五官將，曰:女人觀貌，而正禮目不便，誠恐愛女未必悅也。太祖從之。尋闢儀為掾，嘉其才朗，曰:丁掾好士也，是吾兒誣我。』」**此後相逢輒悲歎，秦關何處鄉書斷。苦憶江南欲住難，羈棲老病無人看。三經出塞五專征，一卷詩書記姓名。奴僕旌旄多甲第，親朋兵火剩浮生。重向天涯與我別，憑欄把酒添淒咽。煙水蘆花一雁飛，回頭卻望江南月。**此兩段再敘交誼。前四句是重逢，後四句是送別。〇崔顥詩:「河山北枕秦關險。」按:詩意亦指延安衛也。崔澄瀾詩:「海外歸書斷。」　白詞:「能不憶江南?」　杜詩:「跡有但羈棲。」又:「老病有孤舟。」《史記・周紀》:「蘇厲謂東周君曰:『今又將兵出塞。』」專征，見《夜宿阜昌》。《史記・項羽紀》:「書足記名姓而已。」　又,《李將軍傳》:「廣之軍吏及士卒或取封侯。」杜詩:「奴僕且旌旄。」《史記・魏其武安侯傳》:「治宅甲諸第。」　親朋，見《塗松晚發》。兵火，見《遇南廂園叟》。浮生，見《二十五日詩》。　天涯、憑欄，並見《送何省齋》。把酒，見《東萊行》。淒咽，見《十五日詩》。　陸魯望詩:「但知籠煙水。」江總持詩:「蘆花霜外白。」李義山詩:「萬里雲羅一雁飛。」

按:「三經出塞」，以《明史》考之。沙計數盜邊，為文煥所敗，遂納款。一出塞也。沙計與吉能、明愛合，駐高家、柏林邊，要封王、補賞十事。文煥襲其營，斬首百五十。再出塞也。沙計又伏兵沙溝，犯雙山堡，復犯波羅，文煥擊破之，追奔二十餘里。三出塞也。「五專征」者，天啟元年，再鎮延綏，詔援遼，一也；成都圍解，擢總理，盡統湖廣川貴軍，二也；七年，起鎮寧夏，寧錦告警，詔文煥馳援，三也；崇禎中，議設一大將，兼統山陝軍，乃令文煥為提督，四也；十五年，用總督楊文岳薦，以故官討賊，五也。明末諸〔註10〕將，劉綎、杜松、曹文詔、曹變蛟、周遇吉、黃得功之徒，皆以死勤事，而文煥數謝病歸，壽考令終，第其材武尚非諸人之偶，蓋亦有天幸者與？

蘆洲行蘆洲，見《塗松晚發》。　《大清會典》：「順治七年，令各督撫遴委屬員，將沿江蘆洲舊額新漲詳查報官，如有狥情隱漏，督撫一併議處。」《大清一統志》：「傅臘塔，滿洲鑲黃旗人。康熙二十七年，授兩江總督，丈量蘆地。舊委州縣佐貳，多擾民。至是悉用印官經理，並請從前積逋，分期帶徵，以甦民困。」按：梅村於康熙十年已卒，未之見也。

江岸蘆洲不知里，積浪吹沙長灘起。云是徐常舊賜莊，百戰勳名照江水。祿給朝家禮數憂，子孫萬石未云酬。《鎮洋縣志》作「子孫萬石功未酧」，非。**西山詔許開煤冶，南國恩從賜荻洲。**此段言蘆洲本屬賜莊，是賜莊之盛也。「云是徐常舊賜莊」、「亦長蘆根豈賜莊」，乃一篇之眼目。○駱賓王詩：「客似遊江岸。」《莊子》：「鯤之大，不知其幾千里也。」　陳伯玉詩：「積浪下沄沄。」杜詩：「回風颯颯吹沙塵。」錢翊詩：「驚夢近長灘。」　徐常，見《遇南廂園叟》。《明史．食貨志》：「太祖賜勳臣、公侯、丞相以下莊田，多者百頃。」《漢書．韓信傳》：「成安君有百戰百勝之計。」勳名，見《東萊行》。江水，見《閬州行》。　《後漢書．應劭傳》：「是以朝家外而不內。」又，《胡廣傳》：「禮任甚憂。」任彥升詩：「生平禮數絕。」《史記．萬石君傳》：「石君及四子皆二千石，號奮為萬石君。」　西山，見《贈雪航》。《一統志》：「煤，宛平、房山二縣出。」《詩》：「南國之紀。」王臺卿詩：「蘭橈避獲洲。」**江水東流自朝暮，蘆花瑟瑟西風渡。金戈鐵馬過江來，朱門大第誰能顧。惜薪司按先朝冊，勳產蘆洲追籽粒。已共田園沒縣官，仍收子弟徵租入。**此段言賜莊變為蘆洲，乃賜莊之衰也。○劉文房詩：「東流自朝暮。」　白詩：「楓葉蘆花秋瑟瑟。」　李襲吉《諭梁書》：「金戈鐵馬，蹂躪於明時。」朱門，見《臨頭兒》。《漢書．王嘉傳》：「董賢治大第。」　《明史．職官志》：「惜薪司掌印太監一員，掌所用薪炭之事。」先朝，見《清風使節圖》。　杜詩：「除芒子

〔註10〕「諸」，稿本、天圖本作「名」。

粒紅。」《宋書・沈慶之傳》:「廣開田園之業。」沒縣官，見《鴛湖曲》。柳子厚《捕蛇者說》:「當其租入。」**我家海畔老田荒，亦長蘆根豈賜莊。州縣逢迎多妄報，排年賠累是重糧。丈量親下稱蘆政，鞭笞需索輕人命。胥吏交關橫派徵，差官恐喝難供應。江南尺土有人耕，踏勘終無豪占情。徒起冉科民力盡，卻虧全課國租輕。**原注：積年升科老田，本漕白重課，指為無糧侵佔，故有重糧再科。後重糧去而定為蘆課，視原額反少減矣。甚言害民而又損國，其無益如此。此段言蘆洲之非賜莊者，亦以近賜莊而起科也。○《史記・越世家》:「范蠡畊於海畔。」蘇詩:「春水蘆根看鶴立。」《宋史・富弼傳》:「州縣奉行，勢侔星火。」逢迎，見《揖山樓》。《明史・食貨志》:「歲役里長一人，甲首一人，董一里一甲之事，先後以丁糧多寡為序。凡十年一周，曰排年。」《漢書・枚乘傳》:「石稱丈量。」《會典》:「順治三年，差滿漢部員管理蘆政。」《漢書・陸賈傳》:「鞭笞天下。」《宋史・李若谷傳》:「敕使需索煩擾。」《後漢書・鍾離意傳》:「詔有司慎人命，緩形罰。」白詩:「誰知對胥吏。」《後漢書・西羌傳》:「使南北不得交關。」《戰國策》:「橫人日夜務以秦權恐喝諸侯。」《憲宗實錄》:「楊鼎上濬河事宜，上命同漕運袁佑踏勘。」《宋史・李綱傳》:「且免重科金銀之擾。」《左傳・昭八年》:「民力彫盡。」《漢書・何武傳》:「租常不入，縣數其負課。」《南史・梁武帝紀》:「王公以下，各上國租。」《寶山縣志》:「明時，長江一帶蘆洲悉屬勳產，不在州縣衛額之中。順治間，添設蘆政司，專理此項。是時蘆政並撫院臨縣查勘，不拘漕額盈虧，將吳松江、劉河淤、漲沙塗及七八都加科糧米概於〔註 11〕蘆課，題報課銀一千二百八兩。其後坍漲不常。十三年、十六年，遞為增減。至康熙五年，奉工部差員臨縣復行查勘，升漲除坍，題定軍民額課一千五百七兩四分五里零，課田分定上中下三等，課蕩派定蘆地泥灘水影五則，其後裁汰蘆政銀歸布政司，歷年徵解。自是■■■〔註 12〕蘆課■〔註 13〕增，額內之坍糧日缺矣。」《大清會典》:「國家歲輸東南漕於京師，以充軍國之用。有正兌米，有改兌米。正兌入京倉，攻兌入通倉。白糧解運京師，所以供上用及頒給俸祿。」**詔書昨下知民病，解頭使用今朝定。早破城中數百家，蘆田白售無人問。休嗟百姓困誅求，憔悴今看舊五侯。只好負薪煨馬矢，敢誰伐荻上漁舟。**此段言恩詔初下，蘆洲前困也。「五侯」句仍回映賜莊。○詔書，見《遇南廂園叟》。《宋史・宋瓚傳》:「天子

〔註 11〕「於」,《寶山乾隆縣志》卷五上《田賦志上》作「入」。(上海古籍出版社 2012 年版，第 101 頁)

〔註 12〕「■■■」，稿本、天圖本、讀秀本作「額外之」。

〔註 13〕「■」，稿本、天圖本、讀秀本作「日」。

以民病，俾我撫綏。」　按：沈石田《客座新聞》引桑民懌嘲富翁詩：「廣買田產真可愛，糧長解頤專等待。」本諺語也，此直以莊語用之矣。　破家，見《又詠古》。《玉海》：「貧急於售田。」　誅求，見《遇南廂園叟》。　五侯，見《遇劉雪舫》。《禮》：「問庶人之子，長曰能負薪矣。」馬矢，見《汲古閣歌》。《南史·宋高祖紀》：「帝素貧，伐荻新洲。」《顏氏家訓》：「伍員之寄漁舟。」**君不見舊洲已沒新洲出，黃蘆收盡江潮白。萬束千車運入城，草場馬廄如山積。樵蘇猶向鍾山去，軍中日日燒陵樹。**此段即蘆洲而詠歎之，結句興慨，則賜莊又不足道矣。○《宋書·張興世傳》：「沔水自襄陽以下至於九江，二千里中，先無洲嶼。興世初生，當其門前水中，一日忽生洲。」　白詩：「黃蘆苦竹繞宅生。」劉文房詩：「江潮通廨舍。」《說苑》：「諄于髡曰：『高得萬束。』」《東京夢華錄》：「近新城有草場二十餘所，每遇冬月，諸鄉納粟稈草，禾場內堆積如山。」《詩》：「乘馬在廄。」《史記·淮陰侯傳》：「樵蘇後爨。」《大清一統志》：「鍾山在上元縣東北。」詳七言律《鍾山》。　謝宣遠詩：「鬱鬱西陵樹。」

《蘆洲行》、《捉船行》、《馬草行》，可仿杜陵之《三吏》、《三別》矣。杜句中如「有吏夜捉人」，「肥男有母送，瘦男獨伶俜」，俗字里語都入陶冶。而此詩如「賠累」、「需索」、「解頭」、「使用」等字，《捉船行》「買脫」、「曉事」、「常行」、「另派」等字，《馬草行》「解戶」、「公攤」、「苦差」、「除頭」等字，皆係詩中創見。蓋梅村有意學杜故也。然杜陵當天寶亂離之際，故語語逼真；梅村當本朝定鼎之初，則傳聞興辭。謹按《大清會典》：康熙二十三年，議准丈量蘆地，令選委賢能，不須用佐貳官。如有借稱丈量需索累民者，督撫指參，則所謂「賠累」、「需索」者無有也。又，《會典》：「徵收科則，江南蘆課銀，上田每畝八分五釐，中田每畝七分，下田每畝六分，埂地密蘆地每畝各四分，上地埂劃每畝各三分五釐，稀蘆地每畝三分，草地、水蕩劃水影灘每畝各一分，上泥灘、白水灘每畝各五釐，次泥灘每畝二釐，下泥灘每畝一釐。」則所謂再科民病者無有也。此三詩存於集中，足以見本朝寬大之政，博收乎師箴瞍誦矣。較退之《南山》，尚有補於世云。

捉船行梁簡文帝詩：「水深能捉船。」

官差捉船為載兵，大船買脫中船行。中船蘆港且潛避，小船無知唱歌去。郡符昨下吏如虎，快槳追風搖急櫓。村人露肘捉頭來，背似土牛耐鞭苦。苦辭船小要何用，爭執洶洶路人擁。前頭船見不敢行，曉事篙

師斂錢送。船戶家家壞十千，官司查點候如年。發回仍索常行費，另派門攤云雇船。君不見官舫嵬峨無用處，打鼓插旗馬頭住。就捉船中捕出小船，是加一倍寫法也。蓋買脫者、潛避者皆已曉事斂錢，小船無知而亦入於曉事斂錢之隊，則無不斂錢者矣。至於發回索費，另派門攤，是捉船之後又有兩番斂錢也。然官舫尚無所用，則不須捉，亦不須雇，甚言郡符之謬，通篇俱用加一倍寫法。○王仲初詩：「官差射虎得虎遲。」《越絕書》：「大船陵居，小船沒水。」 蘇有《寒蘆港》詩。李伯仁《屏風銘》：「舍則潛避。」 梁簡文帝詩：「送別唱歌難。」 白詩：「潯陽佐郡符。」杜詩：「府帖昨夜下。」《詩》：「有力如虎。」 《玉篇》：「欒，楫屬。」《古今注》：「秦始皇有馬名追風。」此借用《三國志・呂蒙傳》「使白衣搖櫓」。 露肘，見《避亂》。捉頭，見《東萊行》。《魏書・甄琛傳》：「趙修小人，背如土牛，殊耐鞭杖。」 苦辭，見《礬清湖》。《唐書・陸贄傳》：「洶洶靡定。」梅聖俞詩：「夾道都人擁。」 陸魯望詩：「朱閣前頭露井多。」 《宋史・張忠恕傳》：「當求曉事之臣。」篙師，見《避亂》。元詩：「符下斂錢急。」 《詩》：「歲取十千。」 《左傳・隱五年》：「官司之守。」唐子西詩：「日長如小年。」 《續通考》：「金制額外課三十有二，七曰門攤。」張仲舉詩：「歸時留作雇船錢。」 高季迪詩：「磯石繫官舫。」張平子《西京賦》：「狀嵬嵬以岌嶪。」 杜詩：「打黃發船何郡郎。」梅聖俞詩：「馬頭攙岸鬥，瓶尾泊船齊。」

馬草行馬草，見《遇南廂園叟》。

秣陵鐵騎秋風早，廄將圉人索芻槁。當時磧北起蒲梢，今日江南輸馬草。府帖傳呼點行速，買草先差人打束。香芻堪秣飽驊騮，不數西涼誇苜蓿。八句點明馬草。○《宋書・符瑞志》：「初，秦始皇東巡，濟江，望氣者云：『五百年後江東有天子氣，出於吳，而金陵之地有王者之勢。』乃改金陵曰秣陵，鑿北山以絕其勢。」鐵騎，見《琵琶行》。盧昇之詩：「常恐秋風早。」 《漢書・張良傳》：「沛公拜良為廄將。」《周禮・夏官》：「圉人掌養馬芻牧之事。」《史記・秦始皇紀》：「下調郡縣，轉輸菽粟芻槁。」《隋書・陰壽傳》：「高寶寧棄城奔於磧北。」《史記・樂書》：「伐大宛，得千里馬，名蒲梢。」 府帖，見《遇南廂園叟》。傳呼，見《彈琴歌》。杜詩：「行人但云點行頻。」 《五燈會元》：「一把香芻拈未暇。」驊騮，見《贈家侍御》。 《大清一統志・肅州表》：「晉酒泉郡，義熙初為西涼郡。」《史記・大宛傳》：「馬嗜苜蓿，漢使取其實來，於是天子始種苜蓿、蒲陶肥饒地。」**京營將士導行錢，解戶公攤數十千。長官除頭吏乾沒，自將私價僦車**

船。苦差常例須應免，需索停留終不遣。百里曾行幾日程，十家早破中人產。此段用馬草。○《明史·職官志》：「永樂二十二年，置三大營：曰五軍營，曰神機營，曰三千營。」《後漢書·光武帝紀》：「於是大饗將士。」又，《呂強傳》：「每郡國貢獻，先輸中署，名為導行費。」　丨千，見《捉船行》。　元詩：「長官清平太守好。」《史記·張湯傳》：「湯始為小吏乾沒。」　《說文》：「僦，賃也。」《漢書·西域傳》：「車船行旁國。」　《晉書·賈充傳》：「不同常例。」　需索，見《蘆洲行》。《禮》：「君言不宿於家。」《疏》：「謂受君言，宜急去，不得停留宿於家也。」《唐書·明皇紀》：「遂留不遣。」　杜詩：「功曹幾月程。」《史記·文帝紀》：「百金，中民十家之產。」李詩：「破產不為家。」**半路移文稱不用，歸來符取重裝送。推車挽上秦淮橋，道遇將軍紫騮鞚。轅門芻豆高如山，長衫沒髁看奚官。黃金絡頸馬肥死，忍令百姓愁飢寒。**此段再用馬草。○孔德璋有《北山移文》。《後漢書·列女傳》：「裝送資賄甚盛。」《左傳·成二年》：「故不能推車而及。」又，襄十四年：「或輓之，或推之。」《一統志》：「鎮淮橋在江寧府聚寶門內，橫跨秦淮，長十有六丈，上元縣與江寧縣分界。」　楊炯詩：「金鞭控紫騮。」　杜詩：「飛鳥避轅門。」《晉書·桓溫傳》：「頗聞劉景升有千觔大牛，噉芻豆十倍於常牛。」　庾詩：「長衫教舞兒。」《說文》：「髁，髀骨也。」《晉書·汪堅傳》：「邵廣二子求自沒為奚官奴，以贖父罪。」《唐書·百官志》：「奚官局令二人，丞二人，掌奚隸、工役、宮官之品。」　黃金絡，見《哭志衍》。《史記·滑稽傳》：「楚莊王之時，有所愛馬病肥死。」**回首當年開僕監，龍媒烙字麒麟院。天閒轡逸起黃沙，遊牝三千滿行殿。蔣山南望獵痕燒，放牧秋原見射雕。寧巠雕胡供伏櫪，不堪極目草蕭蕭。**以感慨作結。○《明史·職官志》：「大僕寺卿一人，轄各牧監。監正一人，監副一人。」　漢武帝《天馬歌》：「天馬徠兮龍之媒。」《明史·職官志》：「三歲偕御史一人印烙，選其健良而汰其羸弱。」程大昌《演繁露》：「古有麟麟，非馬也。至《淮南子》始曰『應龍生建馬，建馬牛麟麟，麟麟生庶獸，尼〔註 14〕毛者皆生於庶獸』。則漢世已用馬之上品配麒麟，而加馬其旁矣。故唐廄遂以祥麟院為名。」　《周禮》：「天子十有二閑，馬六種。」《國語》：「馬逸不能止。」謝無逸詩：「黃沙似舒金。」　《詩》：「騋牝三千。」李義山詩：「猶鎖平時舊行殿。」　《一統志》：「鍾山在上元縣東北朝陽門外。孫權避祖諱，改名蔣山。」惠崇詩：「春入燒痕青。」　《後漢書·光武紀》：「自是牛馬放牧，邑門不閉。」李百藥詩：「總轡臨秋原。」《漢書·李廣傳》：「是必射雕者也。」《說文》：

〔註 14〕「尼」，《演繁露》卷十六作「凡」。

「莝，斬芻也。」《子虛賦》:「其埤溼則生藏莨蒹葭，東薔雕胡。」伏櫪，見《送志衍入蜀》。　極目，見《贈李雲田》。許仲晦詩:「無媒徑路草蕭蕭。」

朱錫鬯《馬草行》:「陰風蕭蕭邊馬鳴，健兒十萬來空城。角聲嗚嗚滿街道，縣官張燈征馬草。階前野老七十餘，身上鞭樸無完膚。里胥揚揚出官署，未明已到田間去。橫行叫罵呼盤飧，闌牢四顧搜雞豚。歸來輸官仍不足，揮金夜就倡樓宿。」

題志衍所畫山水

畫君故園之書屋，午榻茶煙蒔花竹。著我溪邊岸葛巾，十年笑語連床宿。畫君蜀道之艱難，去家萬里誰能還。戎馬千山西望哭，杜鵑落月青楓寒。先將畫志衍作兩層寫。〇杜詩:「掛君高堂之素壁。」李義山詩:「仰眠書屋中。」　鄭九成詩:「午榻茶煙颺鬢絲。」　杜詩:「與致溪邊十畝陰。」陸務觀詩:「又向沙頭岸幅巾。」《晉書·陶潛傳》:「取頭上葛巾漉酒畢。」　朱子詩:「妙語夜連床。」　李有《蜀道難》詩。　《老子》:「戎馬生於郊。」千山，見《贈願雲師》。張平子詩:「側身西望涕沾裳。」　杜詩:「落月滿屋樑。」青楓，見《行路難》。**今之此圖何者是，黯澹蒼茫惟一紙。想像雲山變滅中，其人與筆寧生死。**此段承上兩層說入，志衍所畫在即理之間。〇杜詩:「今之畫圖無乃是。」　黯澹，見《行路難》。蒼茫，見《歸雲洞》。《晉書·劉宏傳》:「得劉公一紙書，賢於十部從事。」《華嚴經》:「是身如浮雲，須臾變滅。」　《史記·老子傳》:「其人與骨皆已朽矣。」**我思此道開榛蕪，東南畫脈多蕭疏。君嘗展卷向予說，得及荊關老輩無。巫山巫峽好粉本，一官大笑誇吾徒。此行歸來掃素壁，捫腹滿貯青城圖。只今猶是江南樹，憶得當時送行處。楊柳青青葭菼邊，雙槳搖君此中去。**此段迴環婉轉。我思、君說，情景醲至。「巫山」四句應「蜀道艱難」一層，「江南」四句應「故園書屋」一層也。〇杜詩:「天地日榛蕪。」　《韻會》:「脈字從月從𠂢。今從永者，誤也。」蕭疏，見《礬清湖序》。　陸務觀詩:「更取丹經展卷看。」　《畫鑑》:「荊浩山水為唐宋之冠，關仝嘗師之。」方萬里詩:「乾淳老前輩，間有數字完。」《大清一統志》:「巫山在夔州巫山縣東，其間首尾一百六十里，謂之巫峽，蓋因山為名。」《圖繪寶鑑》:「古人畫槁，謂之粉本。」　一官，見《送何省齋》。《左傳·閔二年》:「在此行也。」素壁，見《西田詩》。　蘇詩:「散步逍遙自捫腹。」《一統志》:「青城山在成都府灌縣西南五十里。」《玉匱經》曰:「此五大洞寶仙九室之天。」　孫逖詩:「可憐愁思江南樹。」　高達夫詩:「無那春風欲送行。」　隋無名氏詩:「楊柳青青著地垂。」葭菼，見《礬清湖》。　陸務觀詩:「兩槳去搖東浦月。」

題蘇門高士圖贈孫徵君鍾元原注：容城人。孝廉。　蘇門，見《讀鄭世子傳》。高士，見《河渚圖》。　《後漢書·黃憲傳》：「天下號曰徵君。」湯孔伯《孫氏墓誌》：「徵君孫先生，兩朝徵聘十一次，堅臥不起，故天下稱為徵君。」《一統志》：「孫奇逢，字啟泰，保定府容城縣人。年十七，舉於鄉。既乃屏棄不事，潛心濂洛諸儒之緒。」劉公勇《七頌堂文集》：「容城鍾元孫先生，今隱蘇門。」

蘇門山水天下殊，中有一人清且臞。龐眉扶杖白髭鬚，鶡冠野服談詩書。定州城北滱水瀦，白沙村畔為吾廬。此段籠起通篇。○白詩：「中有一人字太真。」清臞，見《攀清湖》。　張平子《思玄賦》：「尉龐眉而郎潛兮。」扶杖，見《送何省齋》。白詩：「位高方稱白髭鬚。」　《漢書·藝文志》：「《鶡冠子》一篇。」注：「楚人居深山，以鶡為冠。」《晉書·張忠傳》：「請以野服入覲。」　定州，見《蟋蟀盆歌》。《一統志》：「唐河即滱水也，源出山西大同府靈邱縣，逕完縣西北、唐縣西南界，又東南過定州。」《禹貢》蔡《傳》：「水蓄而復流曰瀦。」　按：《汪氏說鈴》：「鍾元居蘇門夏峰村。」而此云「白沙村」者，蓋夏峰在衛輝府為僑寓地，白沙在容城，其里居也。吾廬，見《松鼠》。**少年蹀躞千金駒，獻策天子來皇都。腰韃三矢玉鹿盧，幽州臺上為歡娛。日暮酒酣登徐無，顧視同輩誰能如。**此段言徵君本有志於當世也。○蹀躞，見《送何省齋》。《淮南子》：「馬之似鹿者千金。」《宋史·張齊賢傳》：「以布衣獻策。」皇都，見《宮扇》。《〈漢書·韓延壽傳〉注》：「韃，弓衣也。」《五代史·伶官傳·論》：「與爾三矢。」《宋書》：「《艷歌·羅敷行》：『腰中鹿盧劍。』」　《帝京景物略》：「京師，古幽州也。」《述異記》：「燕昭王為郭隗築臺，在今幽州燕王故城中，土人呼為賢士臺。」歡娛，見《送何省齋》。　《史記·高祖紀》：「酒酣。」《一統志》：「徐無山在遵化州西。」　《隋書·沈光之》：「同輩莫與為比。」**十人五人居要樞，拖金橫玉當朝趨。今我不第胡為乎，有田一廛書百廚。雞泉馬水吾歸歟，七徵不起乘柴車，當時猶是昇平餘。**此段言徵君歸隱。○韓詩：「凡此坐中人，十九持鈞樞。」　杜詩：「拖玉腰金報主身。」《南史·陸澄傳》：「陸公，書廚也。」　《一統志》：「滿城縣西塘泊，其西南二里許有泉噴出，狀如雞距。」又：「馬溺水在唐縣西。」　王無功詩：「九徵書未已。」柴車，見《行路難》。　昇平，見《琵琶行》。**一朝鐵騎城南呼，長刀斫背將人驅。里中大姓高門閭，鞭笞不得留須臾。叩頭莫敢爭高腴，乞為佃隸租請輸。牽爺擔子立兩衢，問言不答但欷歔。**此段言徵君遭逢世變。○鐵騎，見《馬草行》。《樂府》：「戰城南。」　《宋書·武帝紀》：「手奮長刀，所殺傷甚眾。」　《漢書·陳咸傳》：「豪猾吏及大姓。」又，《于定國傳》：「少高大門閭。」　鞭笞，見《蘆洲行》。

《漢書・賈山傳》:「願少須臾毋死。」《後漢書・劉昆傳》:「輒向火叩頭。」班孟堅《西都賦》:「華寔之毛,則九州之上腴焉。」《南史・何思澄傳》:「悉以代貧人輸租。」《〈周禮・地官〉注》:「舞交衢。」按:兩衢即交衢。《詩》:「聽言則答。」欷歔,見《攀清湖》。**先生閉門出無驢,僵臥一榻絕朝餔。弟子二人舁籃輿,百門書院今空虛。此中聞是孫登居,太行秀色何盤紆。檟楠榛栗松杉儲,風從中來十萬株。嘯臺遺址煙霞俱,流泉百道穿堦除。**此段言徵君終隱蘇門,成乎其為高士也。○韓詩:「不見三公後,寒饑出無驢。」《汝南先賢傳》:「洛陽令至袁安門除雪,入戶,見安方僵臥。」陳無己〔註15〕詩:「歲後朝餔定不難。」〔註16〕籃輿,見《縹緲峰》。《一統志》:「蘇門山本曰柏門山,亦作白門山。」又:「百泉書院在輝縣西北七里蘇門山麓。」按:「百門」二字當有一誤。顧瞻泰曰:「李川父《遊百泉記》:『蘇門山,一曰百門山,晉孫登隱此。』則『百門』二字非誤也。」《晉書・孫登傳》:「字公和,汲郡共人也。無家屬,於郡北山為土窟居之。」《一統志》:「蘇門山即太行支山也。」司馬長卿《子虛賦》:「其山則盤紆岪崩鬱。」杜有《覓檟木栽》詩,又有《高枏》、《枯柟》詩。枏同楠。《詩》:「樹之榛栗。」松杉,見《後東皐歌》。曹孟德《樂府》:「憂從中來。」《一統志》:「嘯臺在輝縣西北蘇門山嶺。」《水經注》:「仙者,孫登之所處。」煙霞,見《讀西臺記》。《河南通志》:「百門泉出蘇門,山泉通百道,故名。《衛風》『泉源在左,淇水在右』即此。」魏石生《孫先生傳》:「公慕百泉之勝,為宋邵康節、元姚、許諸儒講學之地,遂家焉,讀《易》其中。門人日進。」堦除,見《贈蒼雪》。**幅巾短髮不用梳,彈琴橫卷心安舒。微言妙旨如貫珠,考鍾擊磬吹笙竽。古文屋壁闡禹謨,異人手授先天圖。談仁講義追堯夫,後來姚許開榛蕪,斯文不墜須吾徒。**此段補出征君理學。○《〈後漢書・鮑永傳〉注》:「謂不著冠,但幅巾束首也。」《左傳・昭三年》:「彼其髮短。」王仲初詩:「白髮短慵梳。」《後漢書・翟酺傳》:「諸生橫卷,為海內所集。」《楚辭》:「安以舒只。」《漢書・藝文志》:「昔仲尼沒而微言絕。」《梁書・沈約傳》:「窮其妙旨,自謂人神之作。」《禮》:「纍纍乎如貫珠。」左太沖詩:「南鄰擊鍾磬,北里吹笙竽。」《史記・儒林傳》:「孔氏有古文《尚書》。」屋壁,見《壽王鑑明》。《書》有《大禹謨》篇。袁山松《後漢書》:「蔡邕不見異人,當得異書。」《宋史・道學傳》:「邵子,字堯夫,事李之才,受河圖洛書、宓羲八卦六十四

〔註15〕「無己」,稿本、天圖本作「造」,是。此句見陳造《定海甲寅口號七首》其三,非陳師道詩。

〔註16〕此處天圖本作空格。

卦圖像，遂衍宓羲先天之旨。」《元史・姚樞傳》:「字公茂。許衡在衛，就錄程朱所注書以歸。」又，《許衡傳》:「字平仲，懷之河內人也。從柳城姚樞得伊洛程氏及新安朱氏書，益大有得。尋居蘇門，與樞及竇默相講習。」榛蕪，見《題志衍畫》。**誰傳此圖來江湖，使我一見心踟躕。即今絕學誰能扶，屈指耆舊堪嗟籲。蘇門山下有碩儒，中原學者多沾濡。百年文獻其存諸，我往從之歌黃虞。**

此段點出作圖。〇踟躕，見《攀清湖》。《漢書・瑕邱江公傳》:「上愍其學且絕。」屈指，見《松鼠》。《唐書・藝文志》:「韋氏《四海耆舊傳》一卷。蘇林《陳留耆舊傳》三卷。習鑿齒《襄陽耆舊傳》五卷。王基《東萊耆舊傳》一卷。」元詩:「憑醉少嗟籲。」《後漢書・荀淑傳》:「遂稱為碩儒。」　中原，見《贈蒼雪》。沾濡，見《攀清湖》。黃虞，見《贈家侍御》。

漢武帝元封三年作柏梁臺，詔群臣二千石有能為七言詩乃得上坐。世傳「日月星辰和四時」為帝首唱，自梁孝王以下人各一句，句皆用韻，後人遂以每句用韻者為柏梁體。然衹可以名聯句之每句用韻者耳。此體柏梁以前往往有之。如高帝《大風歌》:「大風起兮雲飛揚。威加海內兮歸故鄉。安得猛士兮守四方！」將名之為大風體乎？《易水歌》:「風蕭蕭兮易水寒，壯士一去兮不復還。」將名之為易水體乎？《靈寶謠》:「吳王出遊觀震湖，龍威丈人山隱居。北上包山入靈墟，乃入洞庭竊禹書。天地大文不可舒，此文長傳百六初，若強取出喪國廬。」將名之為靈寶體乎？《左傳》華元使驂乘者答歌:「牛則有皮，犀兕尚多，棄甲則那？」將名之為驂乘體乎？蓋聯句而皆用韻者始自柏梁，謂之柏梁體可也；非聯句而皆用韻者，不始自柏梁，仍謂之古體可也。然此兩體皆起自《書》，「帝庸作歌」、「乃歌」、「乃賡載歌」、「又歌」為聯句之祖，「乃歌喜、起、熙，載歌明、長、康，又歌脞、隋、隆〔註17〕為每句用韻之祖。「作歌」、「乃歌」，皆帝歌也。而先之以「勑天之命，惟時惟幾」，則又為間句用韻之祖。古詩之體為略備矣。至烏孫公主《悲愁歌》與柏梁同在元封時，魏文帝《燕歌行》、《宋書・白紵舞歌》在元封以後，皆句句用韻，而不聞以柏梁體目之也。杜子美《飲中八仙歌》、《寓同谷縣作歌》亦每句用韻。然《同谷歌》末二語皆換韻，而文文山《六歌》句句用韻，其不換韻者五篇，或者謂其仿《同谷歌》體。梅村此首不云用柏梁體，《遺

〔註17〕《尚書・虞書》:「益稷帝庸作歌，曰:『勑天之命，惟時惟幾。』乃歌曰:『股肱喜哉，元首起哉，百工熙哉。』皋陶拜手稽首，颺言曰:『念哉！率作興事，慎乃憲，欽哉！屢省乃成，欽哉！』乃賡載歌曰:『元首明哉，股肱良哉，庶事康哉！』又歌曰:『元首叢脞哉，股肱惰哉，萬事墮哉！』帝拜曰:『俞，往欽哉！』」

悶》六首不云仿《同谷歌》體，可以見製題之雅。　杜詩：「問之不肯道姓名，但道困苦乞為奴。」此詩「里中大姓」六句殊為似之。　《池北偶談》引《蘇門先生自贊》云：問爾為誰，曰歲寒氏。歲既云寒，爾何為爾。曰幼讀書，妄意青紫。長知立身，頗愛廉恥。雖困公車，屢蒙薦起。骨脆膽薄，不慕榮仕。衣厭文繡，食甘糠粃。隱不在山，逸不在水。隱於舉人，七十年矣。繞膝多男，及門有士。老而學《易》，欲探厥旨。聊以卒歲，如斯而已。」　智樸《盤山志》：「盤山舊名無終山，徐無山乃無終之譌耳。始於陳壽作《田疇列傳》，後人沿襲，不復辯別。曹操表論田疇云：『疇率宗人避難於無終山。』又，陶潛《擬古詩》云：『辭家夙嚴駕，當往至無終。』又，劉之推《九州要略》云：『古漁陽北有無終山，山上有燕昭王冢，冢去千像寺東南不數里，而人無知之者。遵化城北有徐無山，亦繆傳耳。』蔣質甫師《盤山志》云：『考《通志》，遵化州下亦不載徐無山。』」榮潘按：《漢書・地理志》，右北平郡有徐無縣。智樸以《三國志》為譌，未必非《九州要略》之譌也。